Annelie Pokorny · Eva Varpio

Omas Häkelschatz

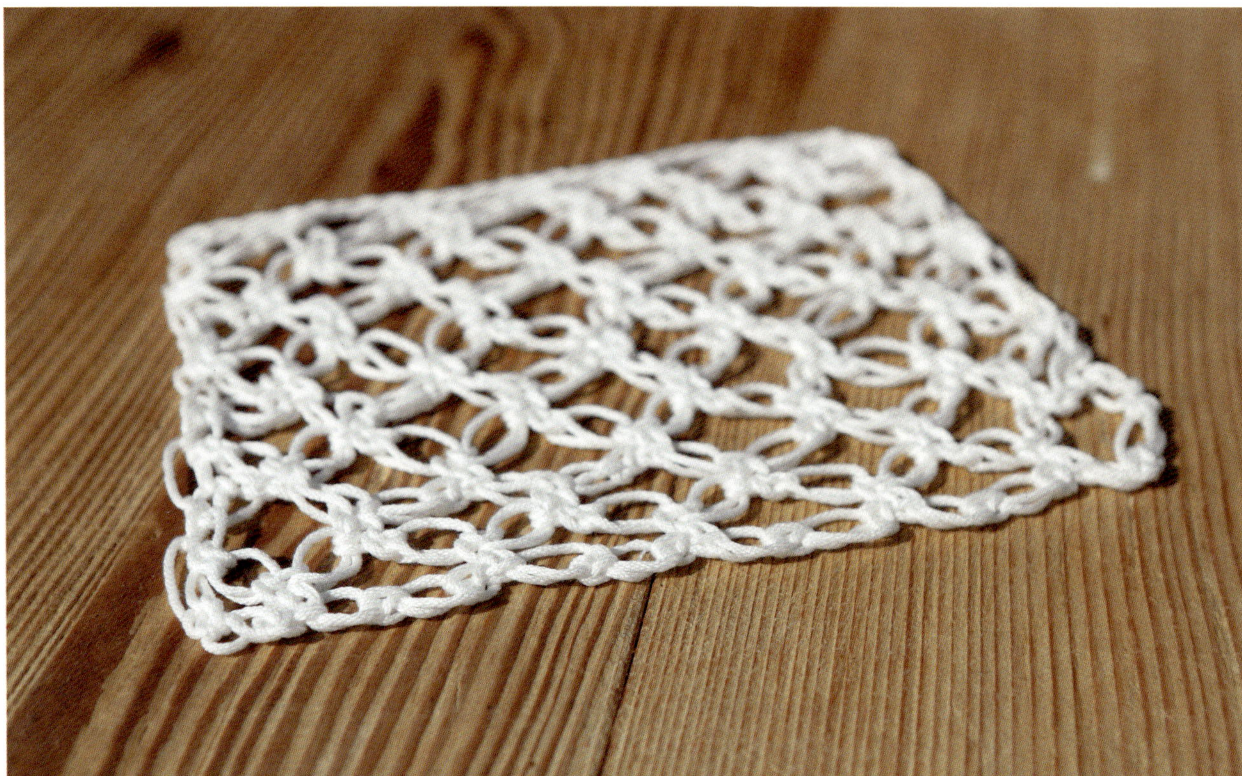

Annelie Pokorny · Eva Varpio

Omas Häkelschatz

rosenheimer

Vorwort

Die Idee zu diesem Buch entstand vor drei Jahren, als meine Schwester Eva bei einer Auktion eine sehr alte Sammlung verschiedener Häkelmuster aus dem Jahr 1895 ersteigerte. Diesen Schatz und die daraus resultierende Idee, ein Buch zum Erhalt dieses Wissens zu schreiben, trugen wir einige Zeit mit uns herum.

Wir bewunderten immer wieder die Kunstfertigkeit und die meisterhafte Umsetzung der Muster. Eine solche Sammlung repräsentiert das umfangreiche Können der Häklerin. Zugleich liegt darin die Möglichkeit, das alte Wissen zu bewahren und anzuwenden. Bevor es im Jahre 1820 die ersten schriftlichen Häkelanleitungen in einer holländischen Zeitschrift gab, wurden die diversen Muster nur mündlich oder anhand von gehäkelten Vorlagen, ähnlich der Art des ersteigerten Buches, weitergegeben.

Das Häkeln ist auf fast allen Erdteilen und über die Jahrhunderte hinweg in den unterschiedlichsten Kulturen zu finden und sollte eigentlich zum Weltkulturerbe zählen:
Die ersten Häkelarbeiten fand man in altägyptischen Gräbern in Form gehäkelter Fischernetze, die so vermutlich stabiler waren als geknüpfte. Für diese Häkeleien dienten wahrscheinlich die Finger anstelle von Häkelnadel als Werkzeug.

Weitere Hinweise zur Geschichte des Häkelns lassen sich auch in alten Indianersagen finden. Dort wird erzählt, wie ein Gott als prächtiger Vogel herabstieg, um den Menschen die Kunst des Häkelns zur Verschönerung ihrer Kleidung zu bringen. Seit dieser Zeit, so heißt es in dieser Sage, schmücken die Indianer ihre Kleidung auf diese Weise.

Auch bei den Kopten, die im 5. Jh. n. Chr. als Nachfahren altägyptischer Christen lebten, fand man kunstvoll gehäkelte Umhänge. Jedoch blieb das Weben weiterhin die Haupttechnik zur Herstellung von Textilien.

Im Europa der Biedermeierzeit (1815-1840) entstand bei den Hausfrauen das Interesse, auch Dinge des alltäglichen Lebens schön zu gestalten. Das Häkeln war besonders beliebt, da man mit wenig Werkzeug und Platzaufwand hervorragende Ergebnisse erzielen konnte. Durch diese Kunstfertigkeit konnte man auf einfache Weise eine warme Atmosphäre von bürgerlicher Gemütlichkeit und beseelter Heimat schaffen.

Den Weg von Frankreich nach Irland fand das Häkeln über reisende irische Nonnen. In Irland wurde die sonst nur für den Adel erschwingliche venezianische Spitze mit der Technik des Häkelns nachgeahmt, die zwar ebenso raffiniert, aber wesentlich günstiger in der Herstellung war. Dadurch entstand eine neue Art von Spitze – die irische Häkelspitze.

Diese Häkeltechnik wurde von den Nonnen an die Frauen und Mädchen der Umgebung weitergegeben. Die Frauen verkauften die gehäkelten Spitzen günstiger als die wesentlich teureren geklöppelten oder genähten Spitzen. Damit sicherten sie ihre Existenz und die ihrer Familien. Während der großen Hungersnot 1846 konnte so das Überleben zahlreicher Familien garantiert werden. Die irische Spitze fand in dieser Zeit sogar ihren Weg bis nach Amerika. Sie ist eine der schönsten und der schwierigsten Formen des Häkelns.

Von allen Bevölkerungsschichten ausgeführt, kann man das Häkeln als Volkskunst bezeichnen. Dieser weiten Verbreitung ist es zu verdanken, dass das Häkeln bis heute so lebendig geblieben ist. Im Gegensatz zum Stricken war das Häkeln immer reine Frauensache.
Erfreulicherweise verändert sich dieser Trend heutzutage. Immer mehr Männer entdecken ihre Leidenschaft fürs Häkeln und treten so althergebrachten, längst überholten Rollenklischees entgegen. Dieses Handwerk ist weit mehr als eine Beschäftigung für »Hausmütterchen«. Häkeln bietet die Möglichkeit, Dinge mit den eigenen Händen herzustellen, und eignet sich gut zur Entspannung. Es ist ein Ausdruck von Lebensfreude und Kreativität – für beide Geschlechter gleichermaßen.

Häkeln schlägt eine Brücke zwischen modernem Handwerk und traditioneller Volkskunst. In der Gegenwart dient es nicht nur als Hausarbeit und Mittel zur Entspannung, sondern gilt als eine zeitgenössische Ausdrucksform von künstlerischer Arbeit in höchster Vollendung. Durch die mannigfaltige Auswahl von Garnen und Nadelstärken sind den Variationsmöglichkeiten keine Grenzen gesetzt.

Wir haben uns die Reinterpretation von alten Häkelmustern zur Aufgabe gemacht, um damit neue Anregungen zu liefern und unterschiedliche Aspekte der langen Tradition handwerklicher Fertigung zu entdecken. Mit diesem Buch sollen die scheinbar eingeschränkten Verwendungsmöglichkeiten traditioneller Handarbeit erweitert werden. Diese Sammlung ist ein Angebot an alle, die diese Form der Handarbeit lieben, wie auch ein Anstoß für alle Experimentierfreudigen, die ihren Horizont erweitern wollen. Mit diesem Buch soll die Fantasie angeregt werden, um aus herkömmlichen Mustern auszubrechen und neue Wege der Darstellung zu erkunden.

Annelie Pokorny und Eva Varpio

Legende

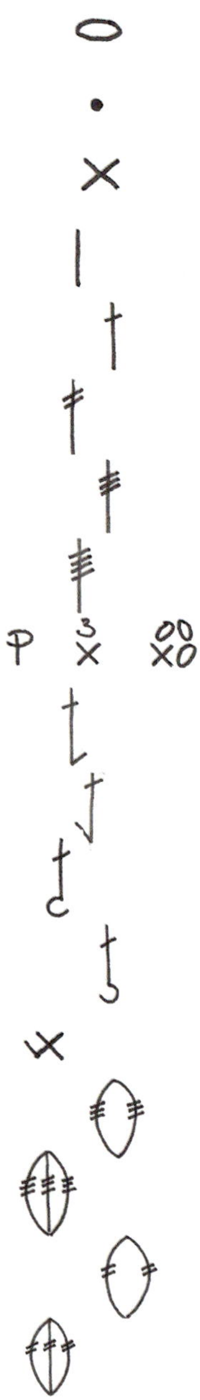

Luftmasche = Lm

Kettmasche = Km

feste Masche = fM

½ Stäbchen = ½ Stb.

Stäbchen = Stb.

Doppelstäbchen = DStb.

3fach Stäbchen = 3f.Stb.

4fach Stäbchen = 4f.Stb.

Pikot = 3Lm eine fM in die erste Lm

Stb. ins hintere Maschenglied der M der Vorreihe einstechen

Stb. ins vordere Maschenglied der M der Vorreihe einstechen

Stb. von hinten um die M der Vorreihe häkeln

Stb. von vorne um die M der Vorreihe häkeln

fM ins vordere Maschenglied der M der Vorreihe einstechen

2 zusammen abgemaschte 3f.Stb. in eine Einstichstelle

3 zusammen abgemaschte 3f.Stb. in eine Einstichstelle

2 zusammen abgemaschte DStb. in eine Einstichstelle

3 zusammen abgemaschte DStb. in eine Einstichstelle

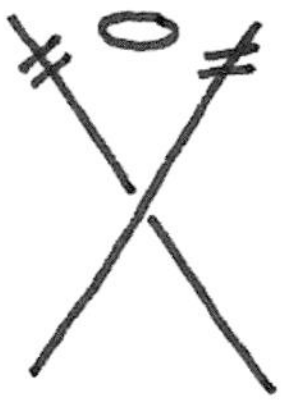

den Faden 2x um die Nadel legen in die erste M der Vorreihe einstechen,
Faden holen, 2 Schlingen abmaschen, Faden 1x um die Nadel legen,
eine M überspringen, Faden 1x um die Nadel legen,
durch die nächste M den Faden holen, alle Schlingen paarweise abmaschen,
1Lm, ein Stb. in die 2 Schlingen des Kreuzungspunkts

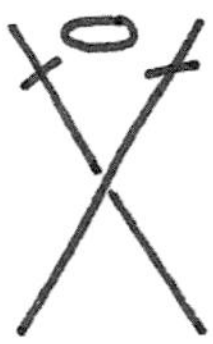

den Faden 1x um die Nadel legen, in die erste M der Vorreihe einstechen,
Faden holen, 2 Schlingen abmaschen, eine M überspringen,
Faden 1x um die Nadel legen, durch die nächste M den Faden holen,
alle Schlingen paarweise abmaschen,
1Lm, 1Stb, in die 2 Schlingen des Kreuzungspunkts

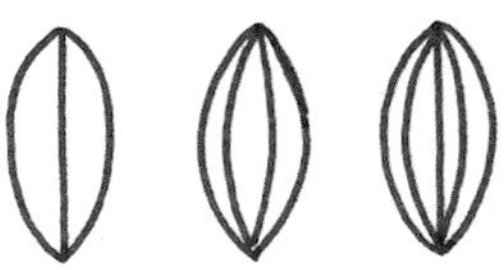

3, 4 oder 5fache Büschelmasche = Faden um die Nadel schlingen und
mit der Nadel die daraufliegenden Schlingen ca. stäbchenhoch langziehen,
in dieselbe Einstichstelle noch 3, 4, oder 5x, alles zusammen abmaschen

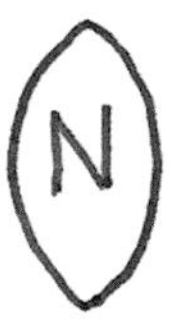

Noppe = 5 Stb. in eine Einstichstelle arbeiten,
dann die Nadel aus der Schlinge nehmen, in das erste Stb. einstechen,
durch die Schlinge des 5. Stb. den Faden holen und alles abmaschen

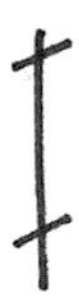

1,5faches Stb. = Faden 1x um die Nadel legen,
einstechen, Faden holen und jetzt nur eine Schlinge abmaschen,
dann wieder alle anderen paarweise, bis nur noch eine auf der Nadel ist

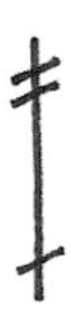

2,5faches Stb. = Faden 2x um die Nadel legen,
einstechen, Faden holen und nur eine Schlinge abmaschen,
dann weiter alle anderen Schlingen paarweise, bis nur noch eine auf der Nadel ist

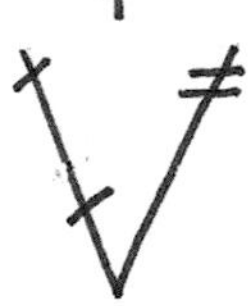

Dstb. mit 1,5fStb. in eine Einstichstelle gearbeitet

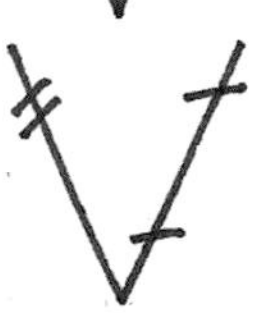

1,5faches Stb. mit Dstb. in eine Einstichstelle gearbeitet

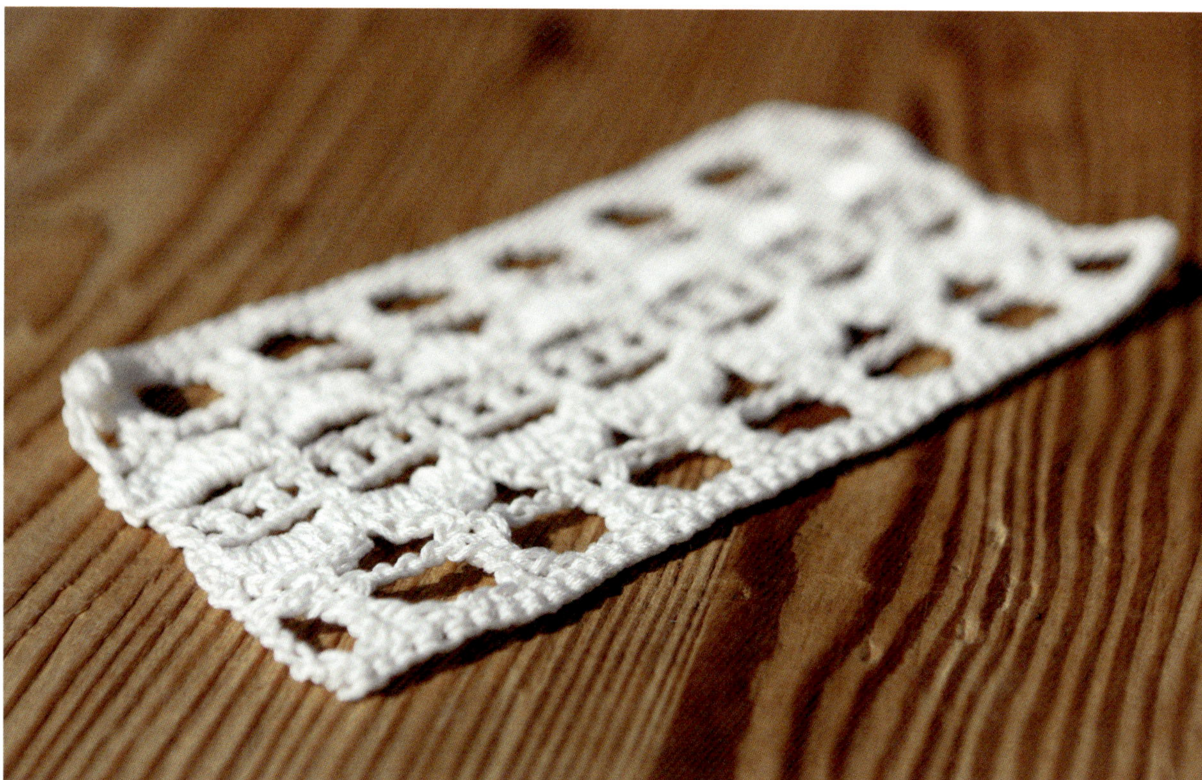

Inhalt

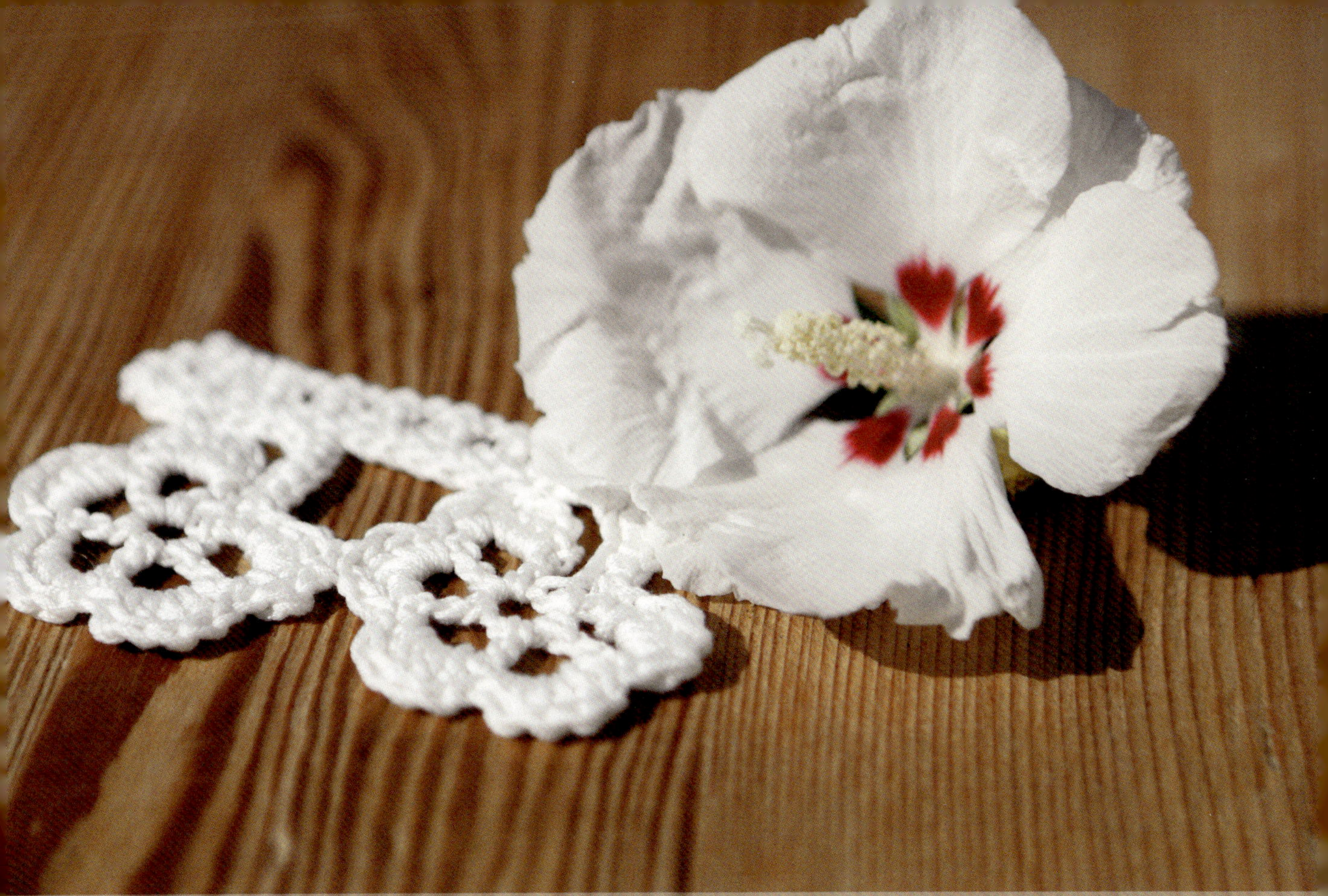

Blumenmuster

Diese Muster haben sehr prägnante Formen und sind sehr gut als Abschlusskanten einsetzbar. Experimentieren Sie doch einmal mit unterschiedlichen Nadelstärken und verschiedenen Garnen. Mit fadendünnem Baumwollgarn lassen sich Spitzen häkeln, z.B. für eine Leinenbluse, ein Top oder eine Schrankspitze.

Wenn Sie das Buch auf diese Art und Weise betrachten, werden Sie noch viele verschiedene Mustervarianten und Verwendungsmöglichkeiten entdecken. Machen Sie sich auf Entdeckungsreise und – trauen Sie sich.

Blumenmuster

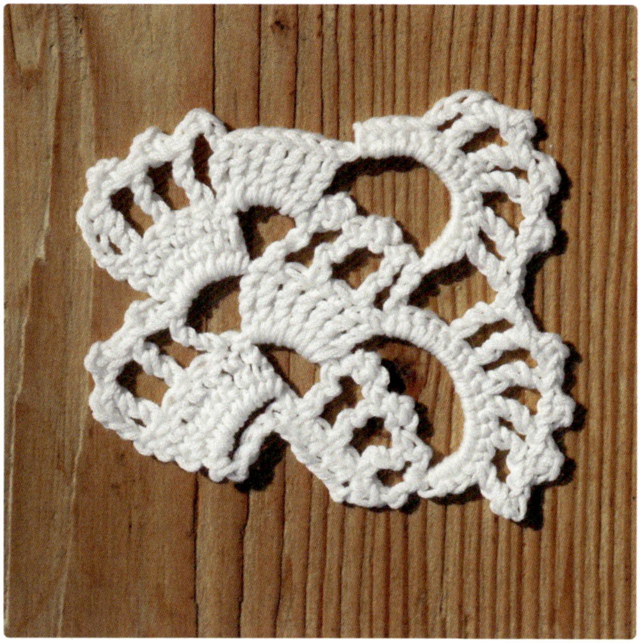

Dieses aparte Muster können wir uns sehr gut in einer dickeren, weichen Wolle als Schal vorstellen. Einfach mit einer Wolle, die beispielsweise für Nadel Nummer 6-7 gedacht ist, einen lockeren, zart durchbrochenen Schal häkeln.

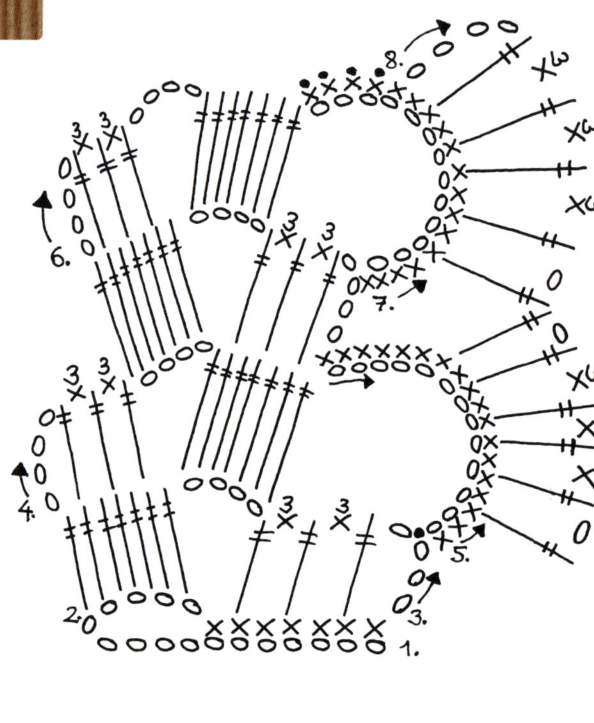

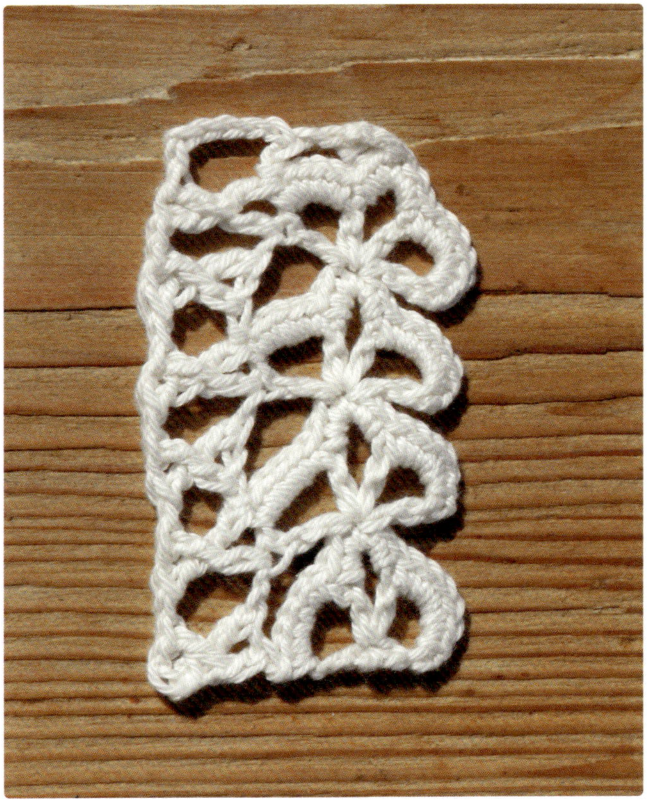

Hier findet sich ein Beispiel für ein Muster, das leicht gespiegelt werden kann: Bis zur gewünschten Länge häkeln, dann eine zweite Borte arbeiten und an den Stäbchenreihen zusammennähen.

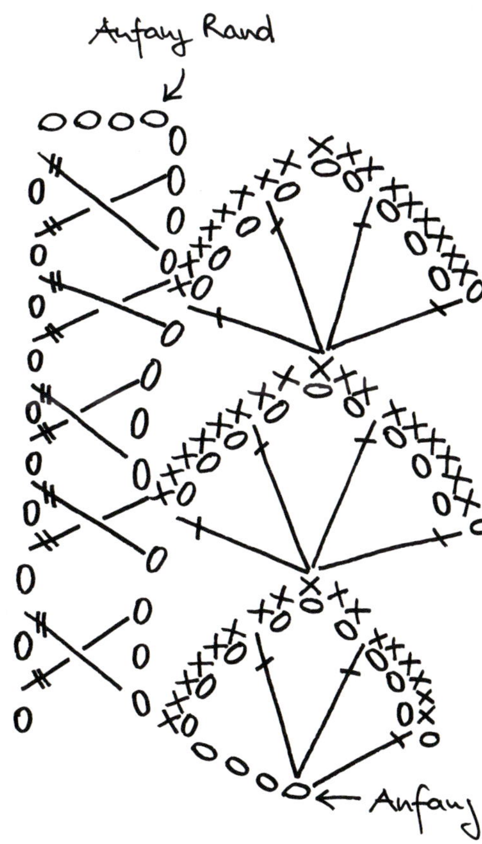

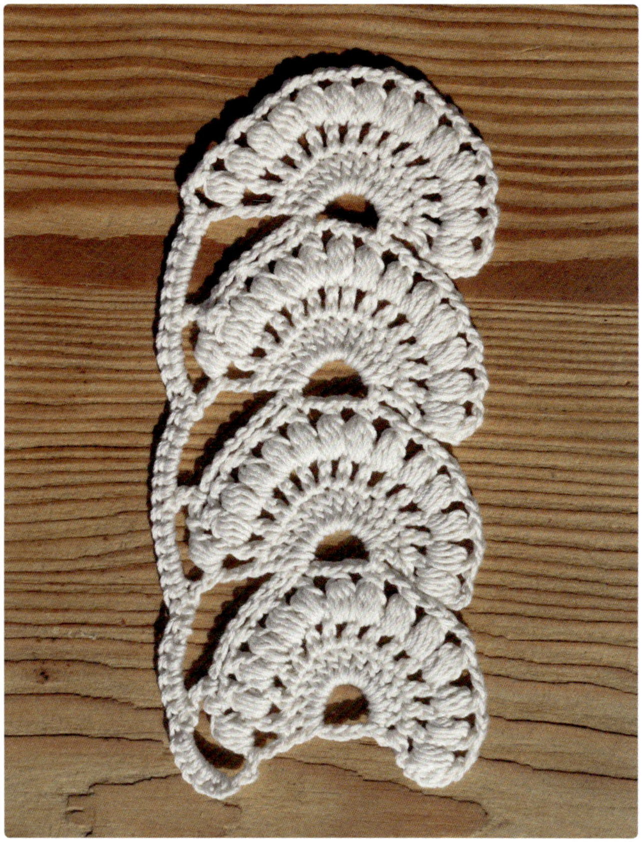

Hier werden wieder Büschelmaschen gearbeitet: ein sehr dekoratives Muster – als Bordüre an einen Vorhang oder eine Leinentischdecke genäht.

Eine ganz andere Idee: Setzen Sie doch einmal eine gehäkelte Bordüre in einen gestrickten Pullover, lassen Sie diese mittig längs nach oben verlaufen.

Oder Sie lassen das Muster in einer feineren Nadelstärke rechts und links neben der Knopfleiste eines Cardigans hoch laufen.

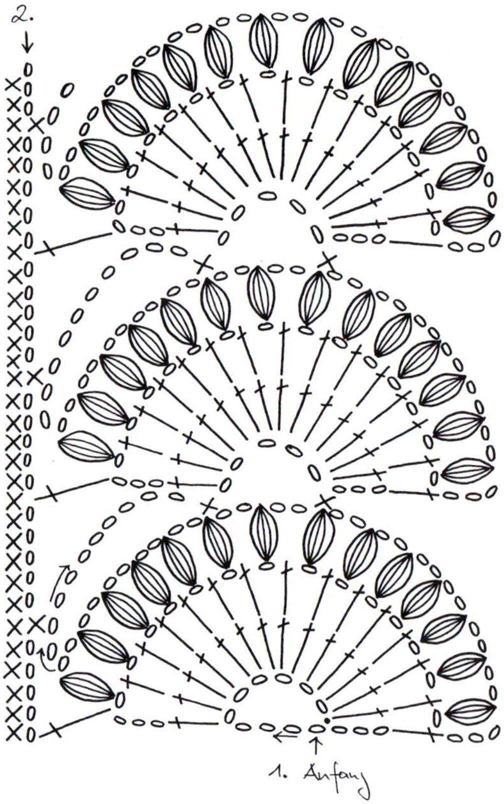

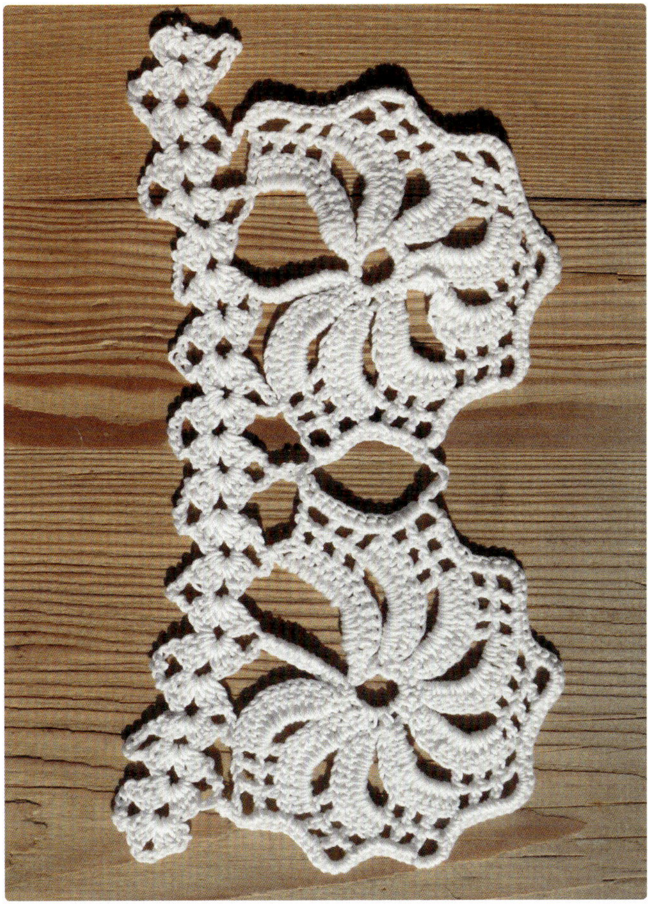

Dieses Muster scheint auf den ersten Blick ein wilder Schaltplan zu sein.
Unser Tipp: erst einmal eine Tasse Tee kochen und sich in Ruhe mit dem Muster, der Wolle und der Nadel hinsetzen. Dann strategisch Schritt für Schritt durch das Muster gehen – wie auf einem Stadtplan: Beginnen Sie in der 6. Reihe nach dem Luftmaschenanschlag mit der Blüte, arbeiten Sie sich fächerförmig durch, bis Sie wieder am Stängel der Blüte landen und sich mit festen Maschen daran entlang arbeiten und wieder das längslaufende Leitermuster weiterhäkeln, bis zur nächsten Blüte.
Im zweiten Arbeitsgang werden die festen Maschen an der Außenkante der Blüten gehäkelt.
Der dritte Schritt sind Stäbchen und Luftmaschen als Einfass längs des Leitermusters und werden mit einer Reihe fester Maschen abgeschlossen.

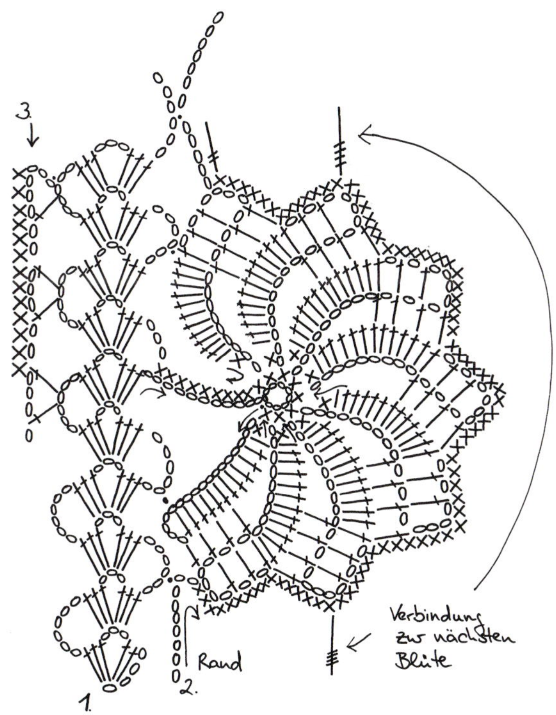

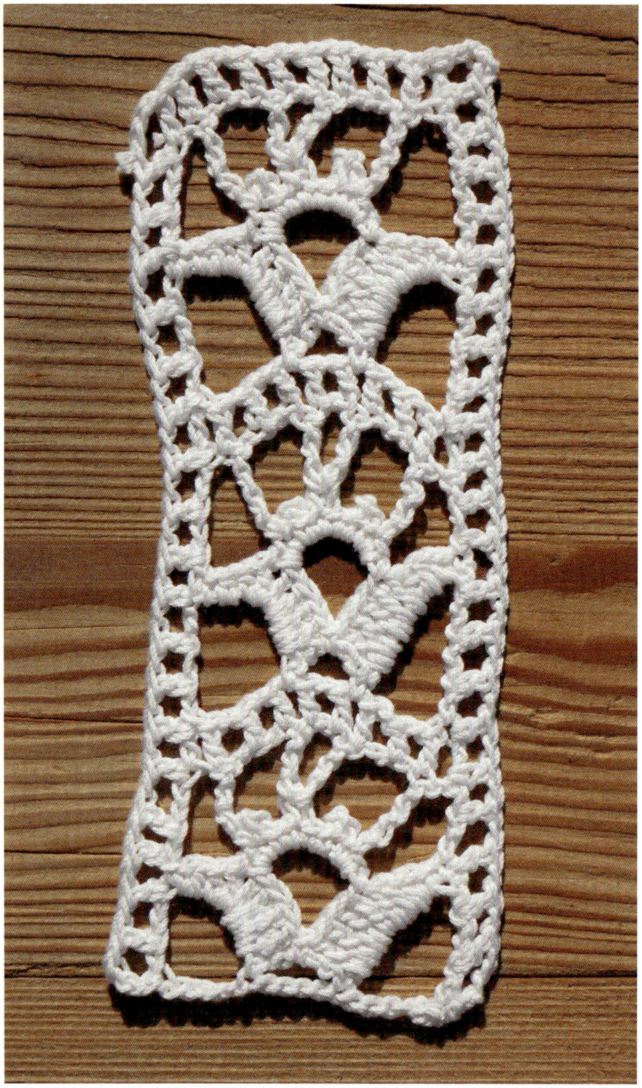

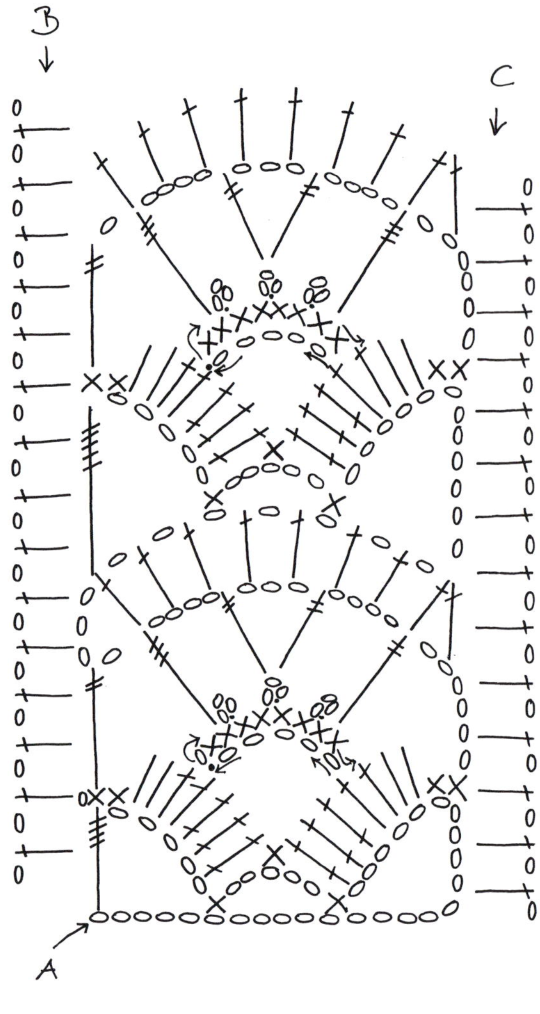

Sie können Mohair mit einer Nadel der Stärke 6 mm verhäkeln und auf diese Weise einen wunderschönen Schal herstellen. Dafür eignen sich am besten Muster mit zwei gleichen Kanten.

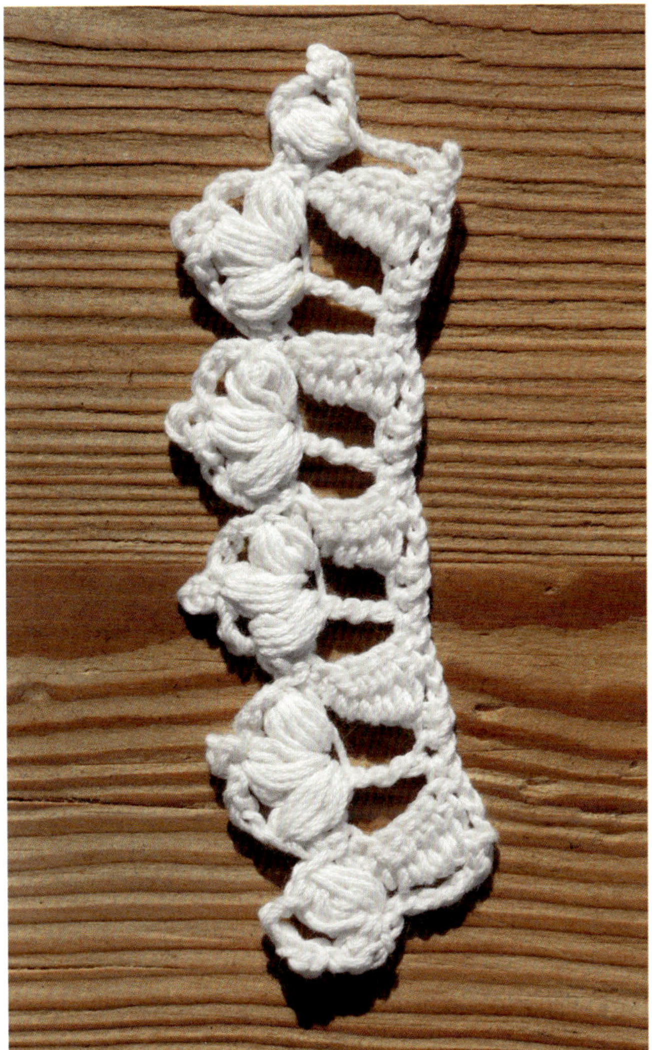

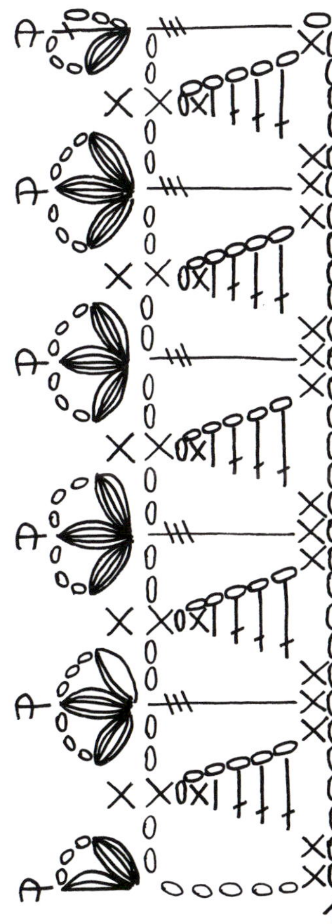

Muster wie dieses kann man spiegeln, das heißt, Sie häkeln von »unten« an die Borte nochmal dasselbe Muster an. Oder Sie variieren und erhalten durch Weglassen der letzten Reihe ein sehr grafisches Muster, das man so lassen oder auch wieder spiegeln kann.

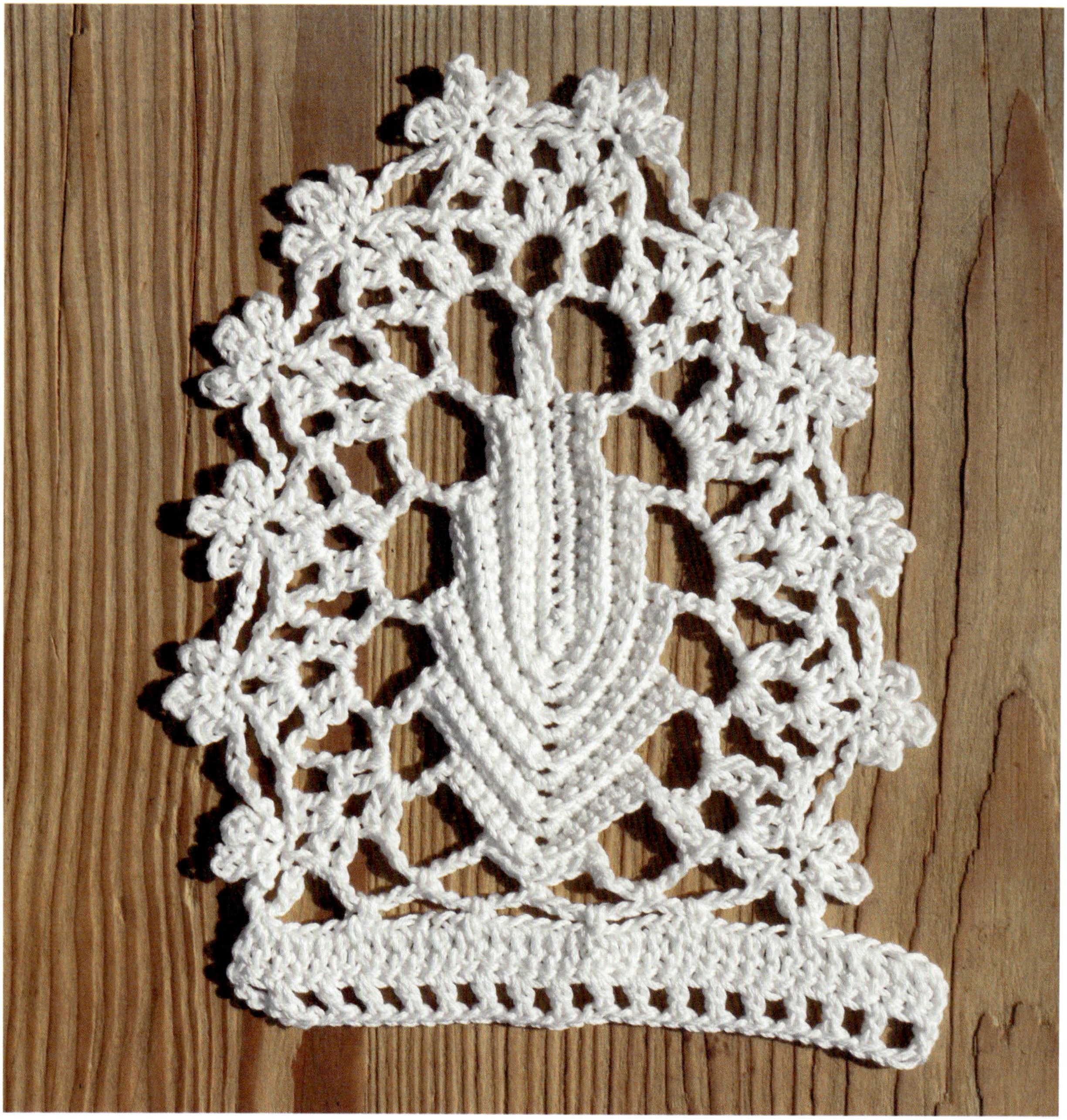

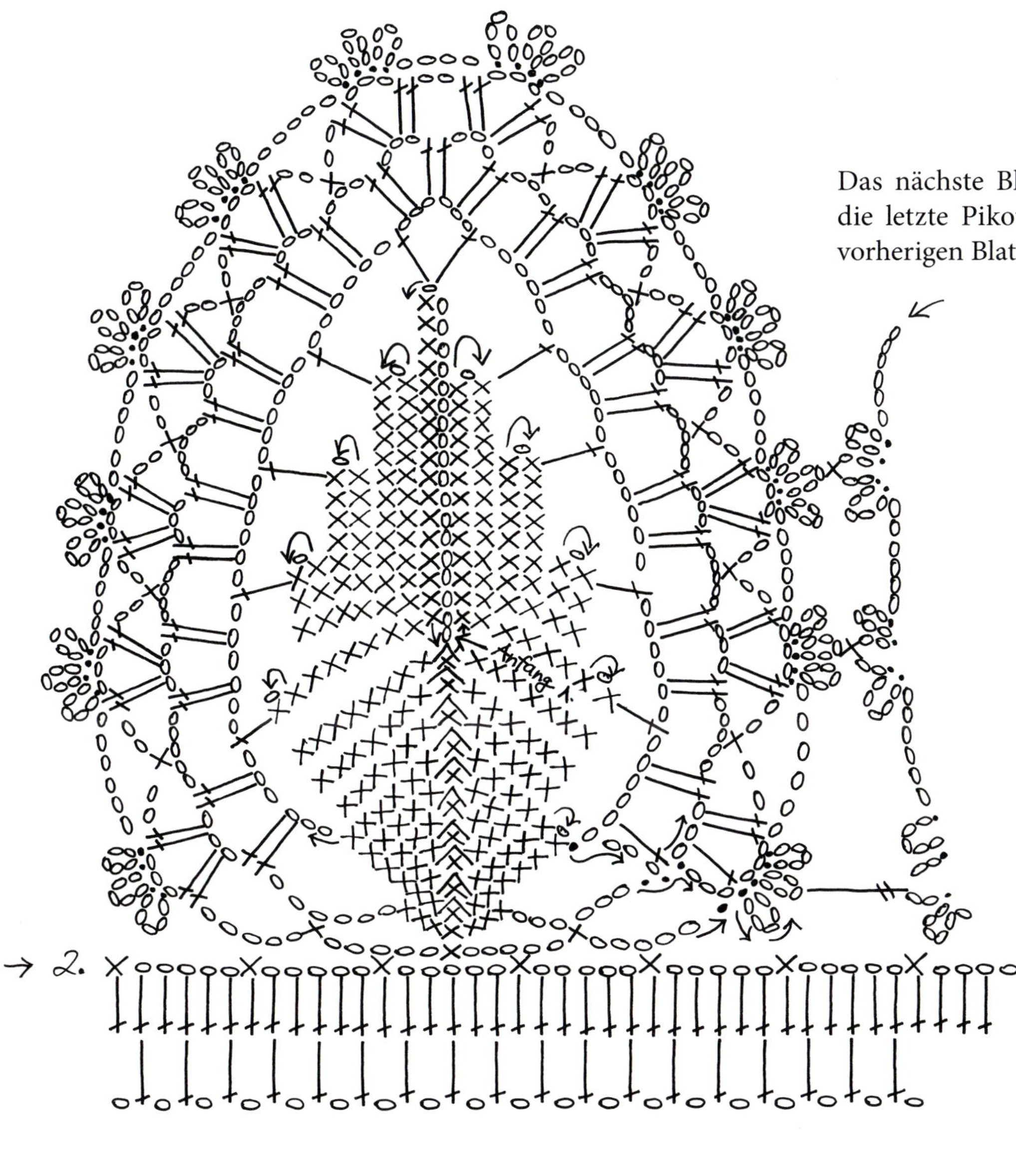

Das nächste Blatt wird durch die letzte Pikotreihe mit dem vorherigen Blatt verbunden.

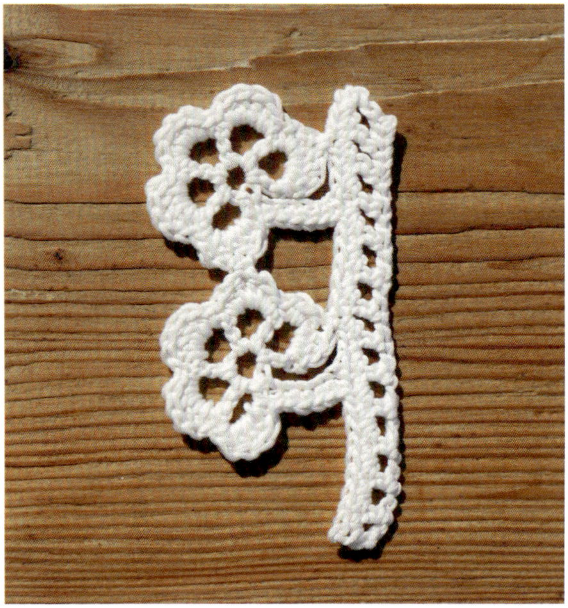

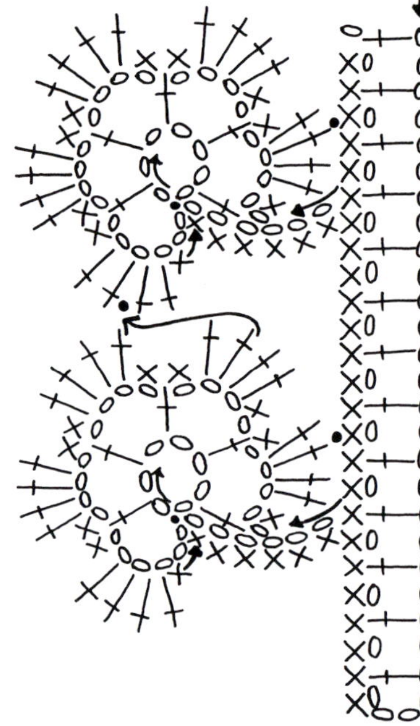

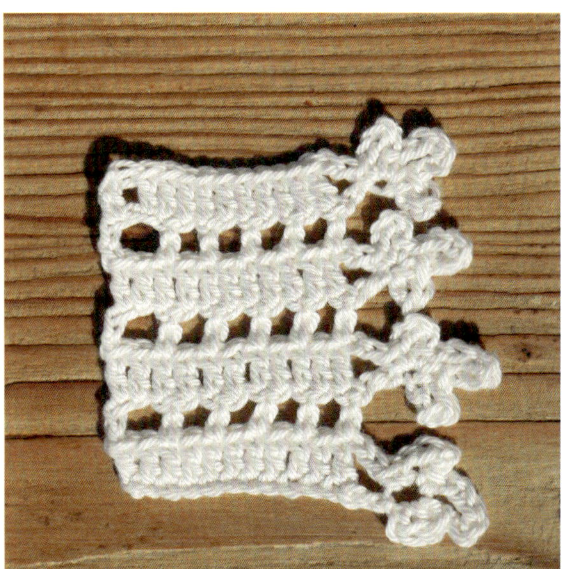

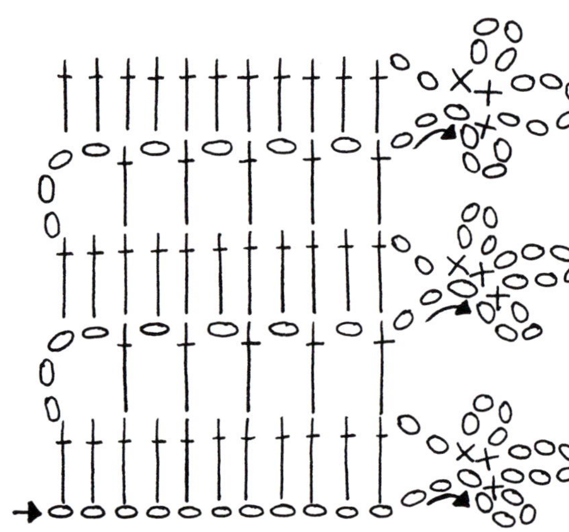

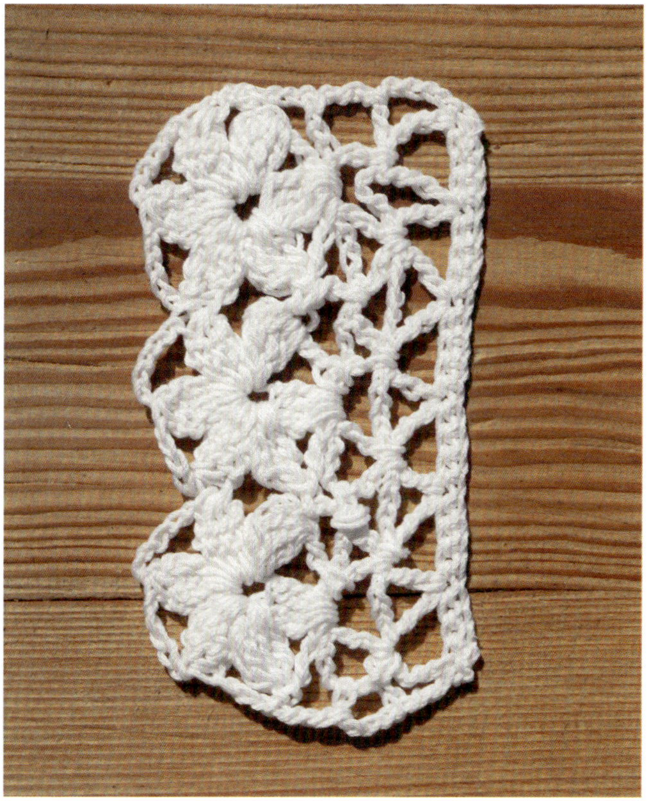

Dieses Muster lässt sich auch sehr schön als Erweiterung gegengleich häkeln: Einfach an die erste Reihe Luftmaschen mit einer Reihe fester Maschen beginnen und im Muster weiter arbeiten.

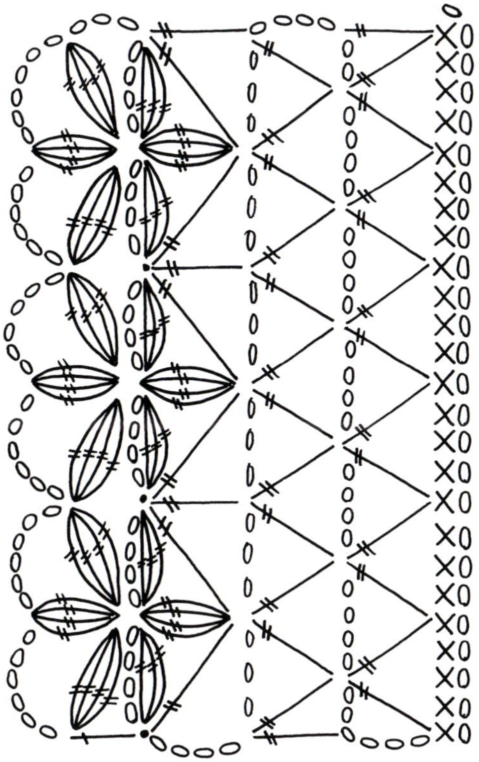

Am besten häkeln Sie Ihr Lieblingsmuster mit zwei unterschiedlichen Nadelstärken und verschiedenen Materialien (Baumwolle und ein flauschiges Mohair-Wollgemisch) – Sie werden durch die komplett unterschiedliche Optik zu neuen Projekten inspiriert.

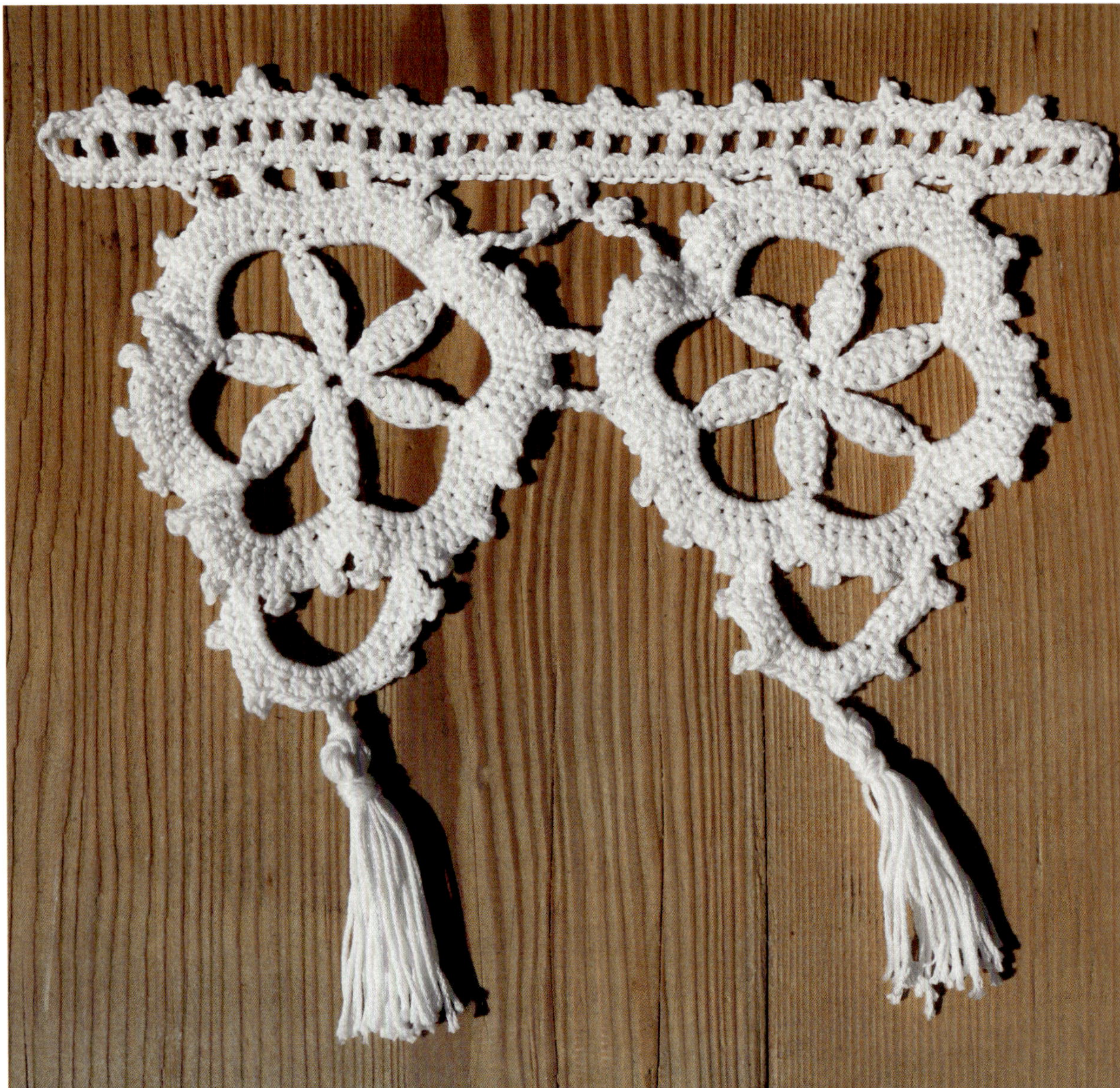

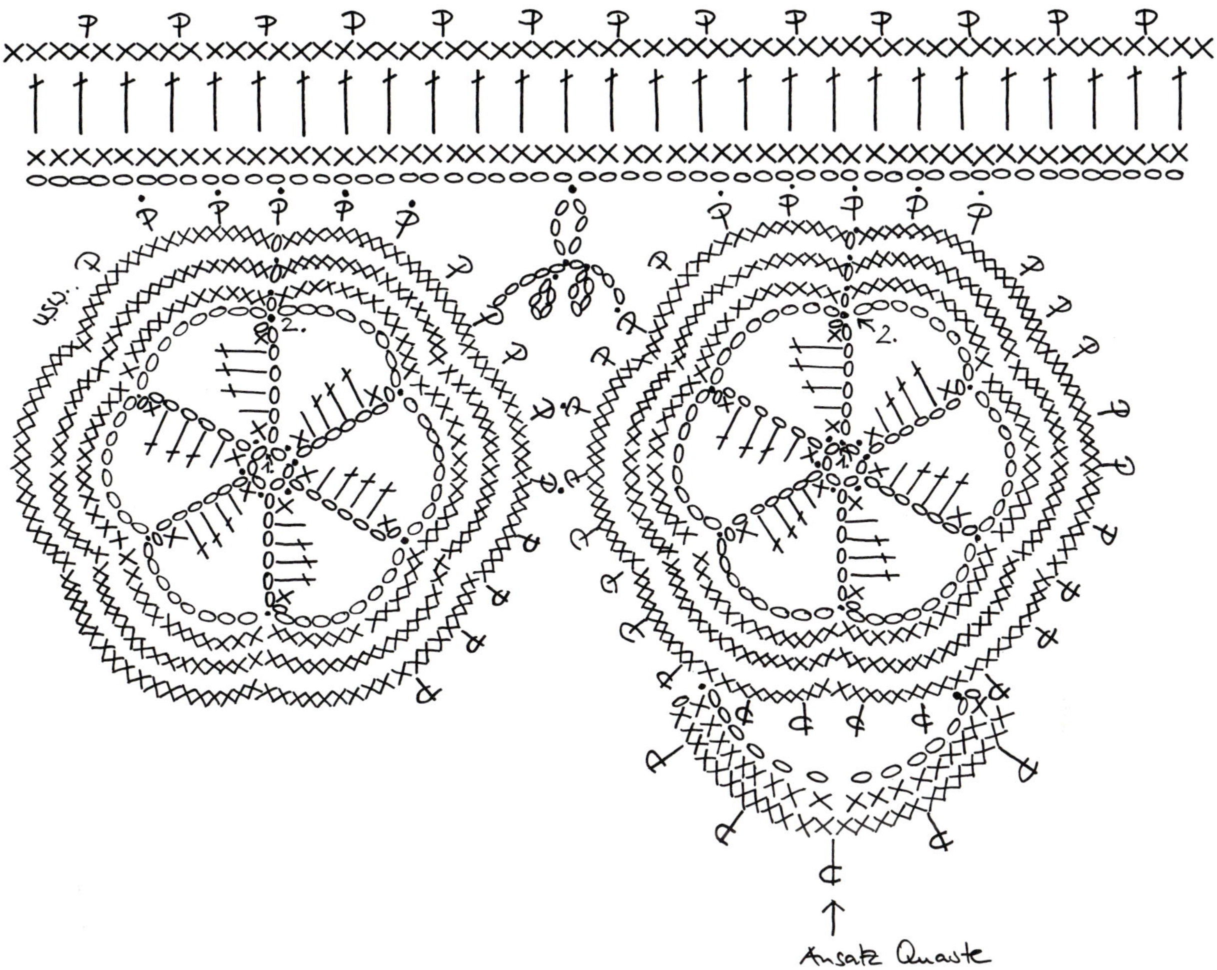

Zuerst die Blüten, in der Mitte beginnend, fertig häkeln, Faden abreißen und an einer der Blütenspitzen mit dem Muster nach Zeichnung fortfahren. Nach den Luftmaschen sind in der ersten Reihe pro Zwischenraum 12 feste Maschen, dann 16 feste Maschen und zum Schluss 18 feste Maschen (mit den Pikots nach Zeichnung) zu häkeln.

An der unteren Kante der fertigen großen Blüte wird ein Halbkreis mit Quaste angesetzt. Er besteht zuerst aus 12 Luftmaschen, die mit 18 festen Maschen umhäkelt werden. Zum Abschluss werden noch 24 feste Maschen mit Pikots gearbeitet. An einem der Pikots wird die Quaste angenäht. Das Muster kann man natürlich in beliebiger Breite arbeiten.

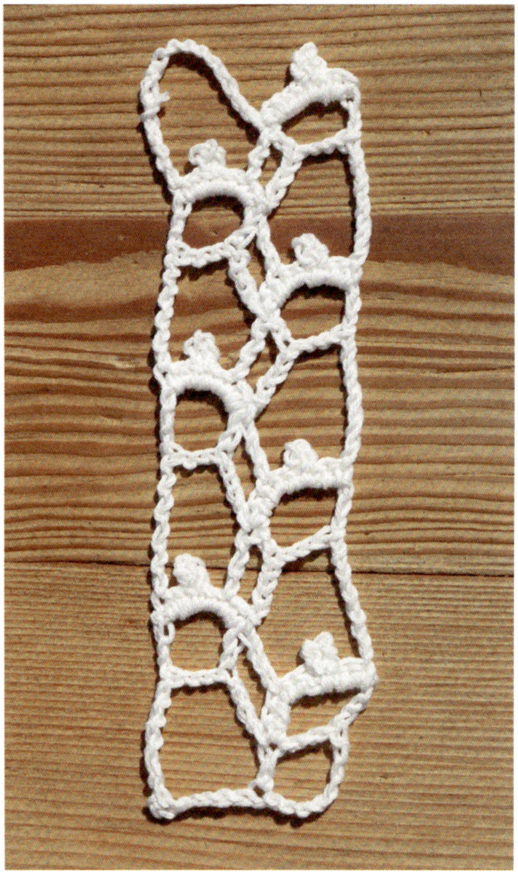

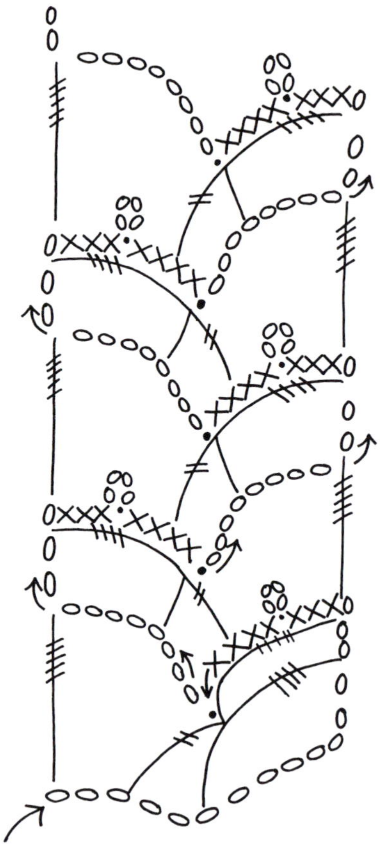

15 Lm anschlagen, zurückgehen, dabei 8 Lm übergehen, ein 4fach Stb. in die 9 Lm ab Nadel, 2 Lm, Faden 5x um die Nadel schlingen, die Nadel in den 4. Umschlag des 4fach Stb. einstechen, Faden holen, 1 Schlinge abmaschen, Faden 2x um die Nadel schlingen, 2 Lm der Anschlagluftm. übergehen und in die 3. Anschlagluftmasche einstechen und alle Schlingen paarweise abhäkeln, 1 Lm, auf das untere 4fachStb wie folgt arbeiten: 3 fm, 1Pikot aus 4 Lm und 1Km in die untere fM, 4fM; 1Km in die 2 verbundenen unteren Stb.; 8 Lm, ein 5fachStb. in die letzte Lm der Anschlaglmkette; *2 Lm – Wenden der Arbeit – fünfmal den Faden um die Nadel, die Nadel in die 5. der 8 Lm einstechen, Faden holen, 1 Umschlag abhäkeln, 2x Faden um die Nadel legen, Nadel in die 2. der 4 fM einstechen, alle Umschläge paarweise abmaschen, 1 Lm über das untere 4fachStb. wie folgt arbeiten: 3 fM, 1 Pikot (s.o.), 4fM, 1Km in die 2 verbundenen unteren Stb., 8 Lm, ein 5fachStb. in die letzte untere fM; ab * ständig wiederholen. Das ist ein sehr ungewöhnliches aber schönes Muster.

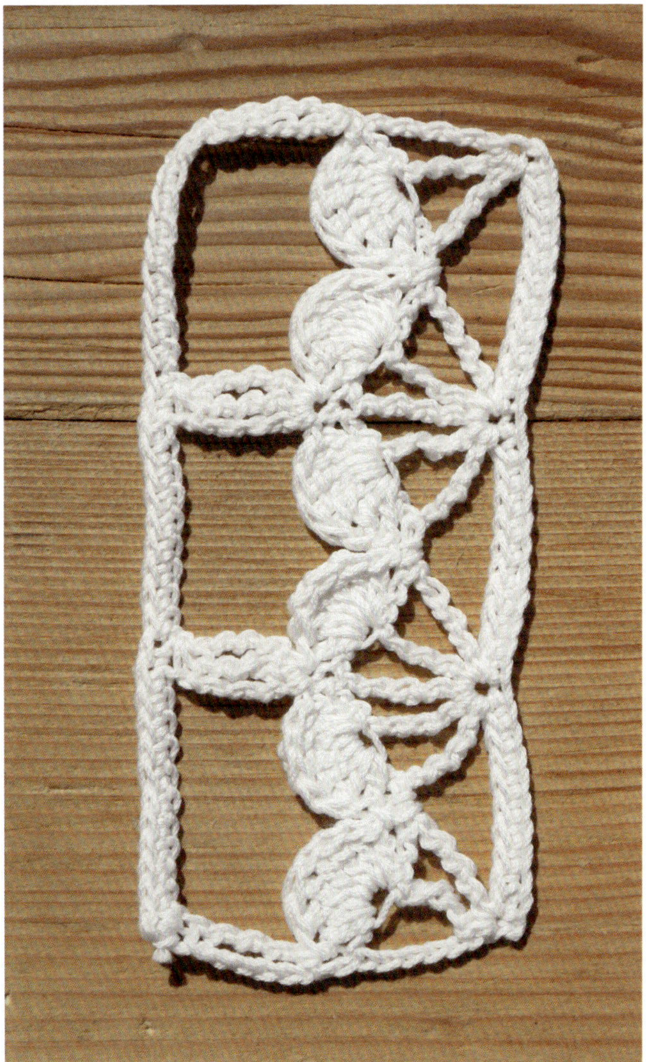

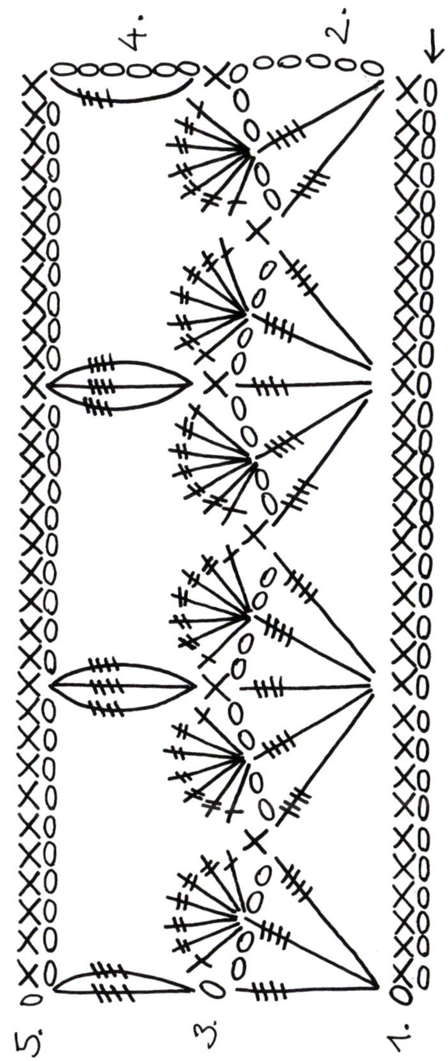
1.
2.
3.
4.
5.

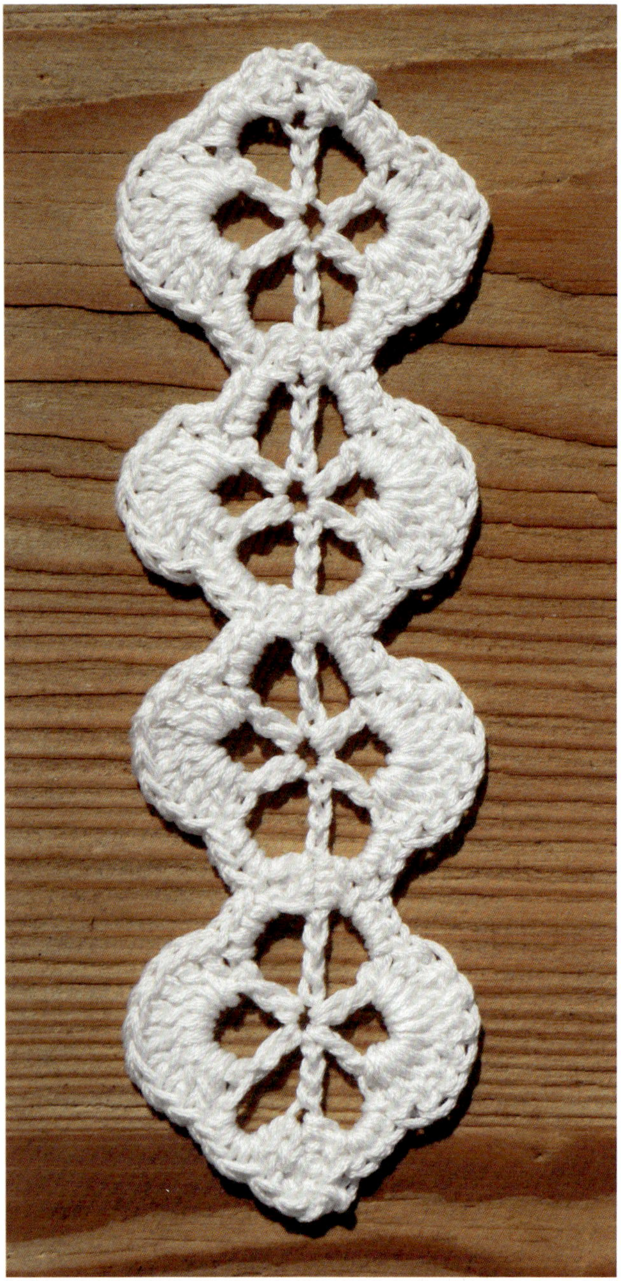

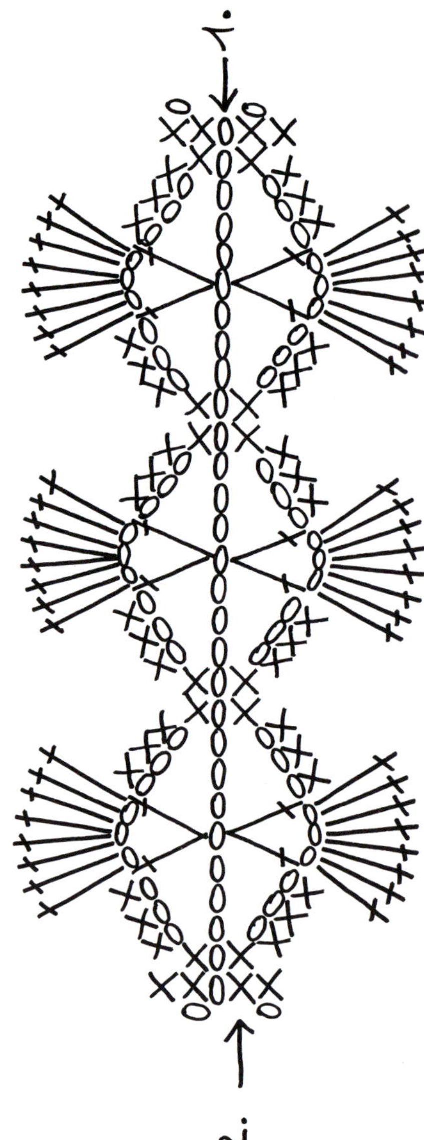
1.
2.

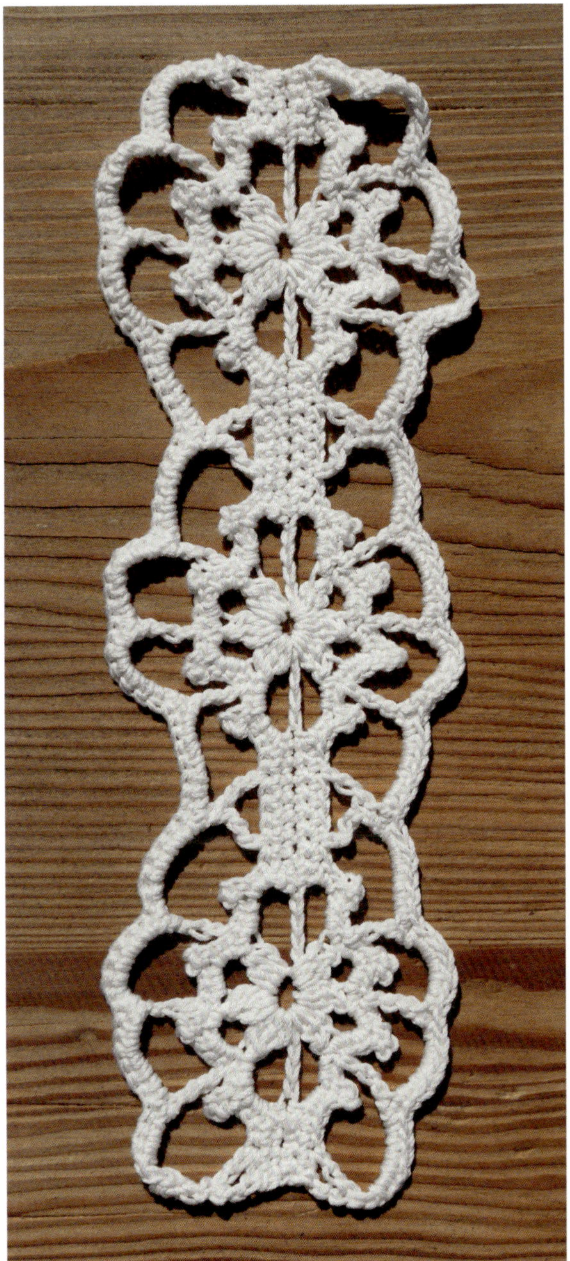

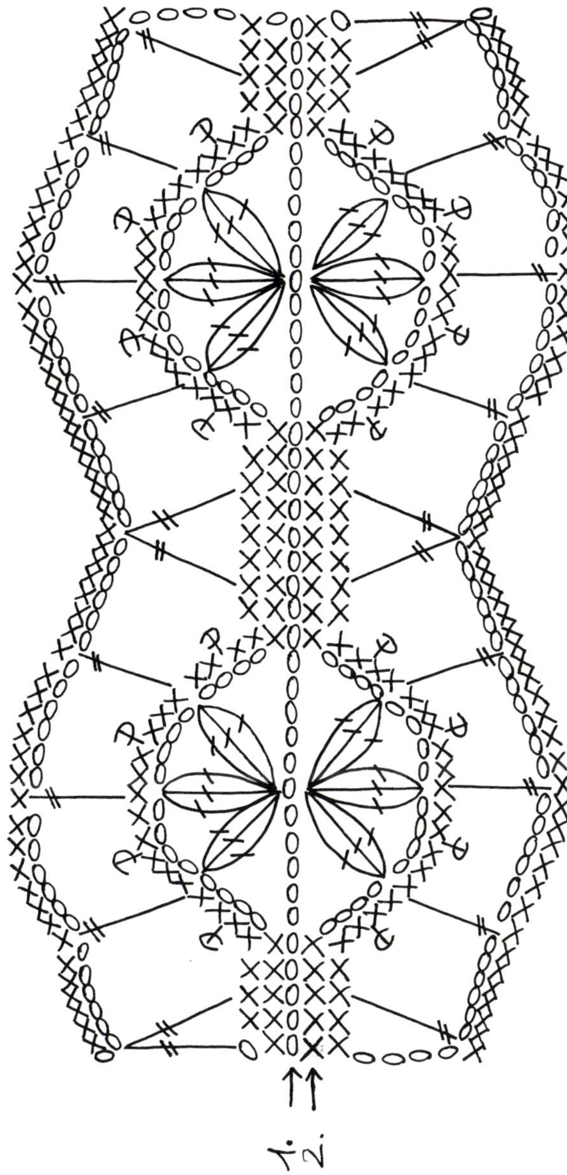

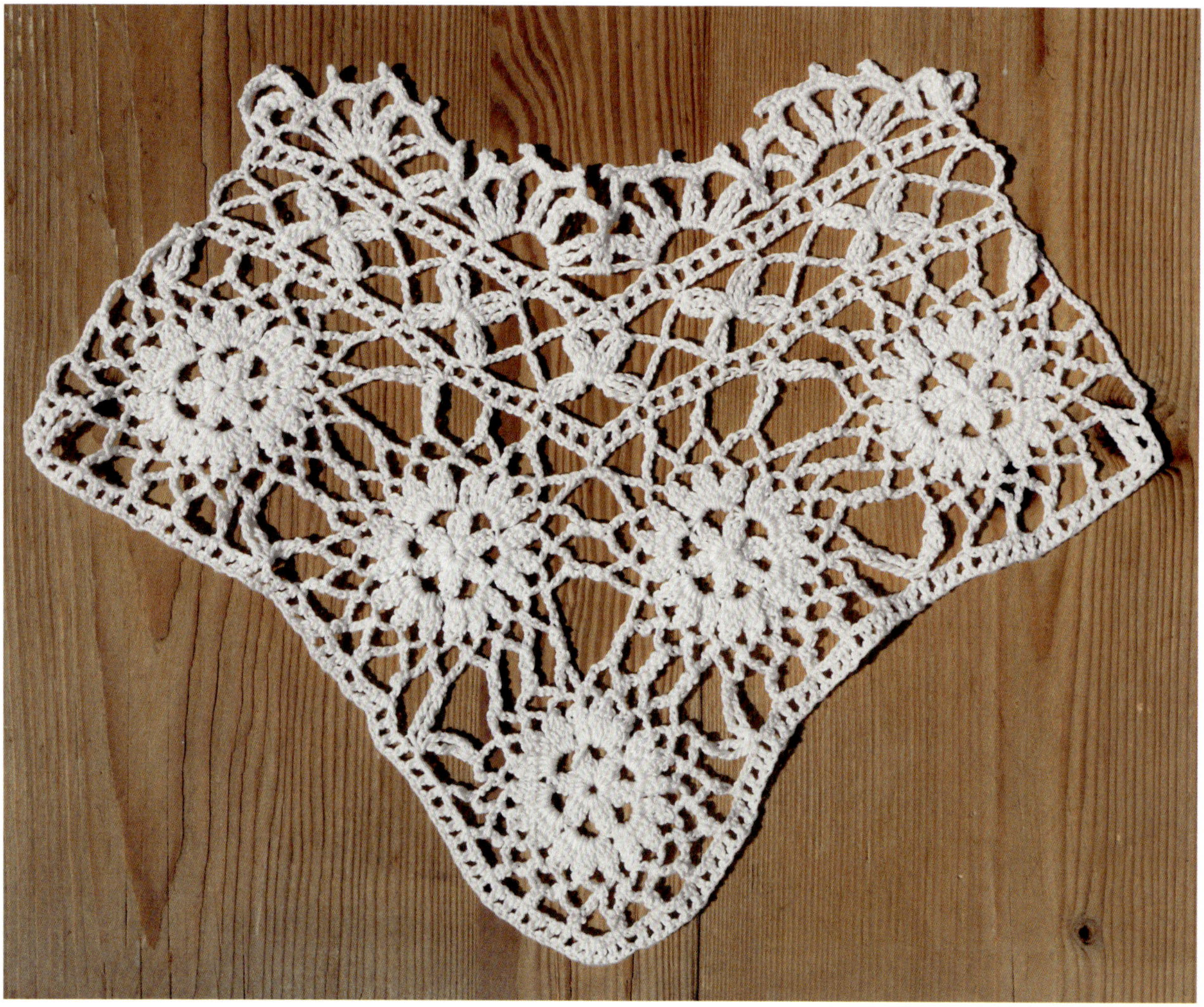

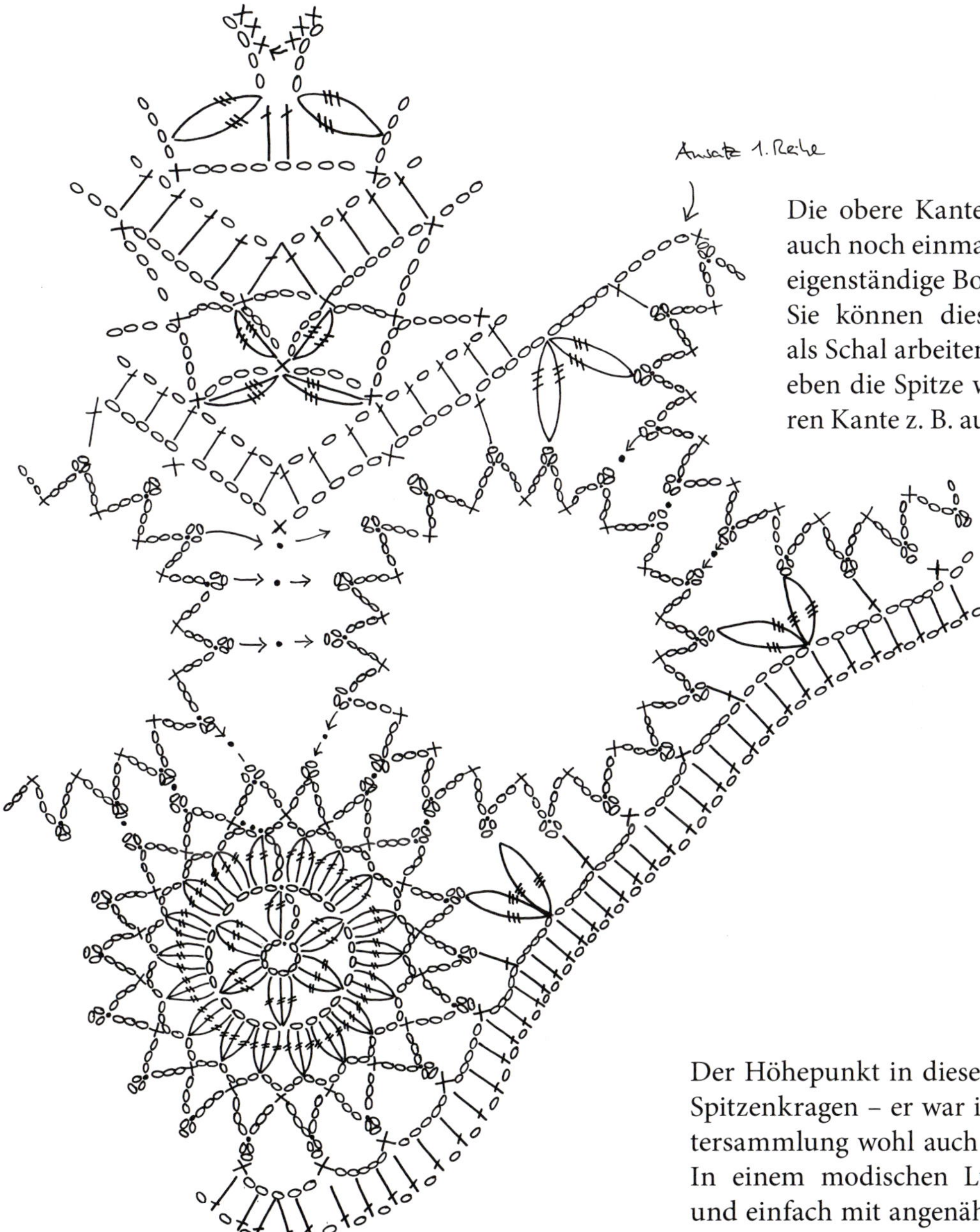

Die obere Kante des Kragens ist auch noch einmal auf Seite 171 als eigenständige Borte beschrieben. Sie können dieses Muster auch als Schal arbeiten, dann lassen Sie eben die Spitze weg, mit der oberen Kante z. B. auf beiden Seiten …

Der Höhepunkt in diesem Kapitel ist der Spitzenkragen – er war in der alten Mustersammlung wohl auch das Prunkstück. In einem modischen Lurexgarn häkeln und einfach mit angenähten Bändern um den Hals binden.

Blumenmuster

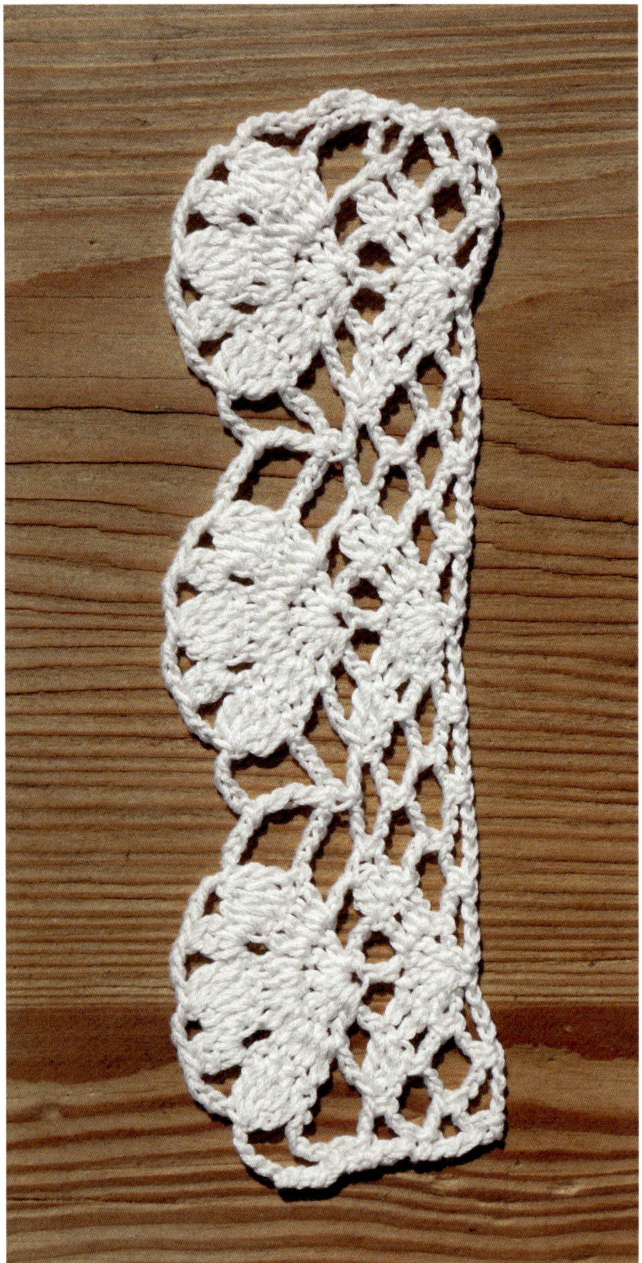

Dieses hübsche florale Muster lässt sich als Bordüre in beliebiger Breite häkeln – als Abschluss könnte man auf die letzte Reihe eine Reihe fester Maschen folgen lassen.

Es eignet sich auch als »all over« - Muster, dessen Reihenhöhe beliebig wiederholbar ist. Die Steigerung wäre dann, den Mustersatz diagonal zu versetzen.

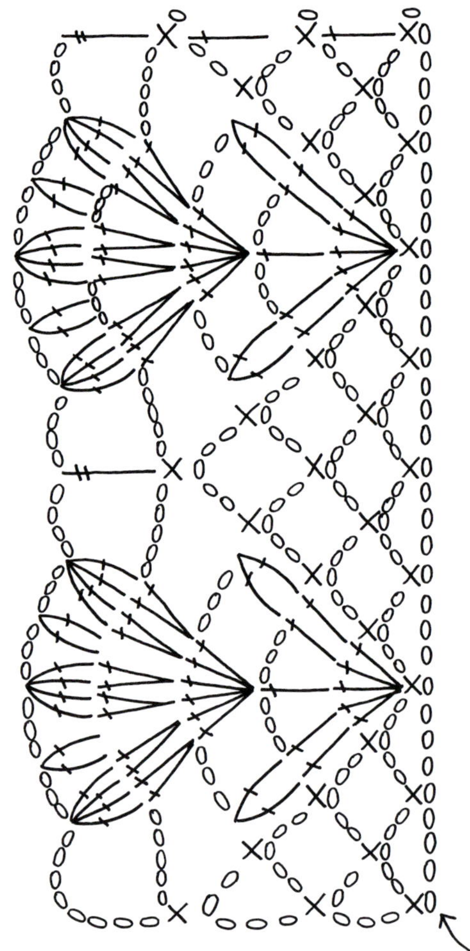

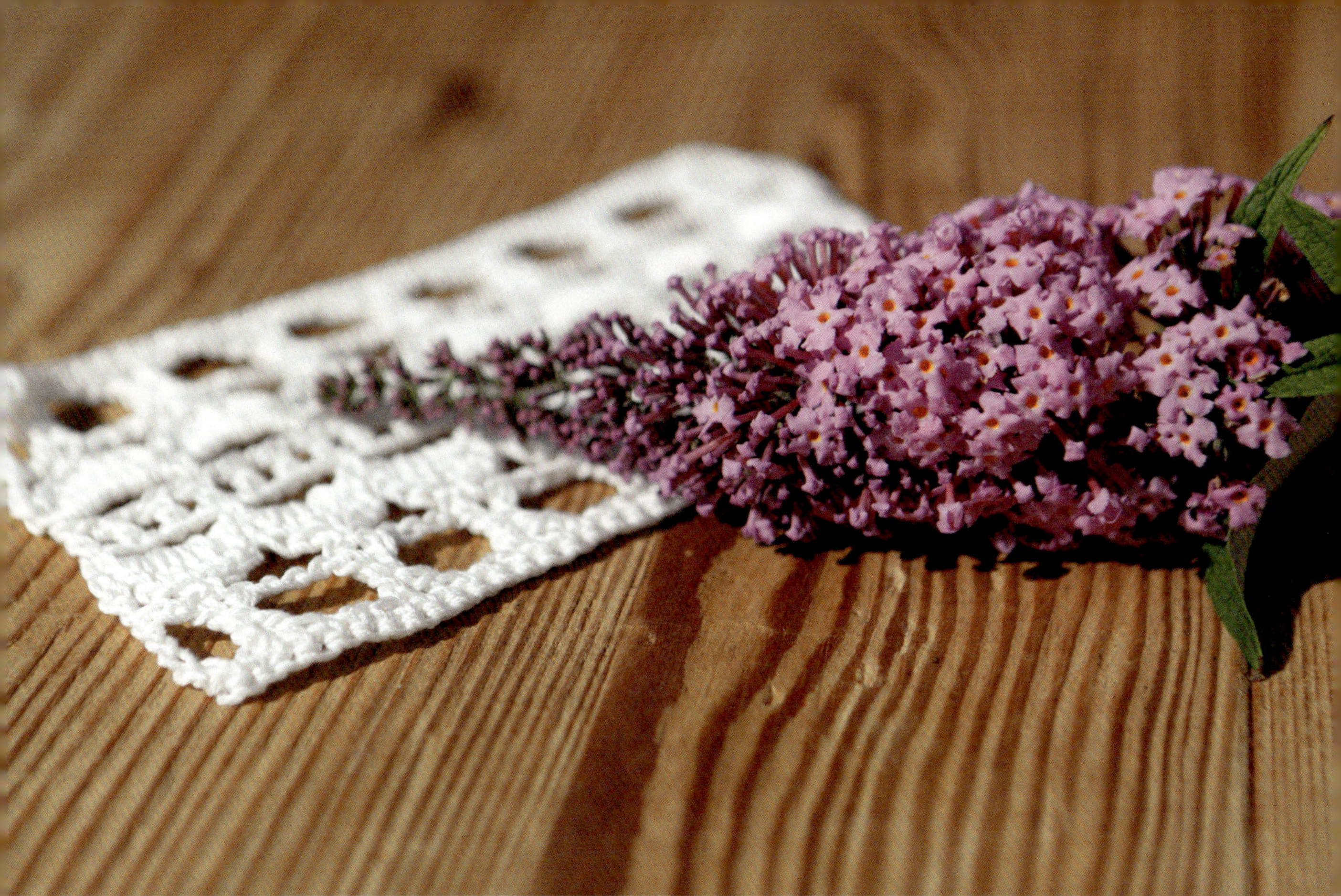

Einsätze

Diese Art der Spitzen hat man früher hauptsächlich als Verzierung für Kopfkissenbezüge oder als Schmuck für Nachthemden oder Unterhemden verwendet.
Dabei wurde die Spitze im Stoff zwischengefasst, d.h. sie wurde rechts und links vom Stoff begrenzt und dort festgenäht.
Auch heute noch wird diese Art der Borte zur Verschönerung von Tischdecken, Vorhängen und Ähnlichem benutzt. Sie sehen, dass Einsätze viele Variations- und Verwendungsmöglichkeiten bieten.
Andere Muster können genauso weitergearbeitet und variiert werden. Spielen Sie mit den Mustern. Sie werden überrascht sein!

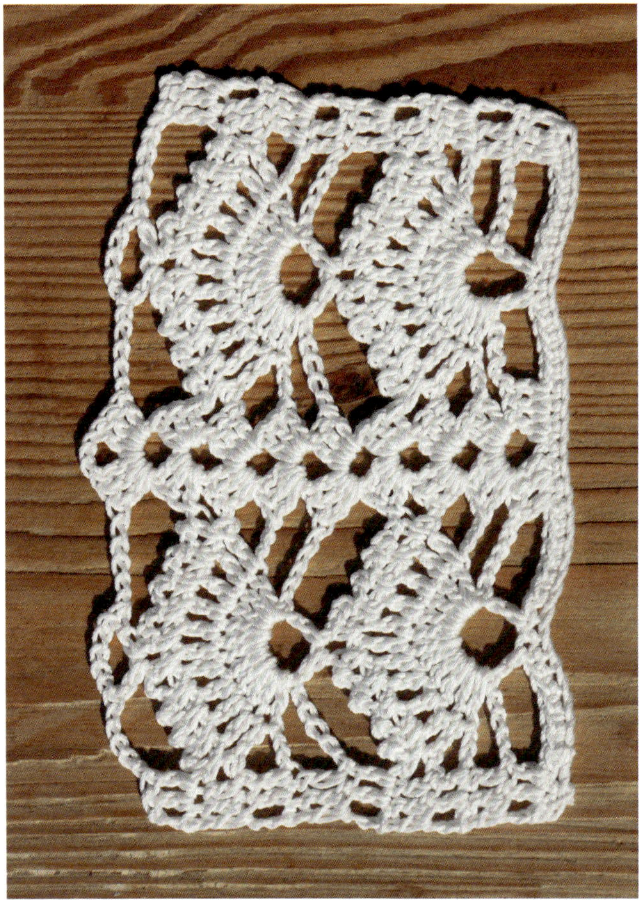

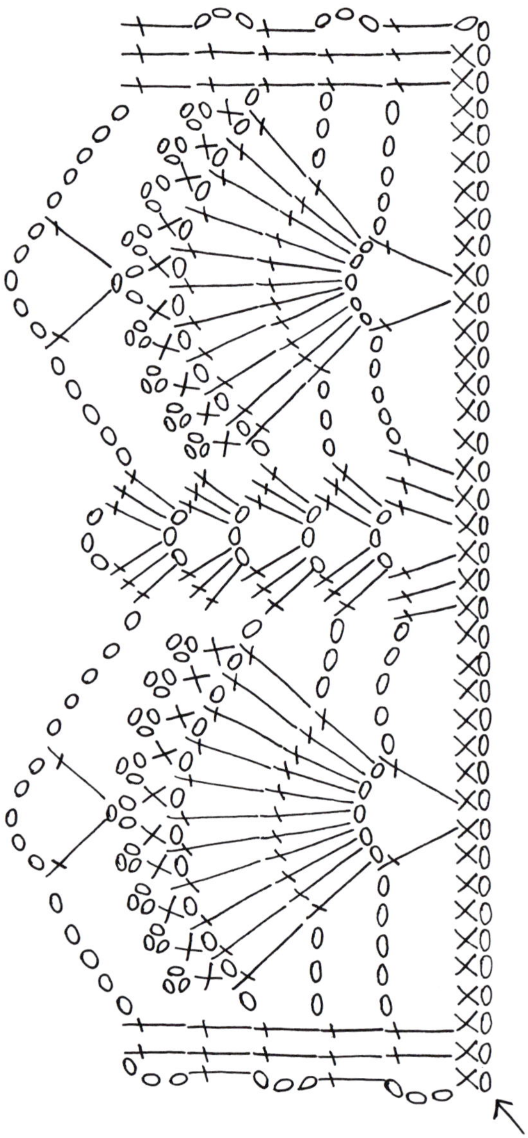

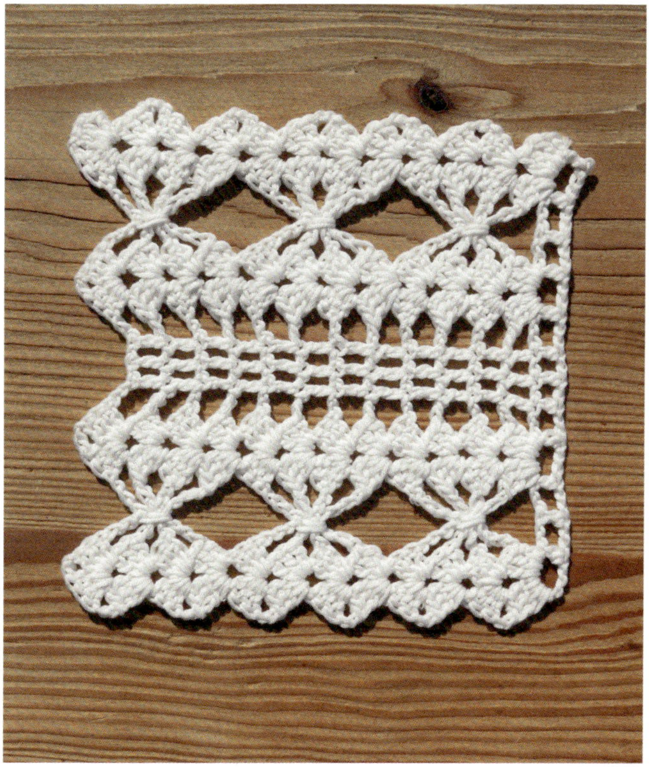

Ein wunderschönes Einsatzmuster, das sich genauso gut »all over« verarbeiten lässt: einfach eine dicke Nadel und eine weiche Wolle in die Hand nehmen und los geht´s. Diese Vorlage ist sehr gut für Anfänger geeignet, die sich an das beliebte Einsteigerprojekt »Schal« machen wollen.

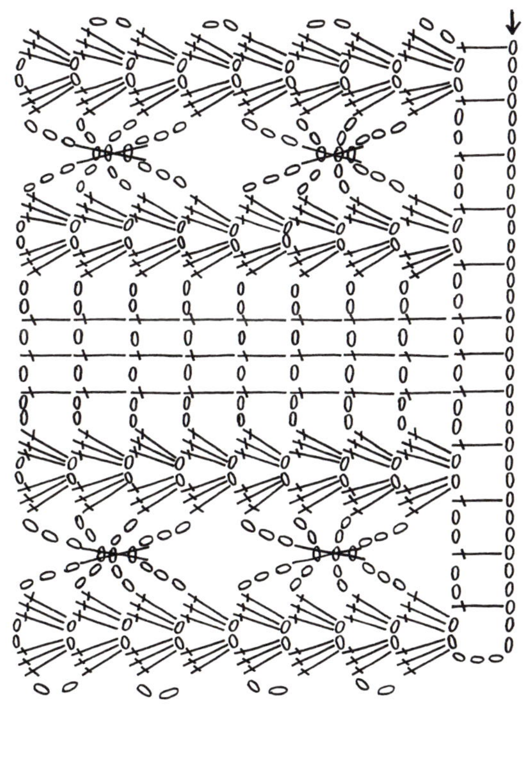

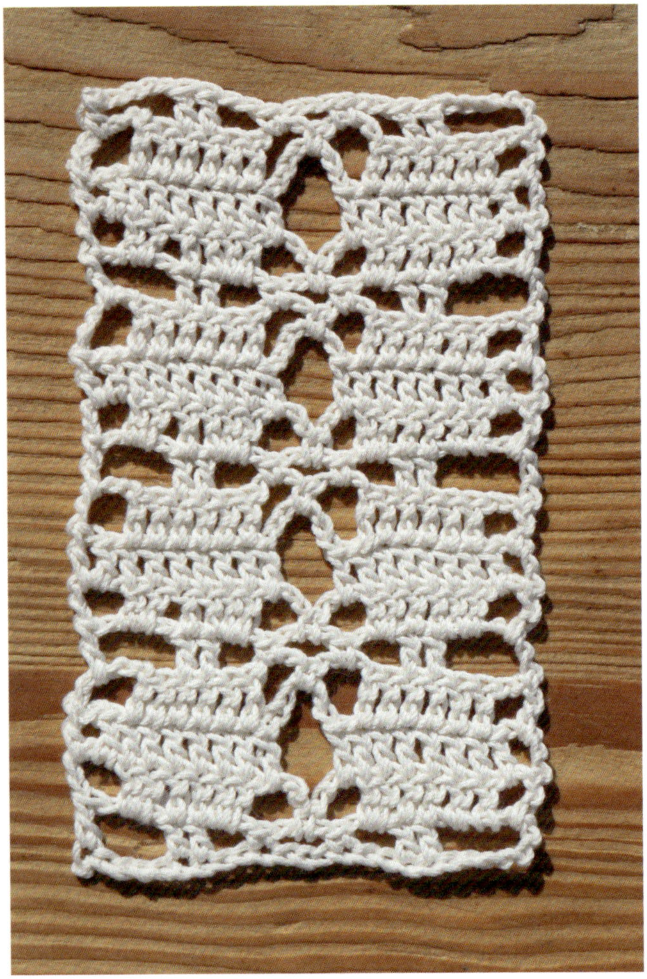

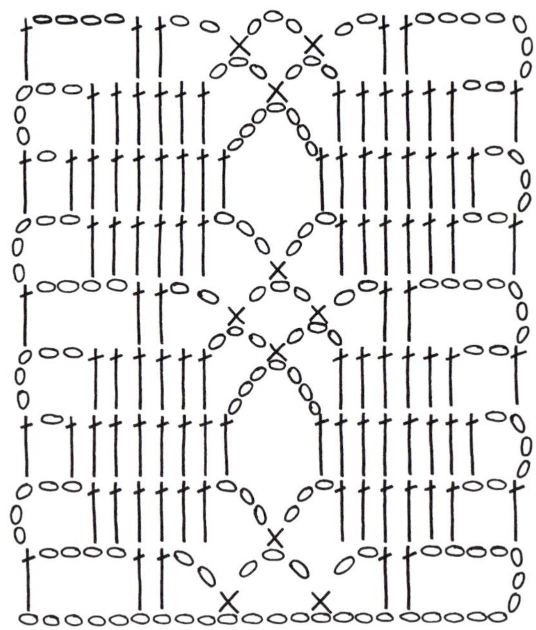

Mit dicker Wolle lässt sich auch aus diesem Muster ein einfacher aber effektvoller Schal zaubern. Sehr schön wirkt es auch als klassischer Einsatz.

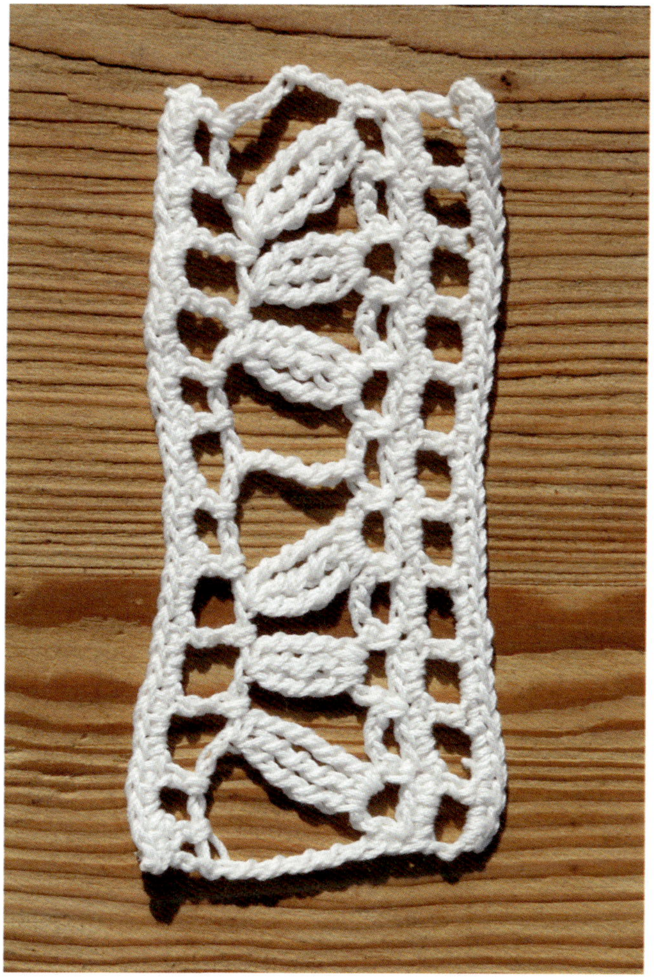

Ein offenes Muster mit 4fachStb. – lässt sich auch hervorragend spiegeln.

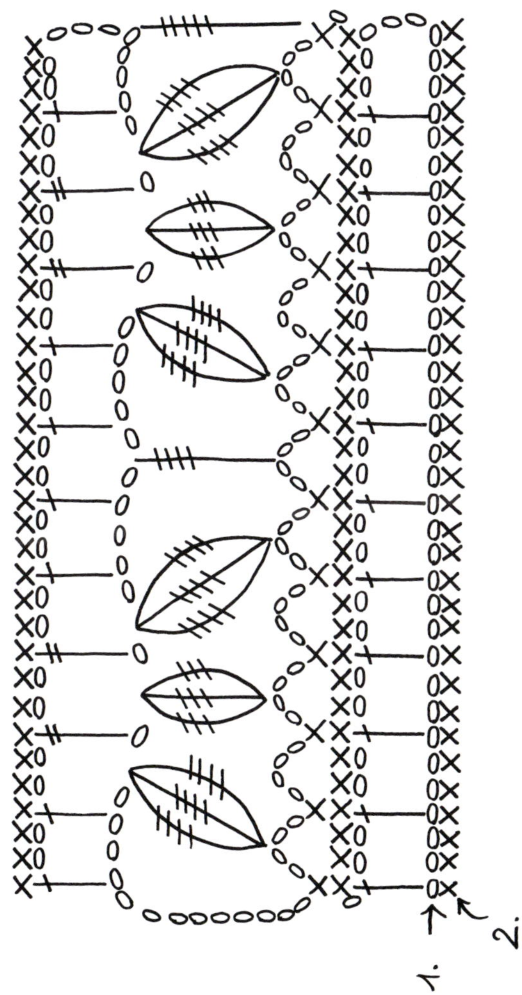

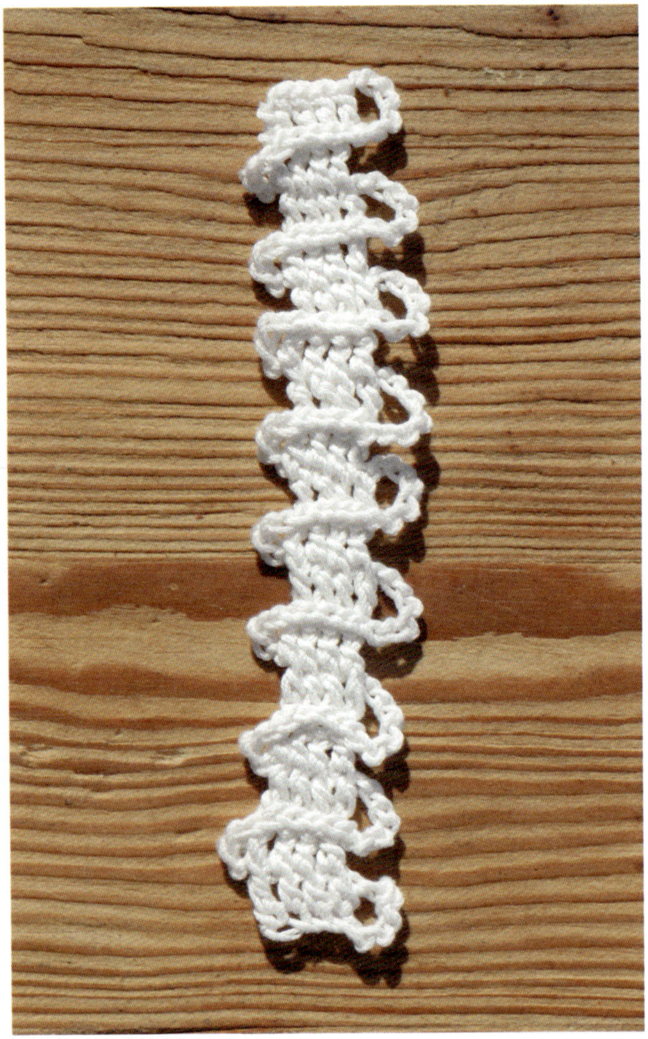

Dieses Stäbchenmuster wird ähnlich wie ein Reliefstäbchen gearbeitet. Der einzige Unterschied liegt darin, dass quer durch das oberste Glied des Stäbchens der Vorreihe gestochen wird – dadurch »kippt« das Stäbchen der Vorreihe etwas nach vorne und man sieht die »Köpfchen«, die sich dekorativ wie eine Luftmaschenkette quer durch die Arbeit ziehen. Im Unterschied zu Reliefstäbchen, umschlingen diese das ganze Stäbchen der Vorreihe, dadurch wirken die Stäbchen kürzer.

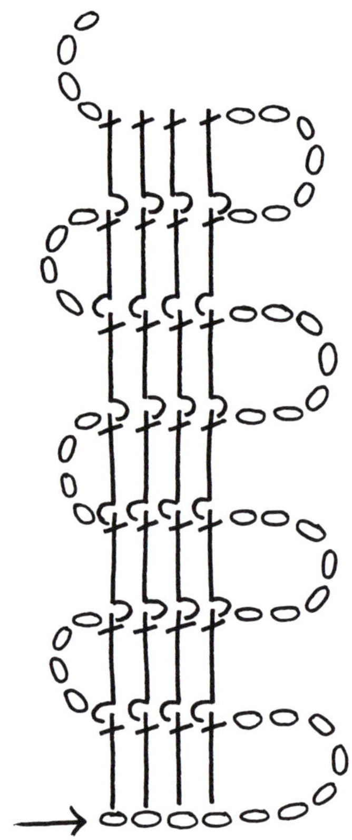

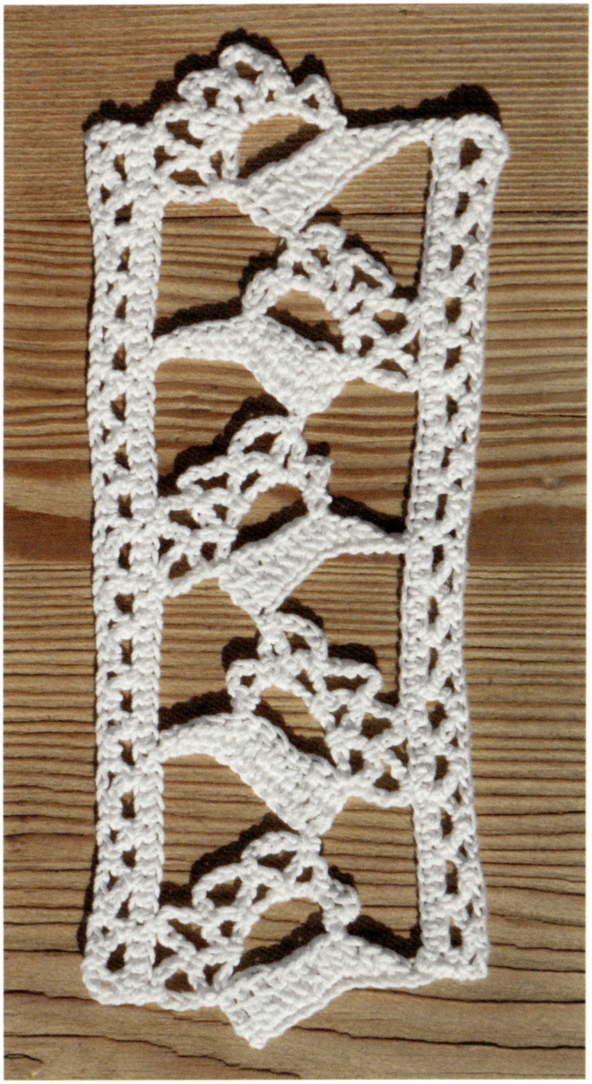

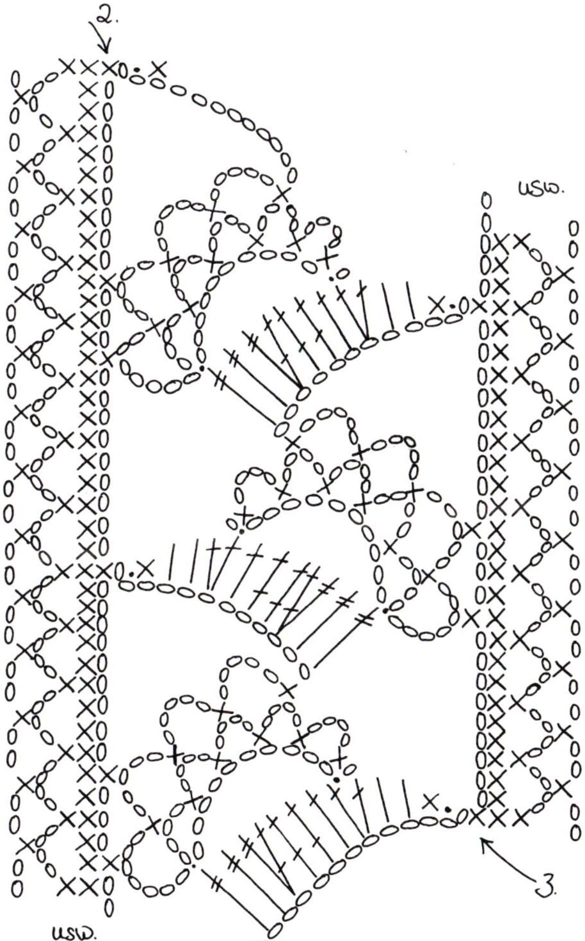
2.
usw.
usw.
1.
3.

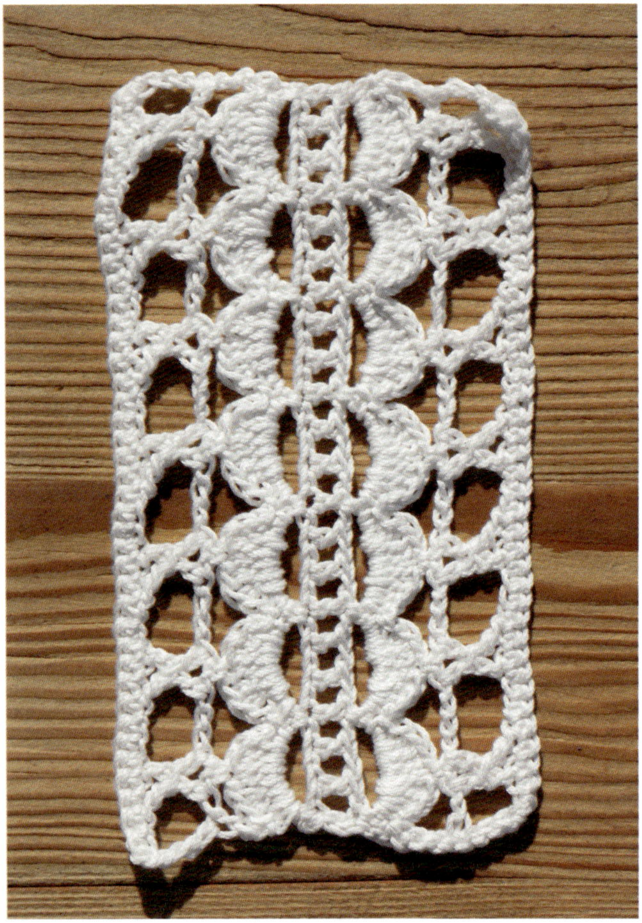

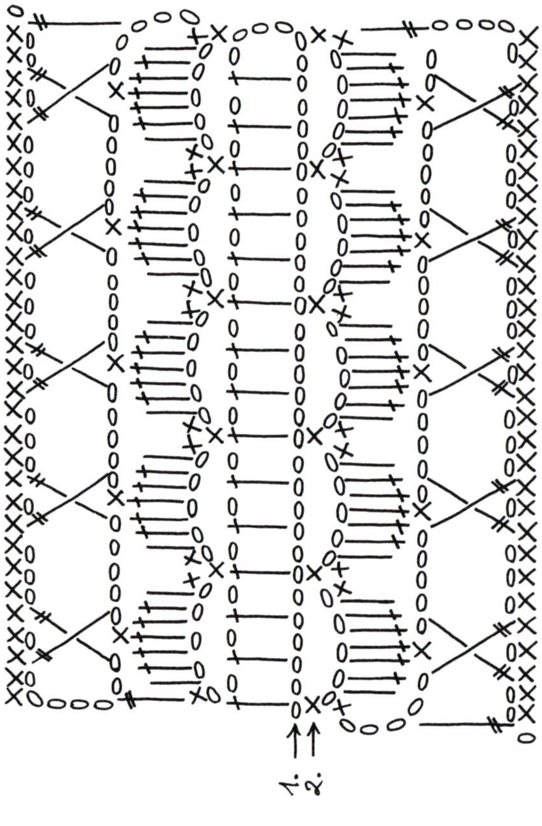

Im ersten Arbeitsgang Teil 1 häkeln – dann auf der Luftmaschenkette der 1. Reihe in die entgegengesetzte Richtung Teil 2 häkeln. Für einen breiteren Schal oder eine Stola einfach mehr Reihen in jedem der beiden Musterteile arbeiten.

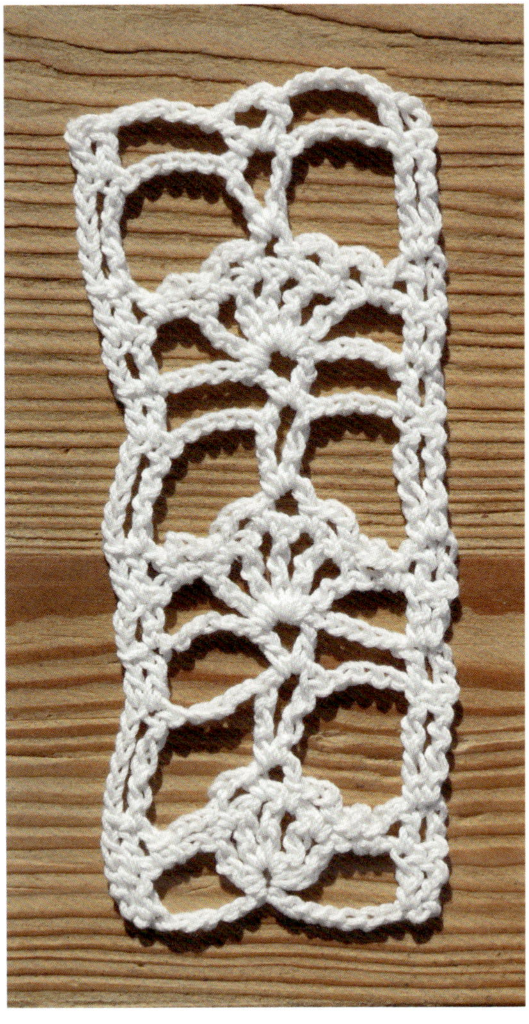

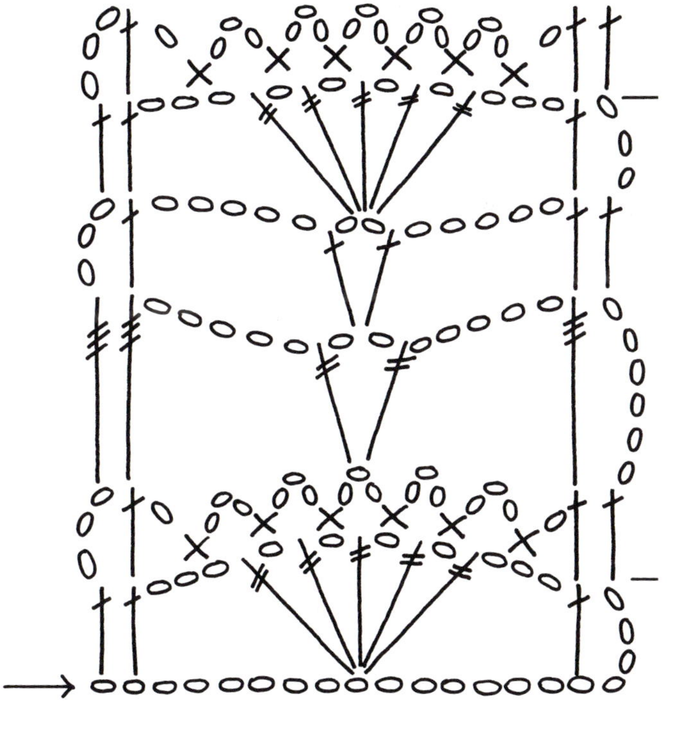

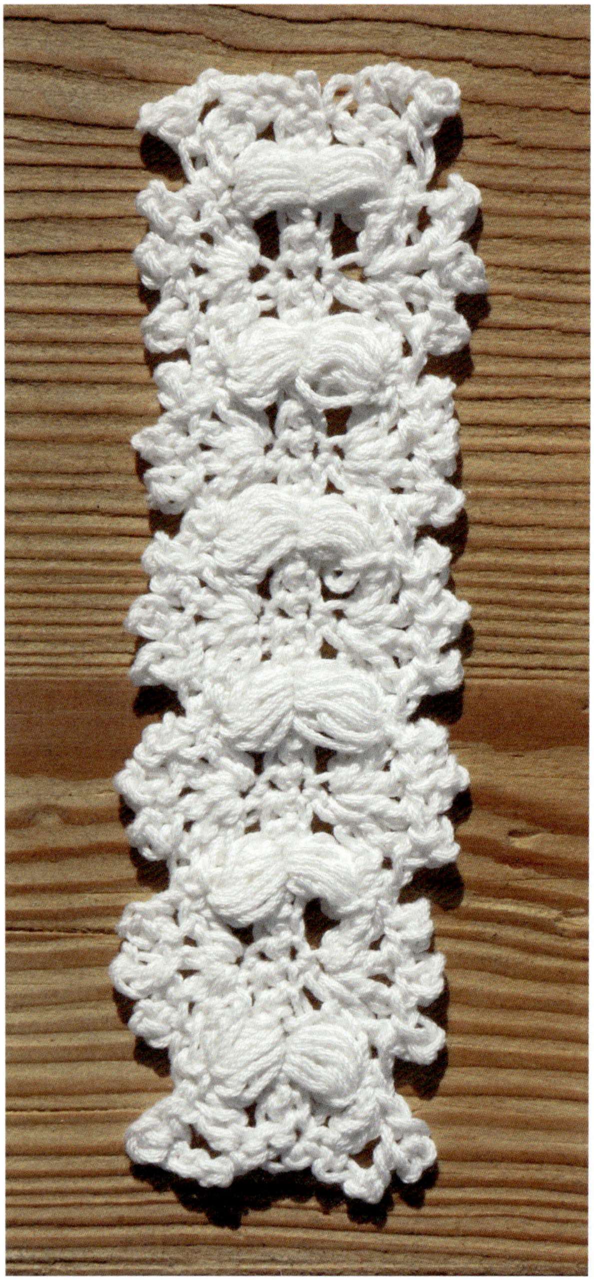

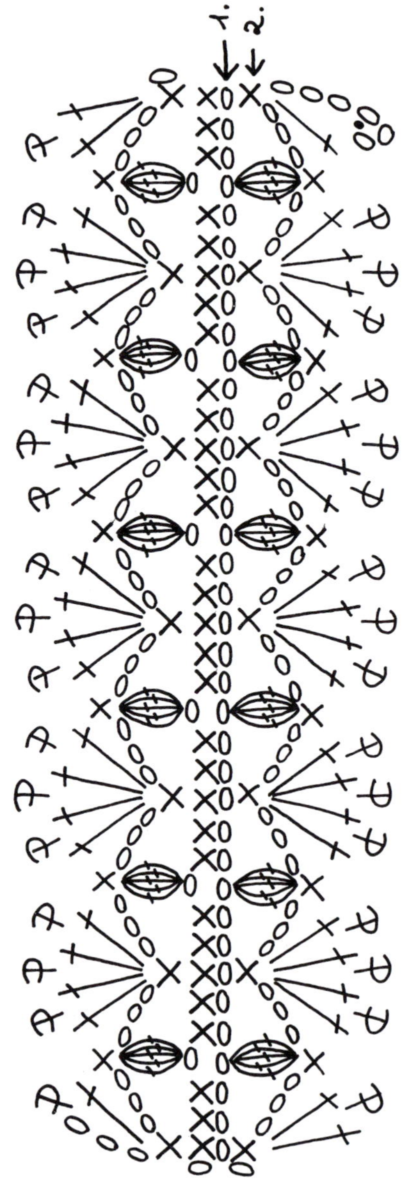
1.
2.

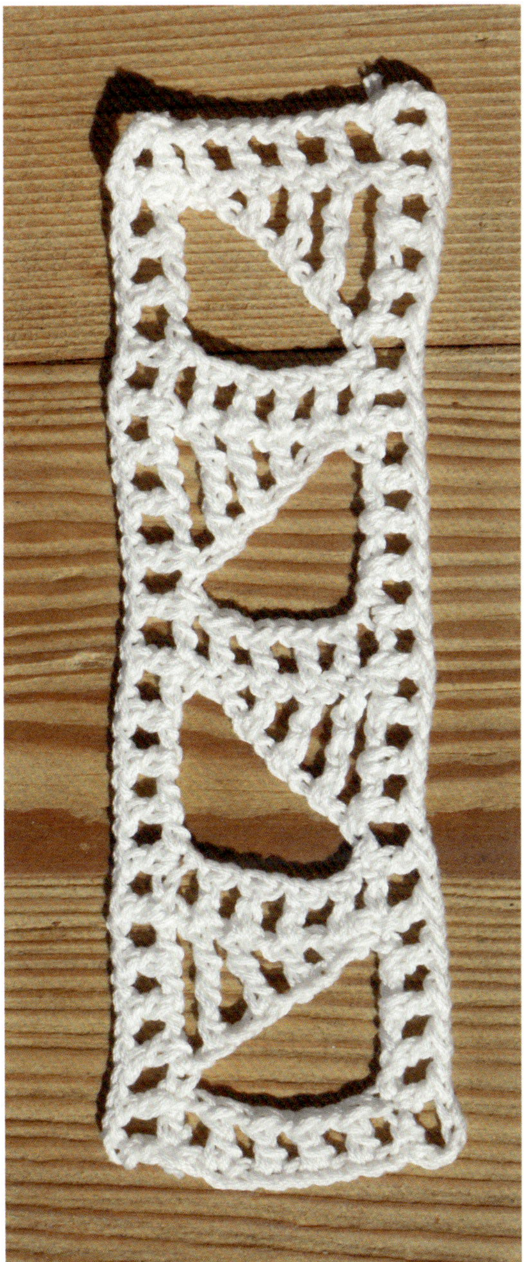

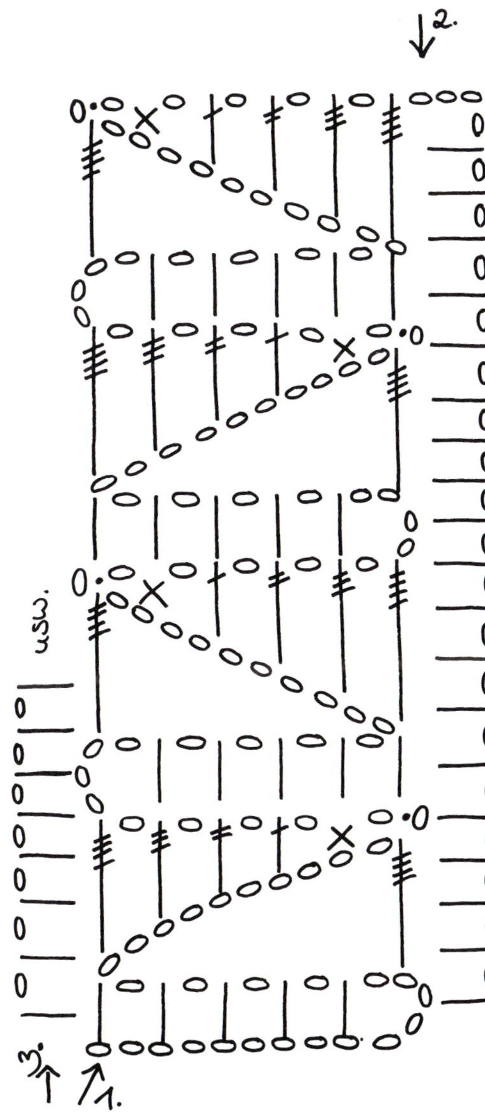
2.
usw.
3.
1.

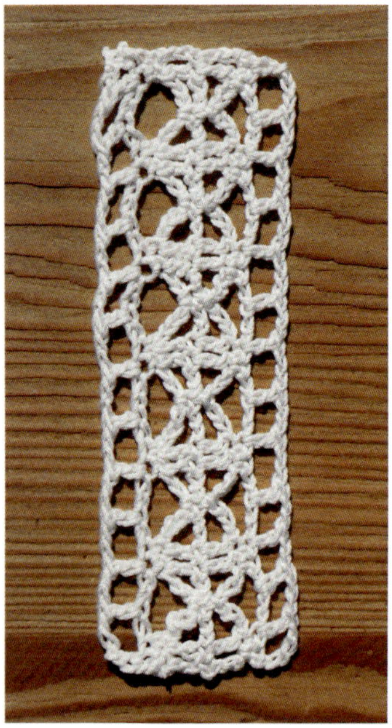

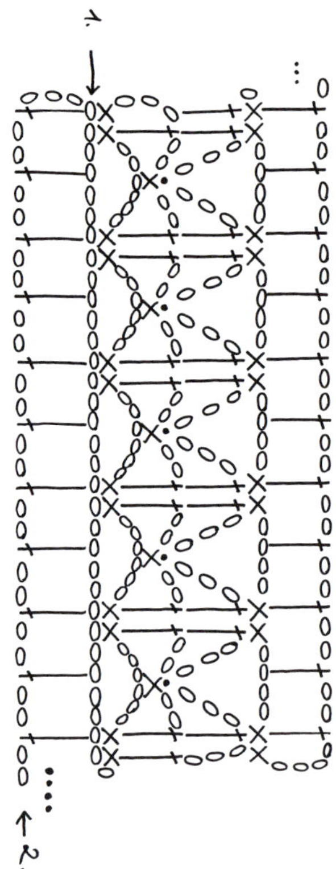

Bezaubernde, einfache kleine Borten, die schnell zu häkeln sind.
Viele Einsatzmöglichkeiten: Mit Wolle gefertigt, entsteht ein kleiner Schal, der Abschluss an einem Pullover oder die Blende an einer Jacke.

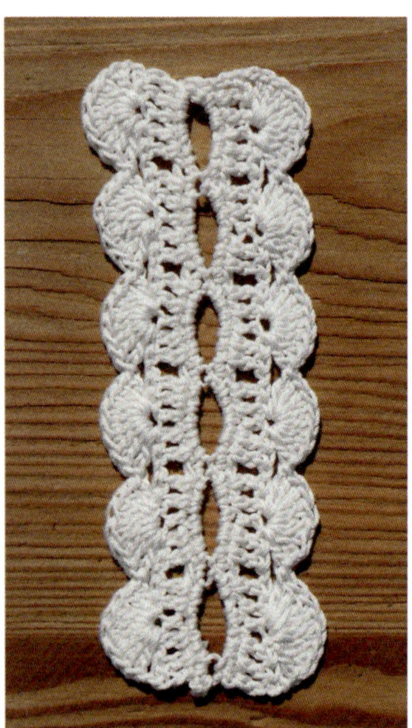

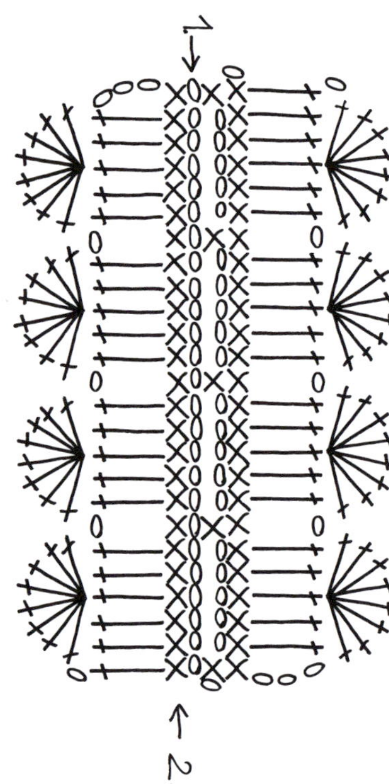

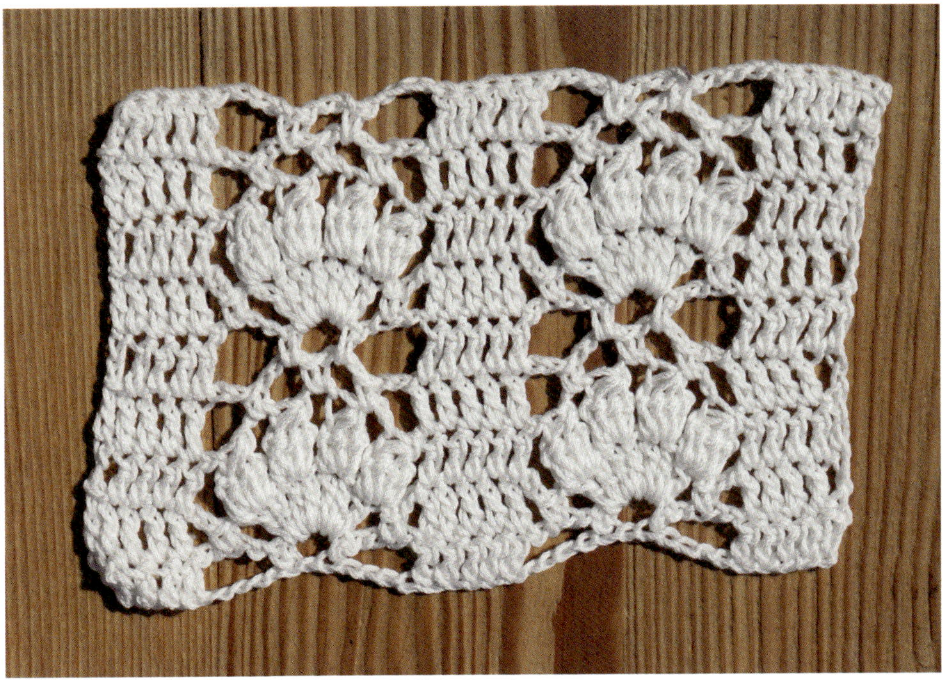

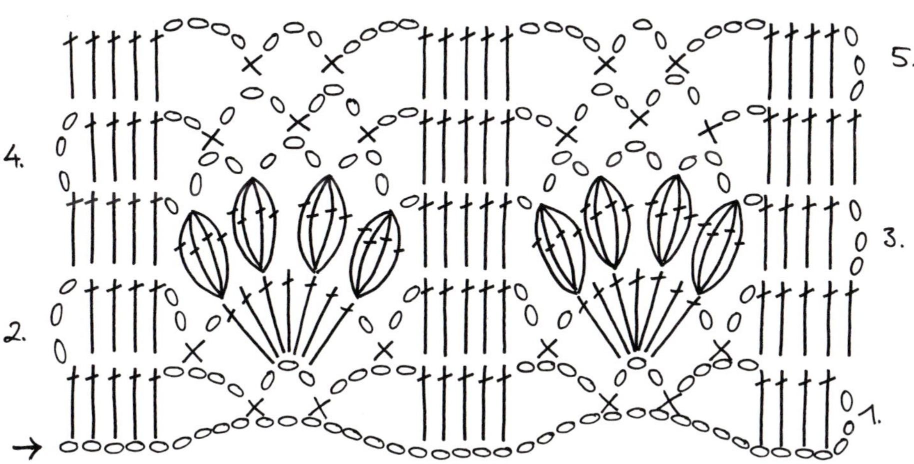

Aus einem Muster wie diesem können Sie ein Kleidungsstück, beispielsweise einen Pullover oder eine Jacke häkeln. Das Muster muss in der Breite einfach bis zum gewünschten Maß wiederholt werden und ergibt zum Abschluss eine sehr schöne Bogenkante am Saum.

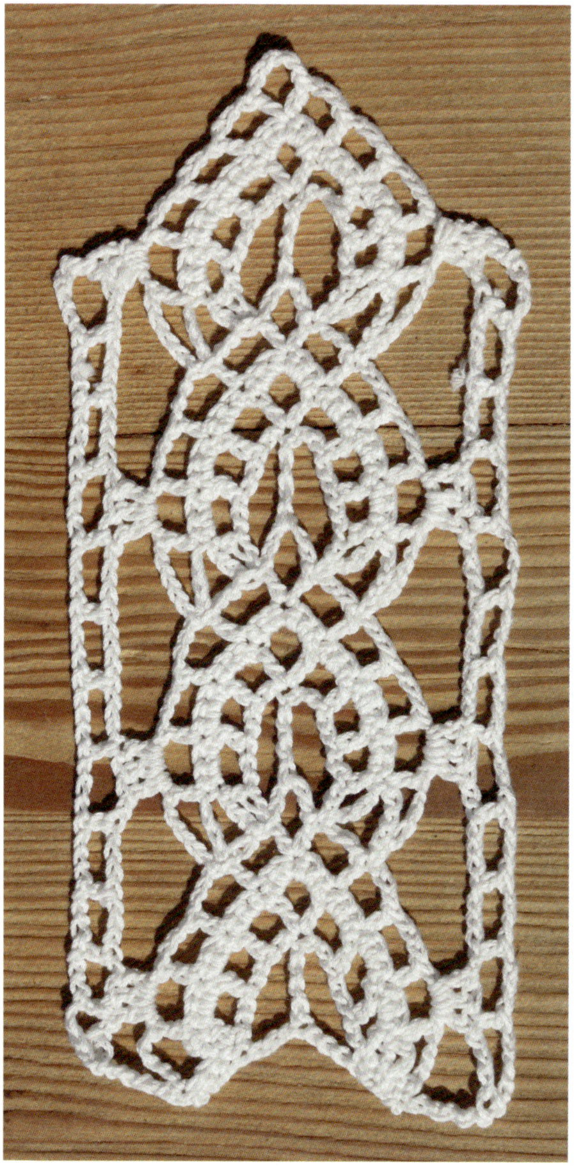

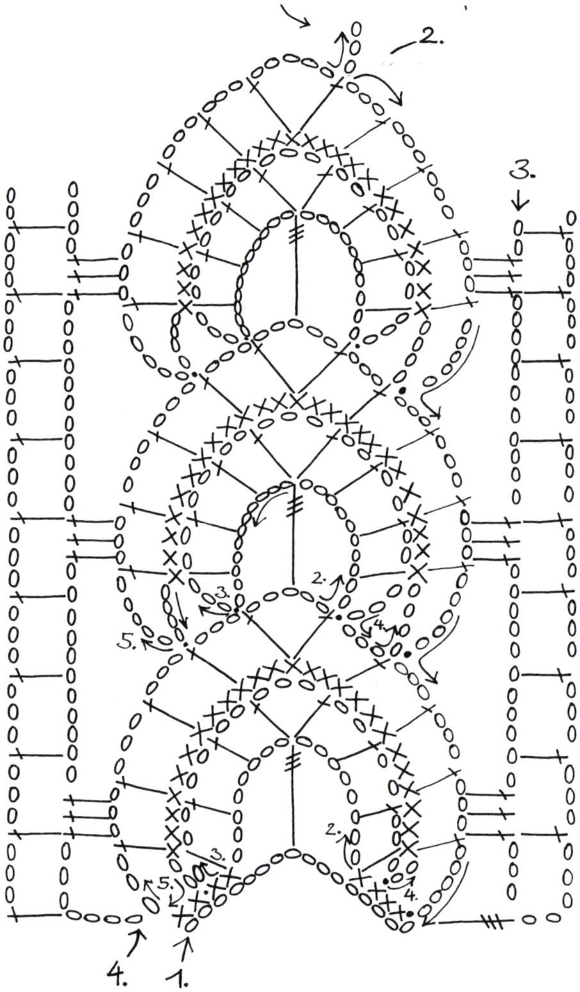

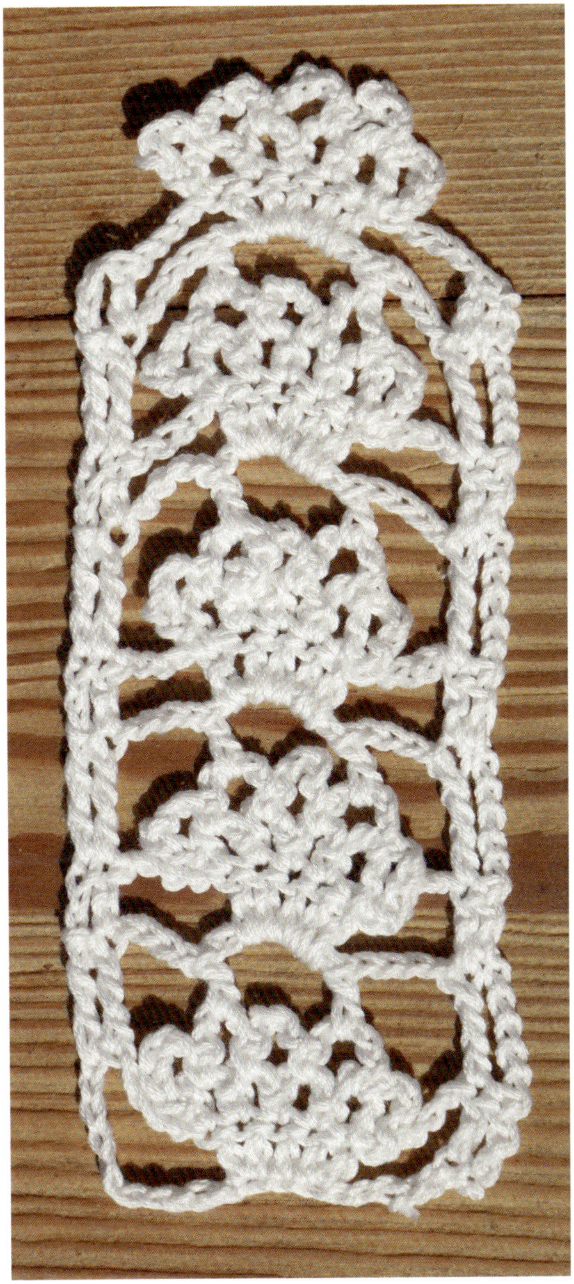

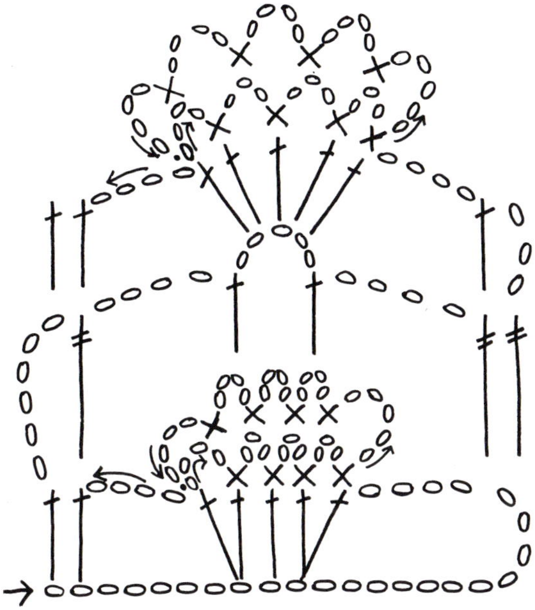

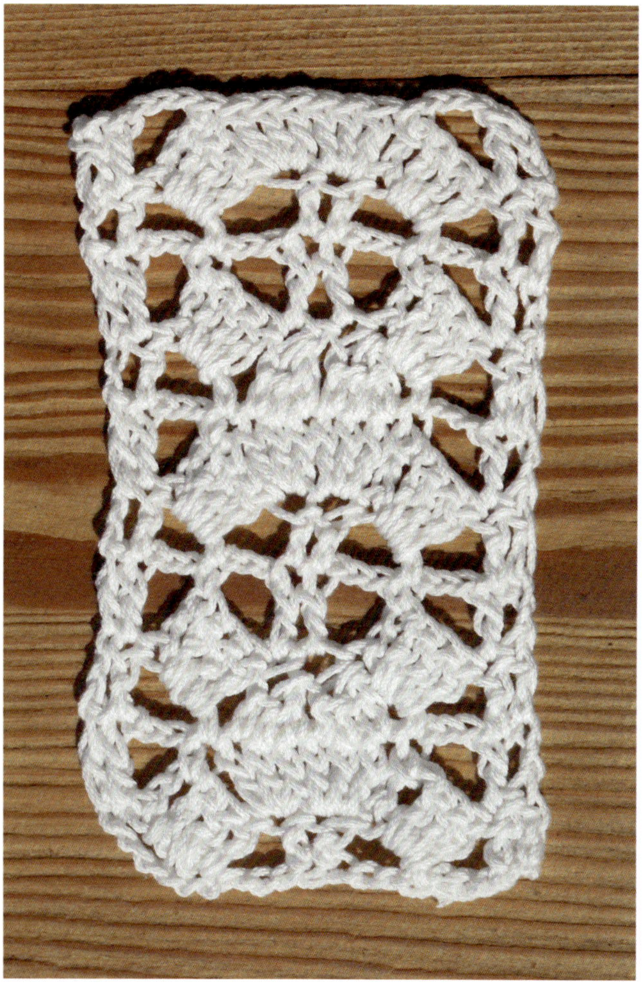

Dieses Muster kann man entweder als Borte in beliebiger Länge arbeiten oder auch als Flächenmuster für größere Teile wie Schals oder Stolen durch Wiederholen des Rapportes in der Breite.

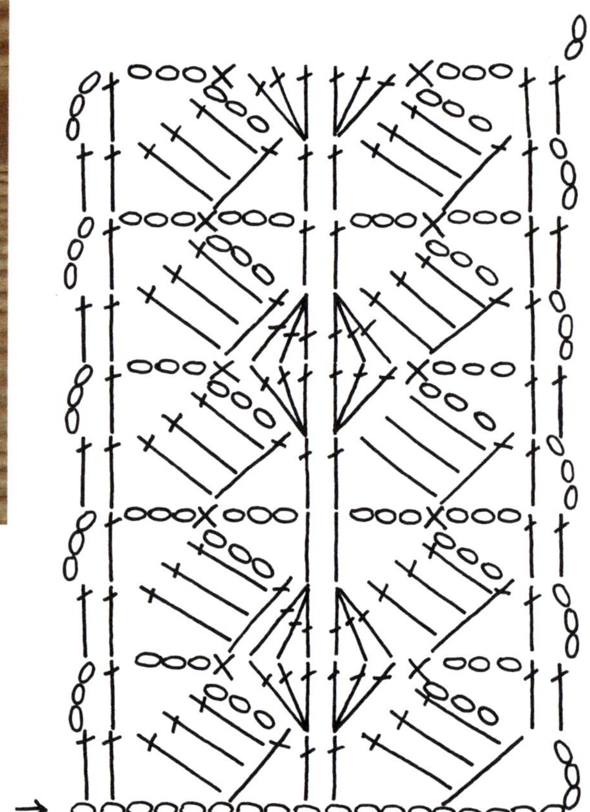

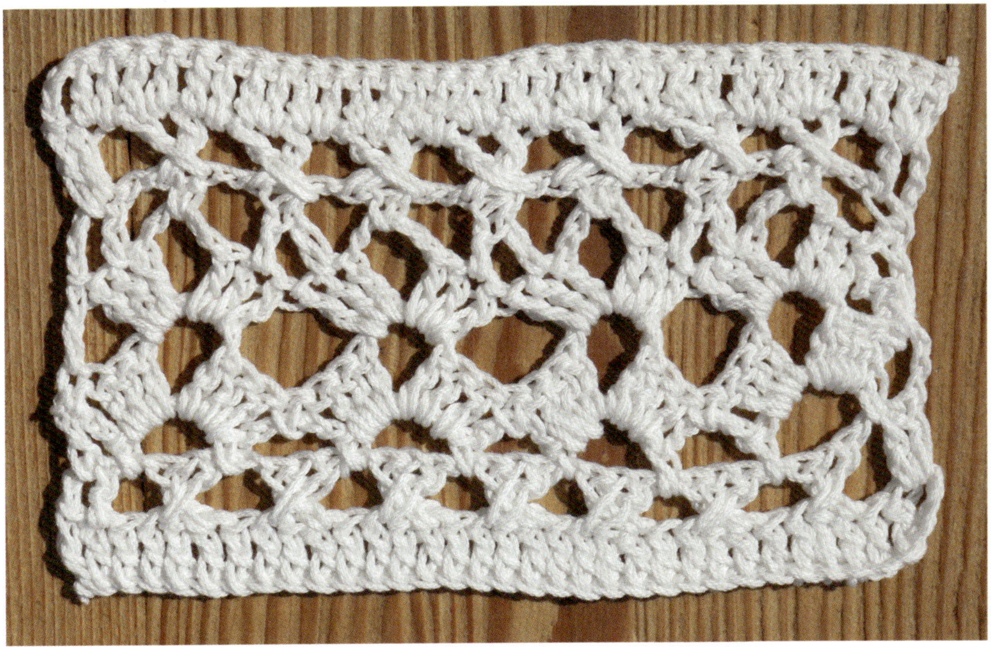

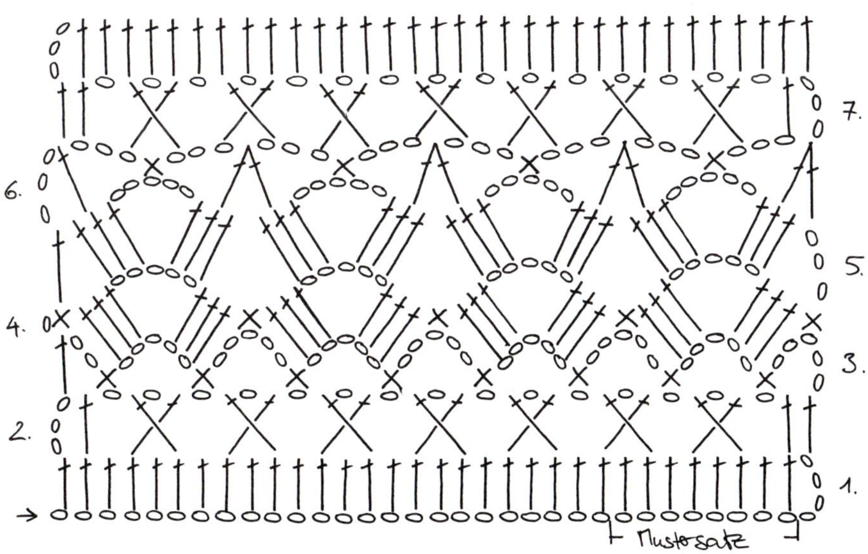
1.
2.
3.
4.
5.
6.
7.
Mustersatz

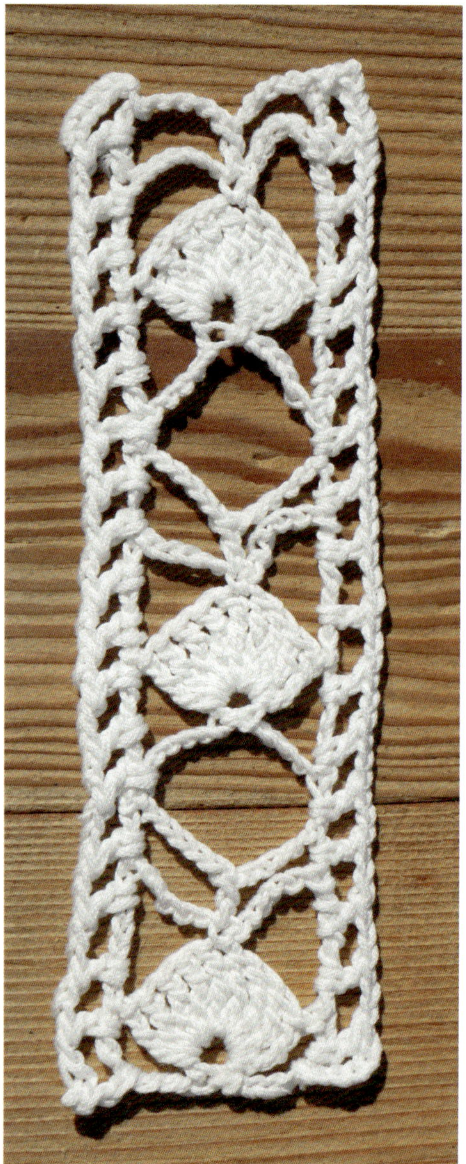

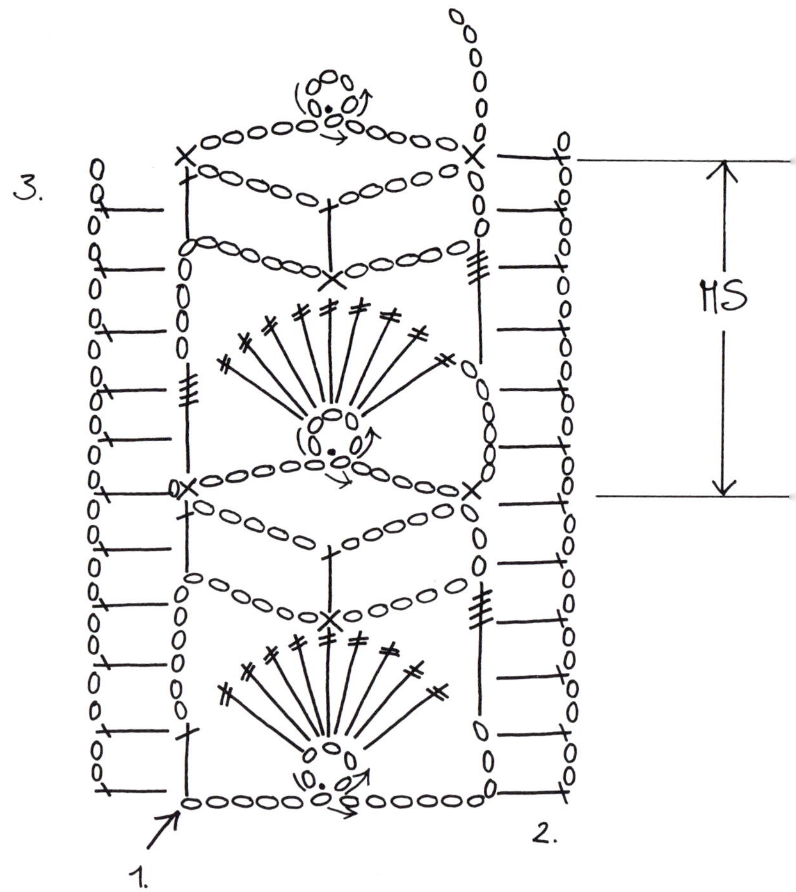

Das schmale Muster wird in drei Arbeitsschritten gehäkelt: Erst längs das Muster in der Mitte arbeiten, dann in Schritt zwei und drei an den Längskanten des mittleren Musters jeweils die Stäbchen mit den zwei Luftmaschen anhäkeln.
Man kann auch mehrere Streifen häkeln und abschließend aneinander häkeln oder nähen.

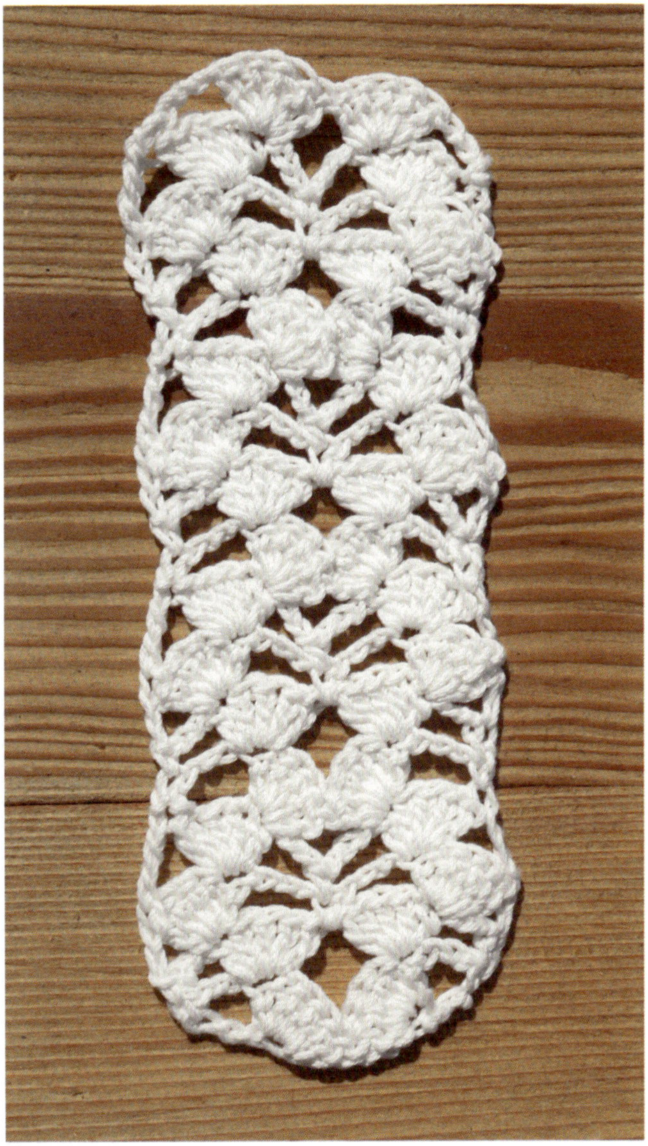

Scheinbar streng grafisch gezeichnet, entwickelt dieses Muster gehäkelt erst so richtig seine florale Optik.

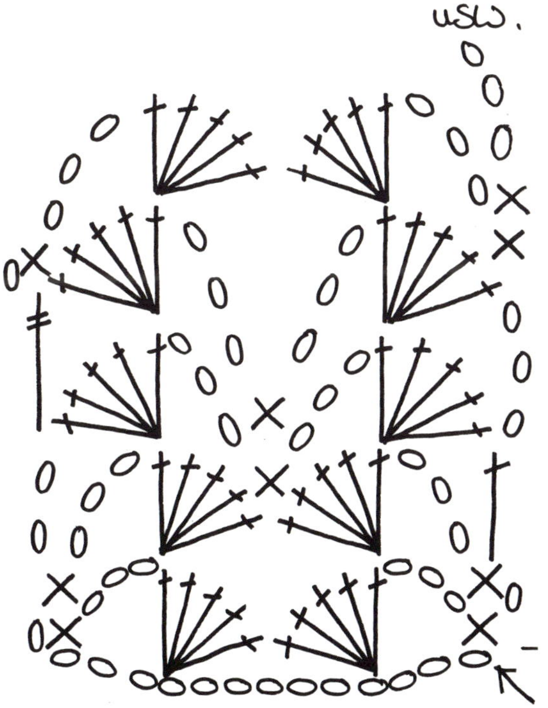

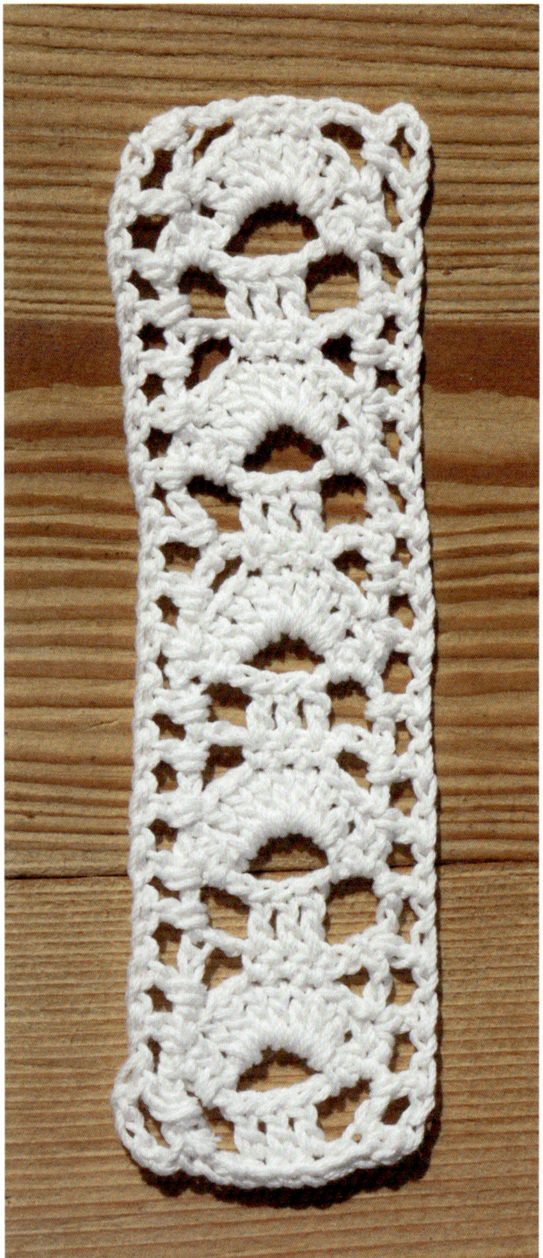

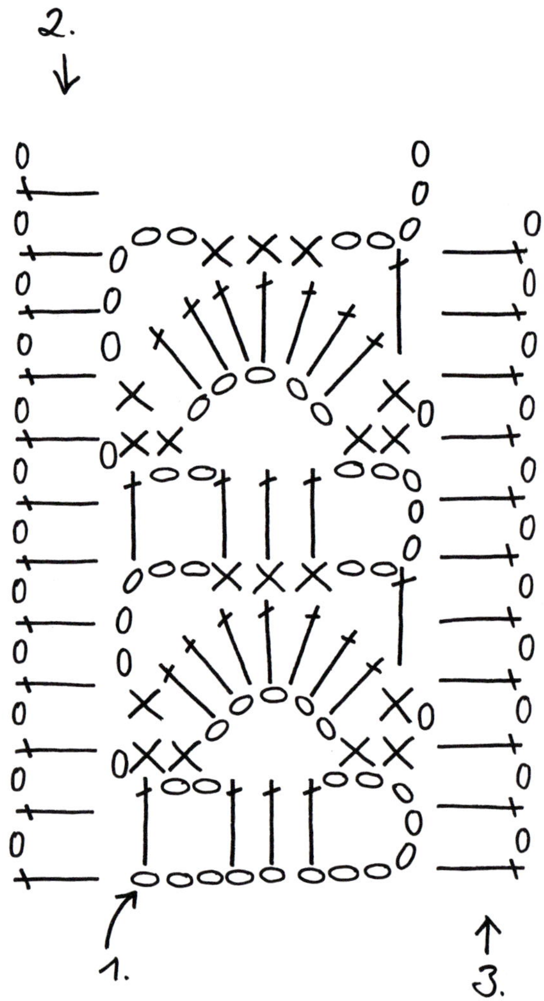
2.
1.
3.

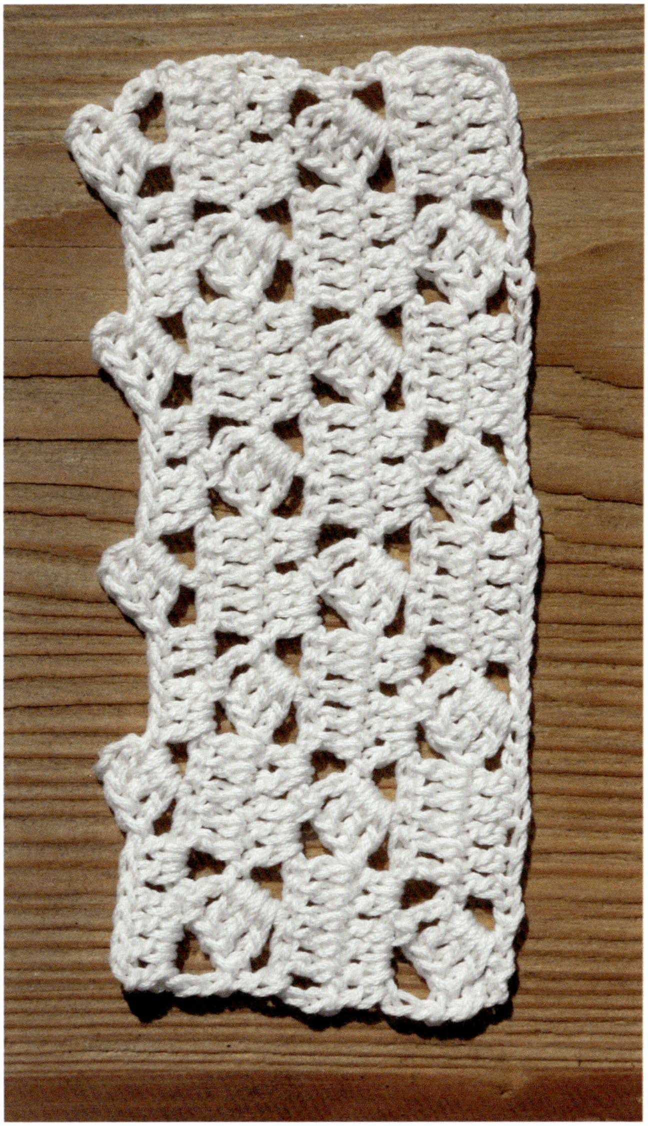

Dieses Muster eignet sich ganz hervorragend für eine großflächige Häkelarbeit.

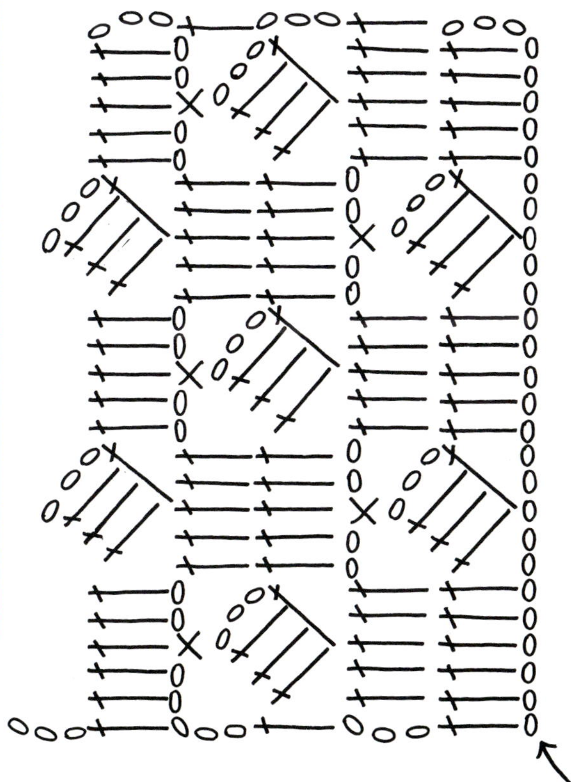

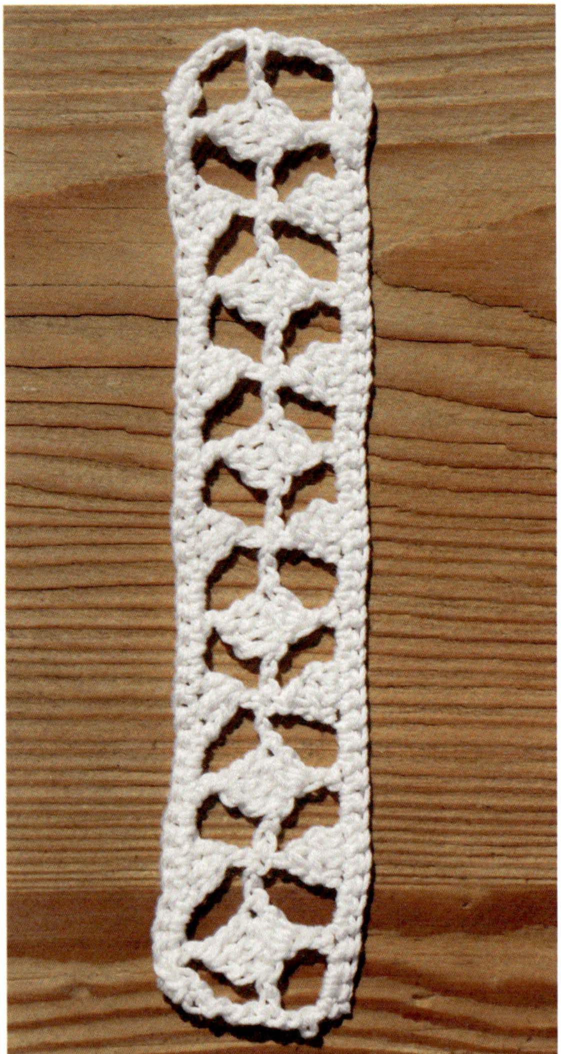

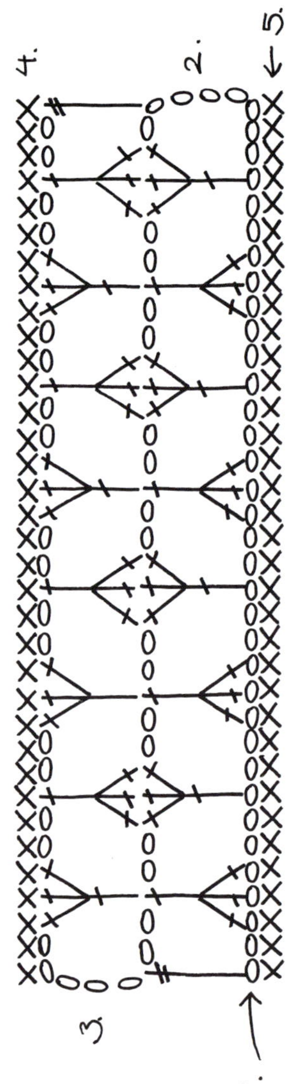

dreibeiniges Doppelstäbchen = 2x Faden um die Nadel schlagen, einstechen, Faden holen, 2 Umschläge abmaschen, 2x wiederholen, 3 Umschläge abmaschen. Den Rest paarweise abmaschen.

dreiarmiges Doppelstäbchen = 1 Doppelstäbchen arbeiten, 2 Stäbchen in die mittleren Schlingen des Doppelstäbchens arbeiten.

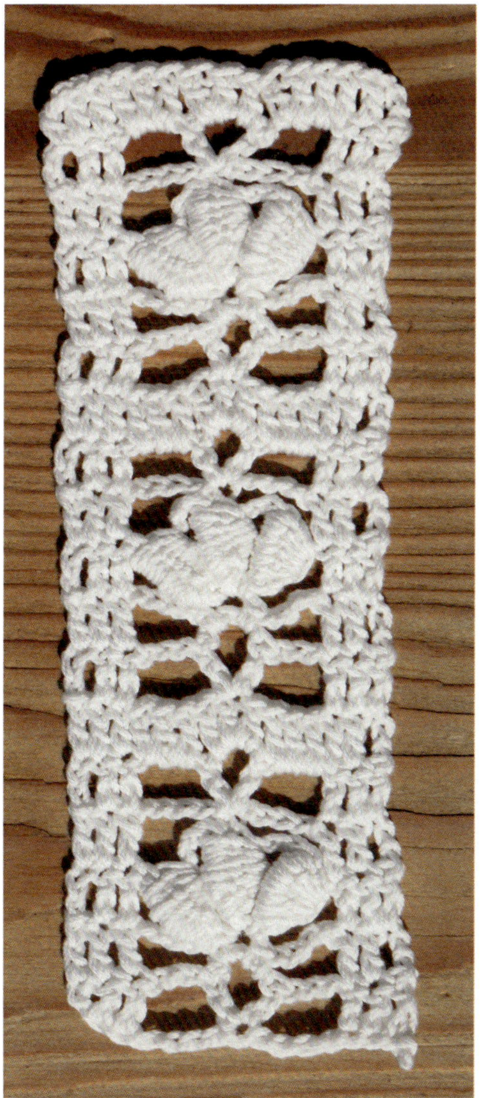

Überhäkelte Doppelstäbchen:
Doppelstäbchen arbeiten, dann 7 Maschen um das Doppelstäbchen arbeiten, unten in das Doppelstäbchen stechen, alle 7 Maschen zusammen abmaschen und mit 1 Luftmasche beenden.
Auch dieses Muster lässt sich beliebig in der Breite verlängern und ergibt so ein interessantes Flächenmuster.

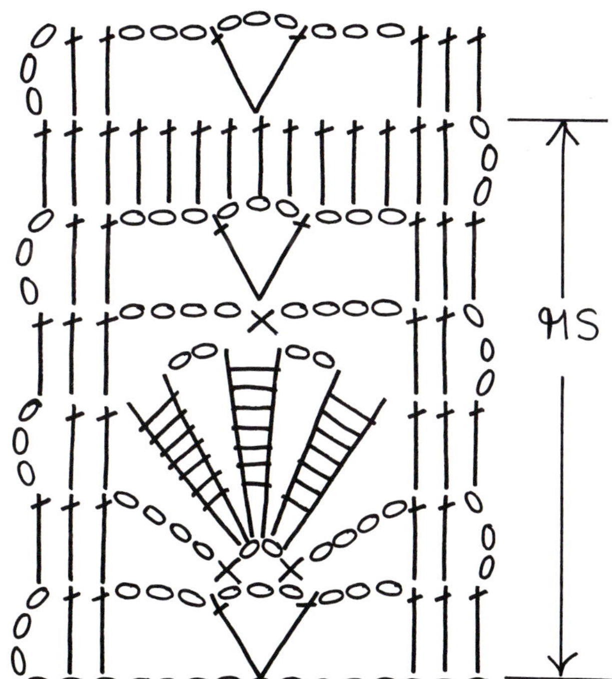

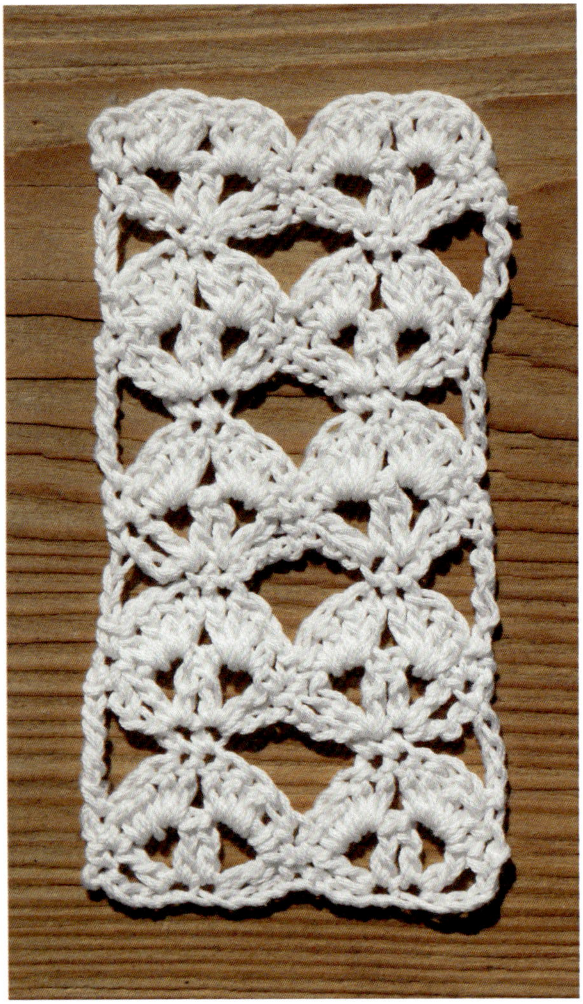

Dieses Stäbchenmuster eignet sich sehr gut für ein sommerliches Häkeljäckchen – dafür einfach großflächiger den Rapport zur Seite hin beliebig oft wiederholen.

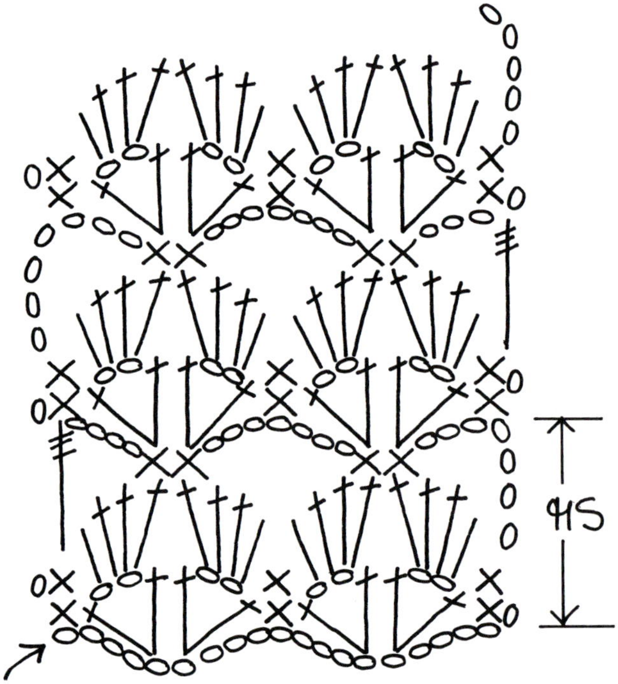

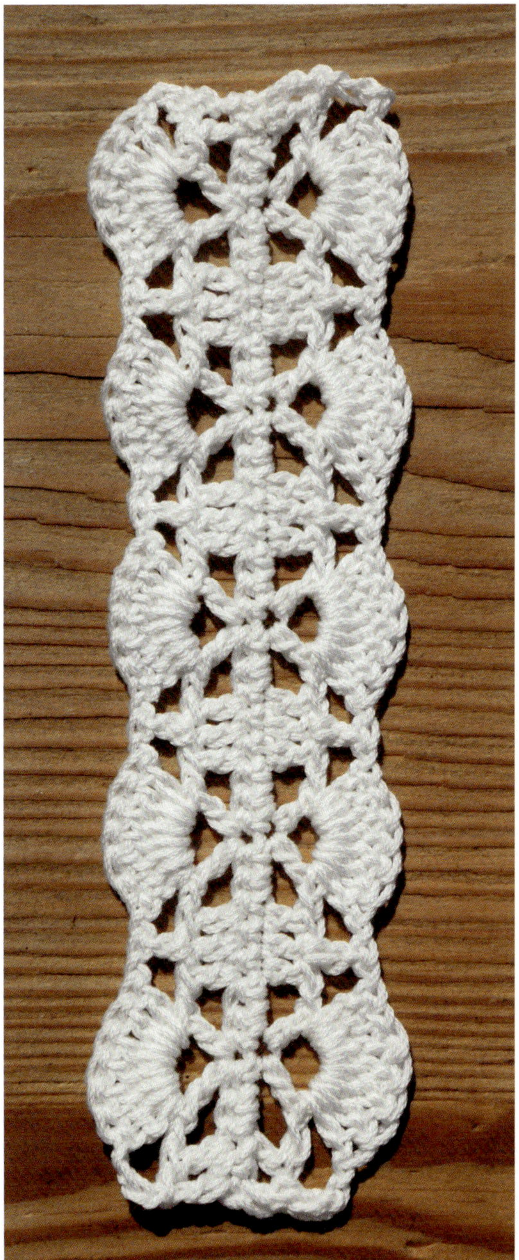

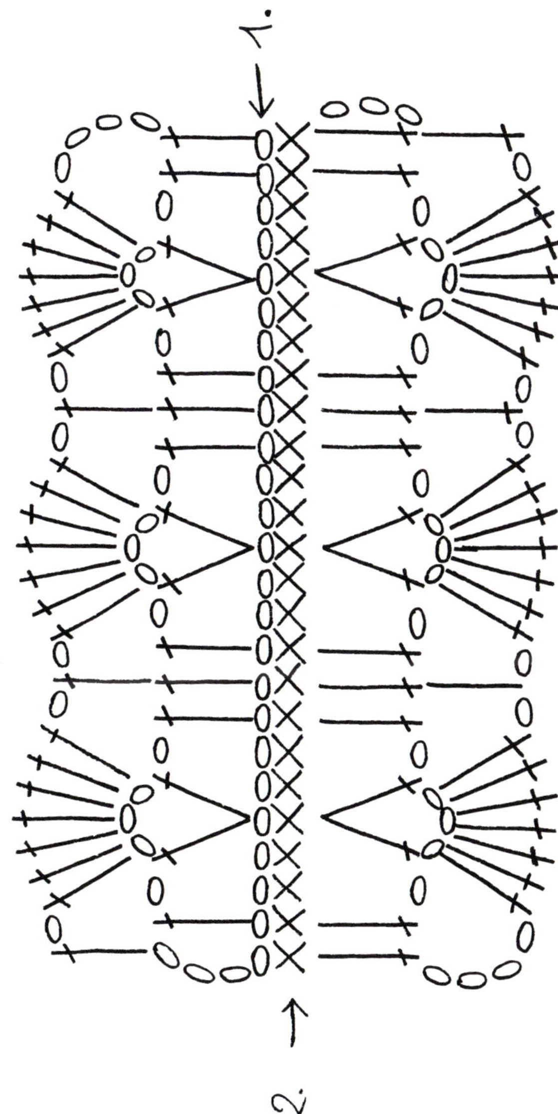
1.
2.

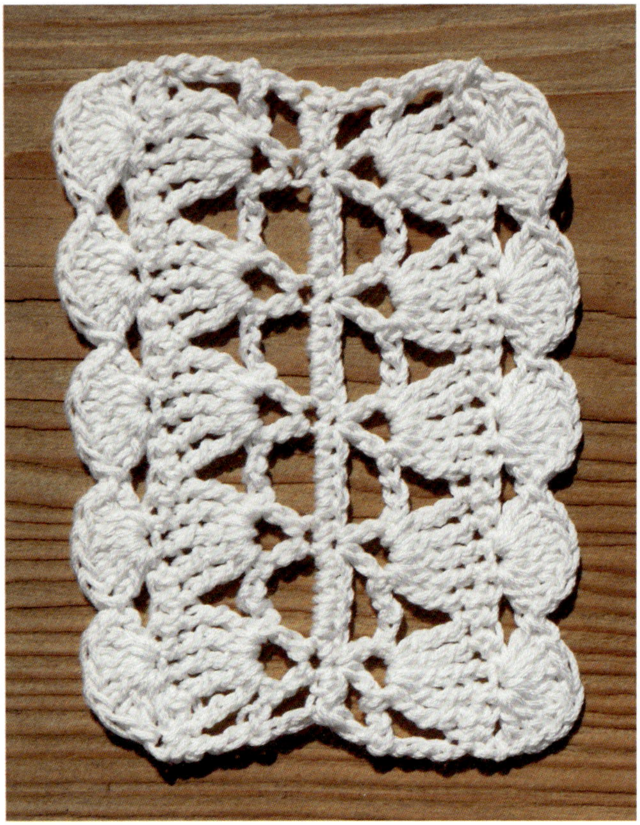

Diese Muster sind auch wieder ganz einfach aus dem Spiegeln heraus entwickelt. Man kann sie entweder einfach in der Höhe beliebig oft wiederholen oder spiegeln. So werden auf einfache Art und Weise die unterschiedlichsten Effekte erzielt.

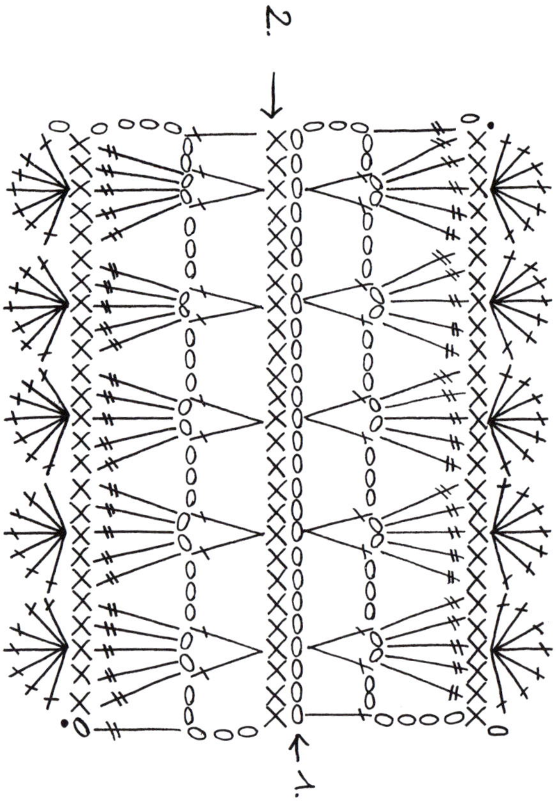

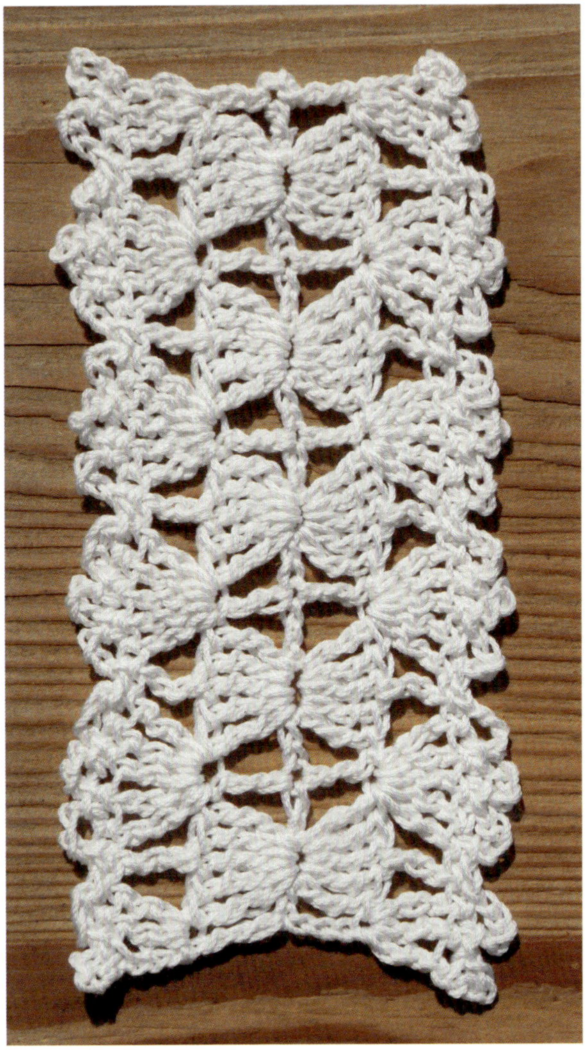

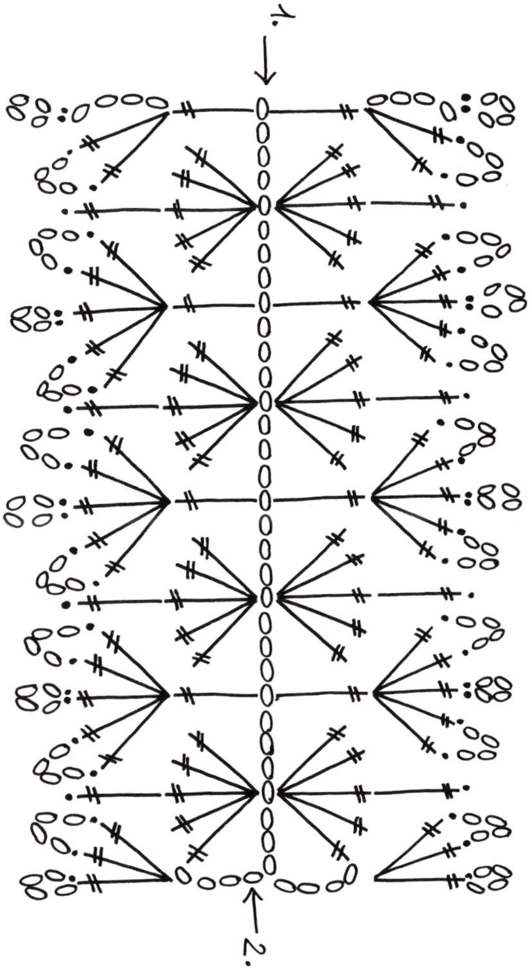
1.
2.

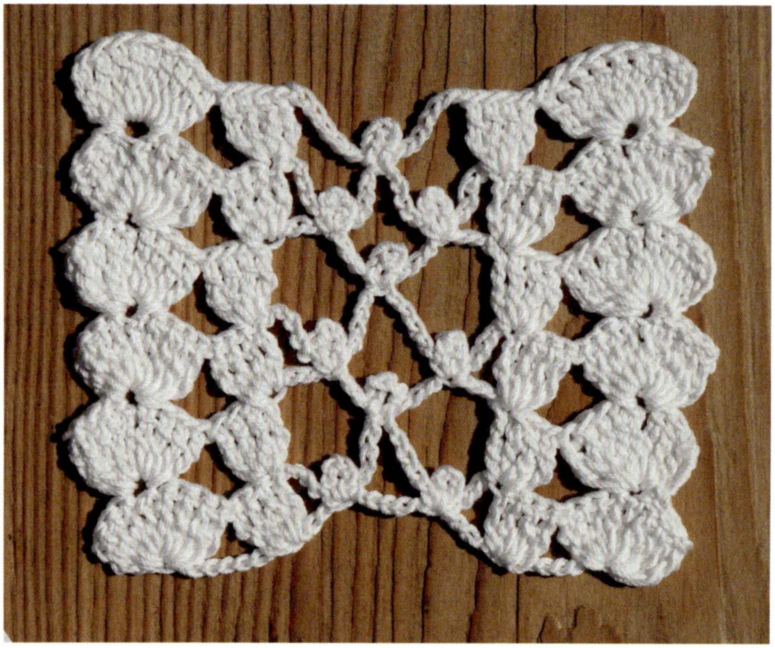

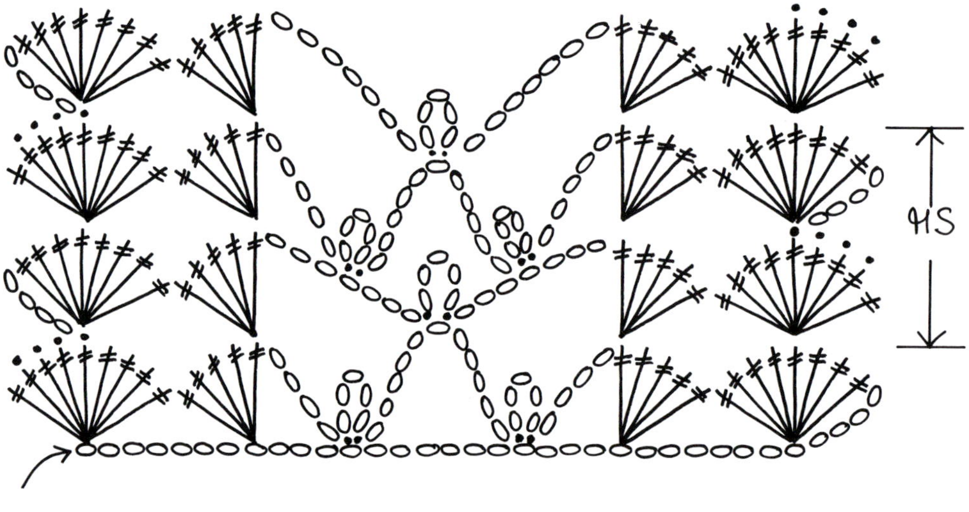
HS

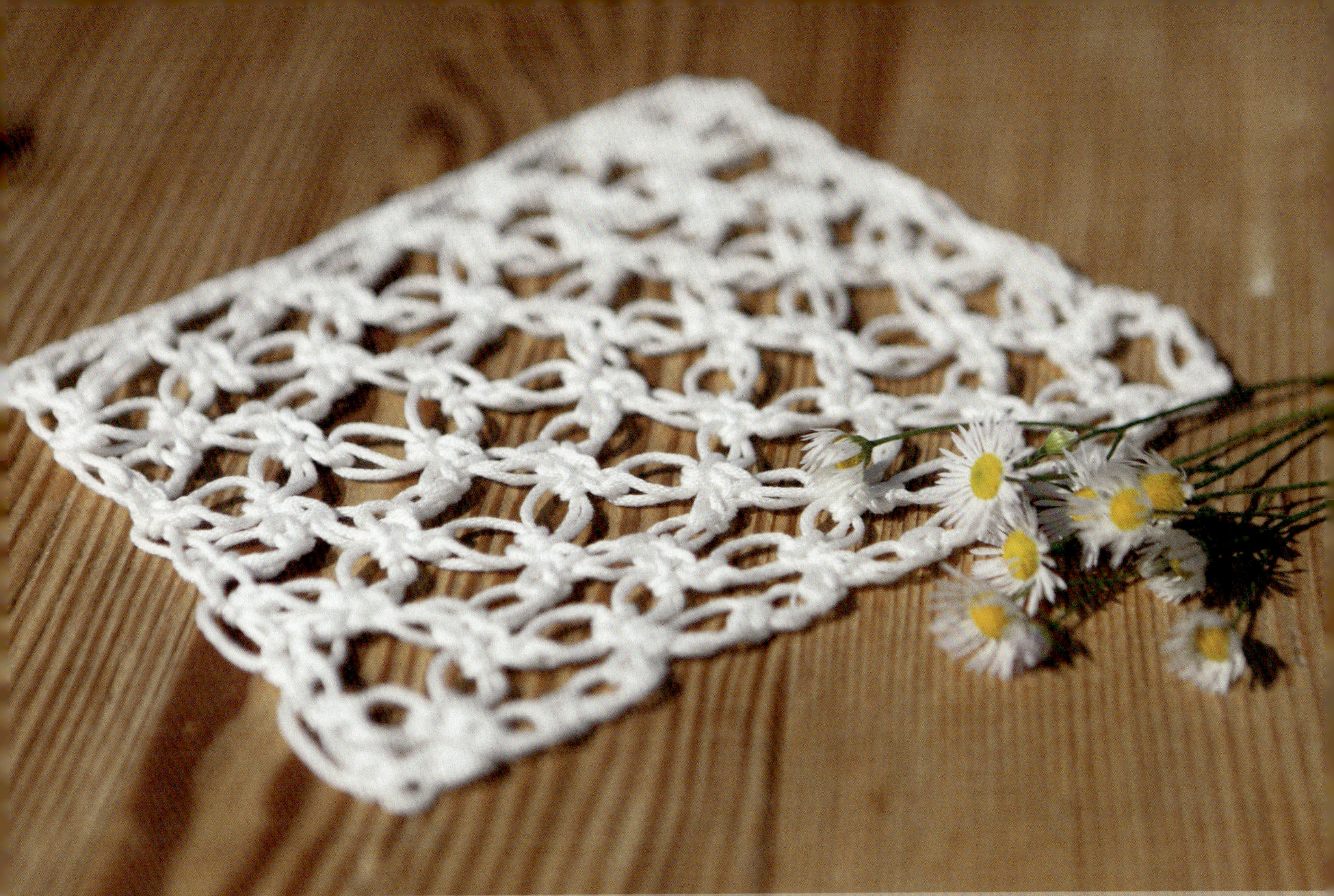

Flächenmuster

Die Flächenmuster, die wir in der Sammlung der alten Häkelmuster fanden, waren an einem Stück zusammengehäkelt. Sie waren wie die bekannten Strickstreifen 15 cm breit und bestanden aus einer Aneinanderreihung von Mustern.

Wie bei allen anderen Mustergruppen, können Sie auch Flächenmuster beliebig verändern. Aus einem Flächenmuster kann eine wunderschöne Borte gestaltet werden. Bei einigen Mustern müssen Sie nur die erste Reihe häkeln, eventuell mit einer Reihe Pikots abschließen, und fertig ist eine neue Borte. In anderen Fällen können Sie einfach so lange häkeln, bis sich ein – für Sie – schönes Bild ergibt.

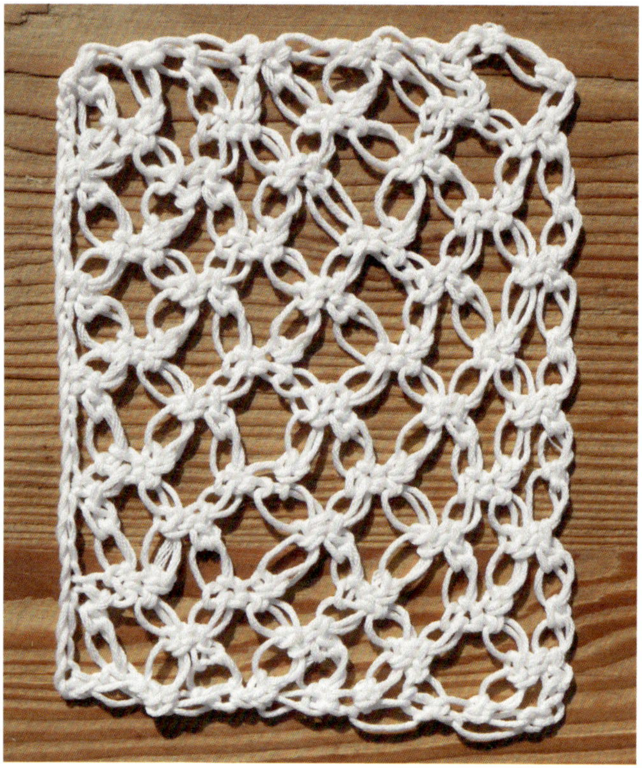

Knotenstich oder Salomonsstich, auf Englisch auch »love stitch« genannt.

1.Reihe: In die vorletzte Luftmasche der Luftmaschenkette 1 feste Masche arbeiten, * die Schlinge auf der Nadel ca. 1 cm lang ziehen (je nachdem wie dick das Garn bzw. die Wolle ist auch länger). Faden holen, durchziehen und nun in das hintere Glied der entstandenen Luftmasche 1 feste Masche arbeiten. Die Schlinge wieder lang ziehen und Faden holen, in das hintere Glied der Luftmasche eine feste Masche arbeiten. Jetzt sind zwei Schlingen übereinander, 3 Luftmaschen der Anschlagsreihe übergehen, in die 4. Luftmasche eine feste Masche arbeiten.

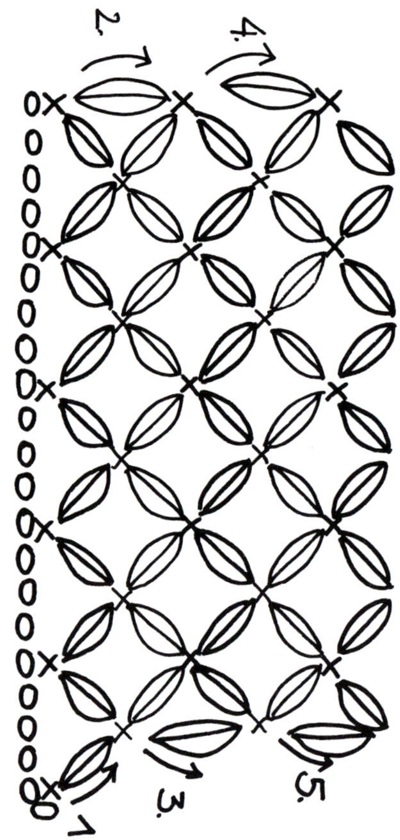

Ab * fortlaufend wiederholen. Die Reihe endet mit einer festen Masche. Die nächste Reihe beginnt mit zwei Schlingen und einer festen Masche in das höher stehende Knötchen zwischen den zwei Schlingen der Vorreihe.

Dieses Muster ist hervorragend für lockere Schals oder Stolen geeignet.

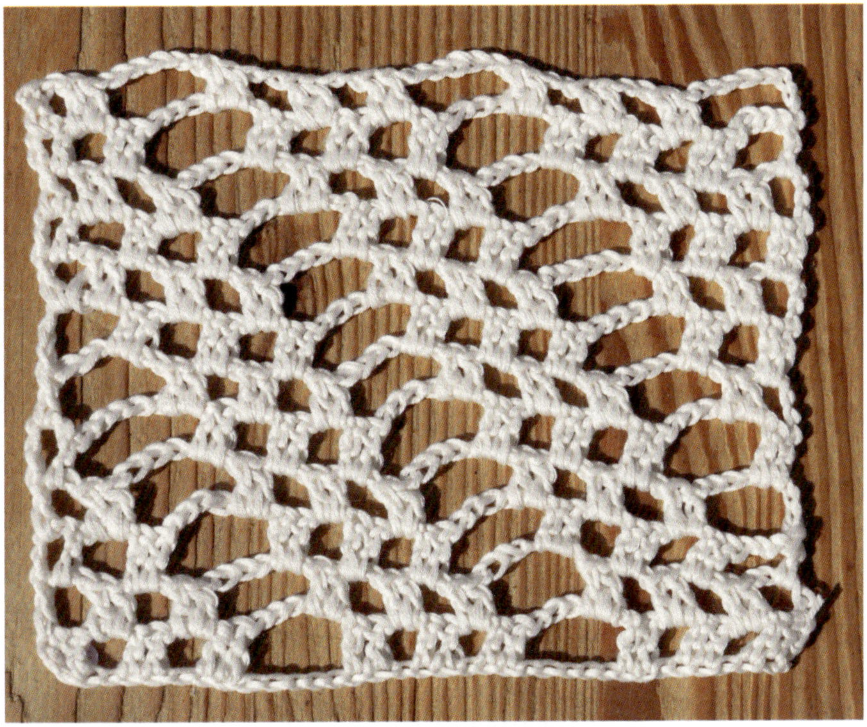

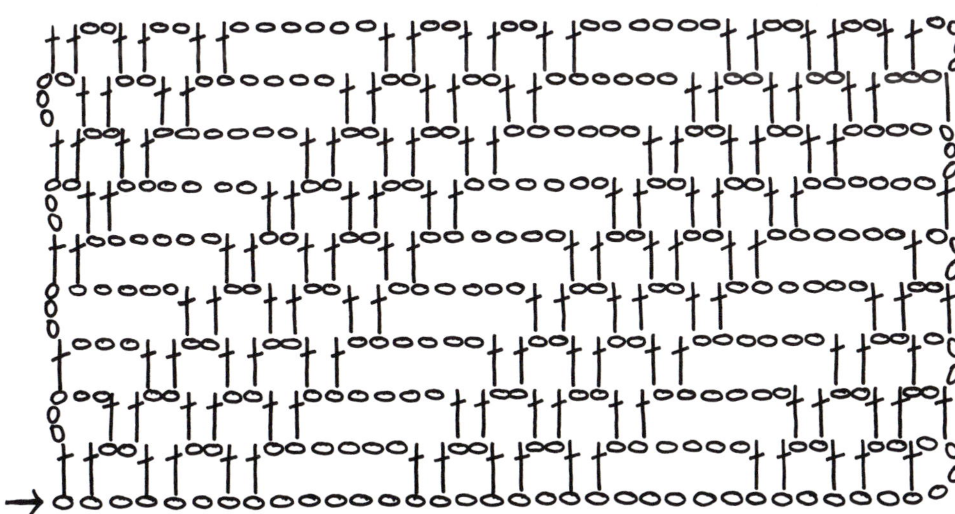

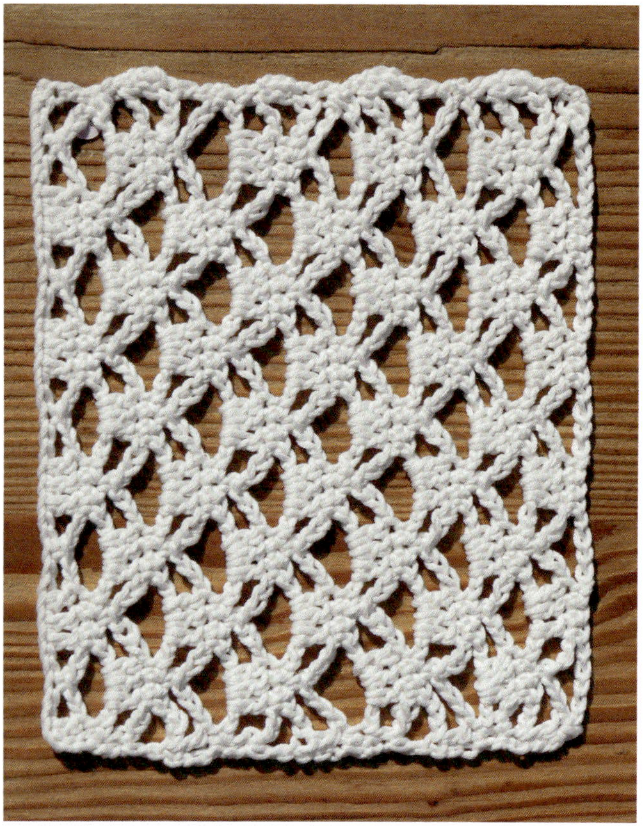

Bei diesem Muster werden die 3 Stäbchen in den Luftmaschenbogen, die festen Maschen genau auf das Stäbchen der Vorreihe gehäkelt.

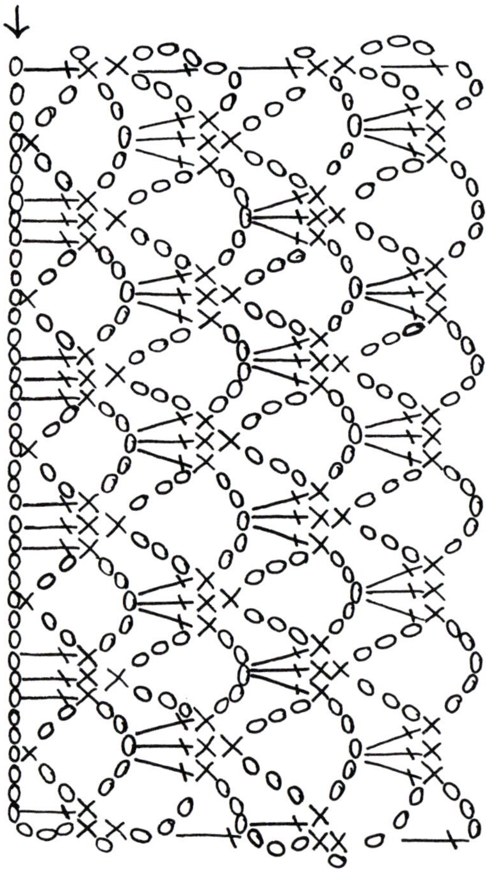

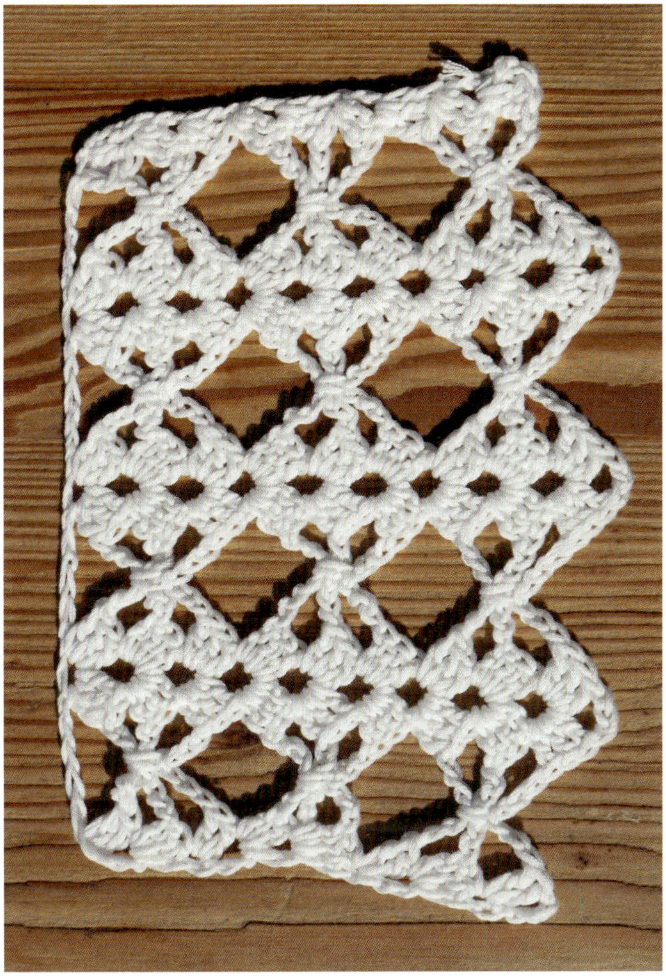

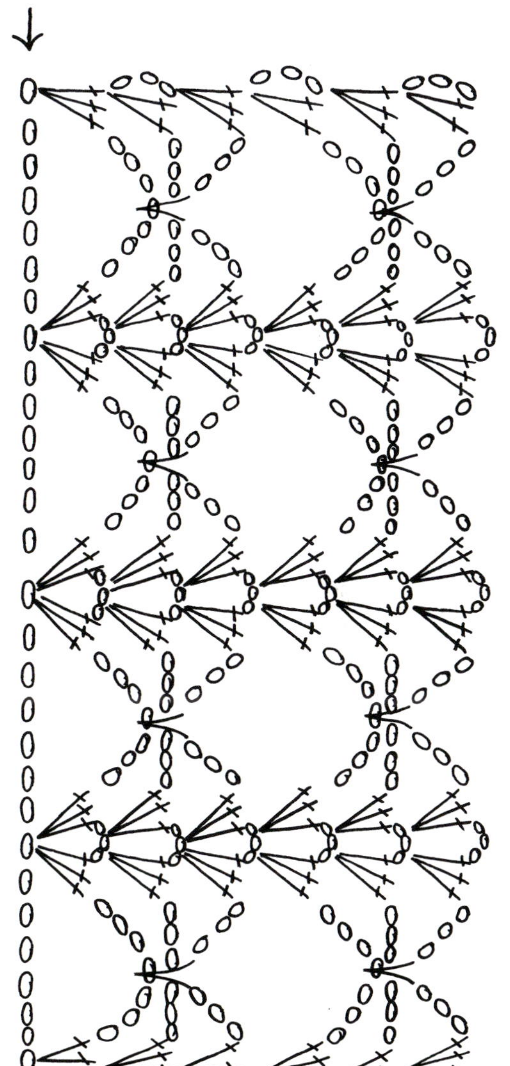

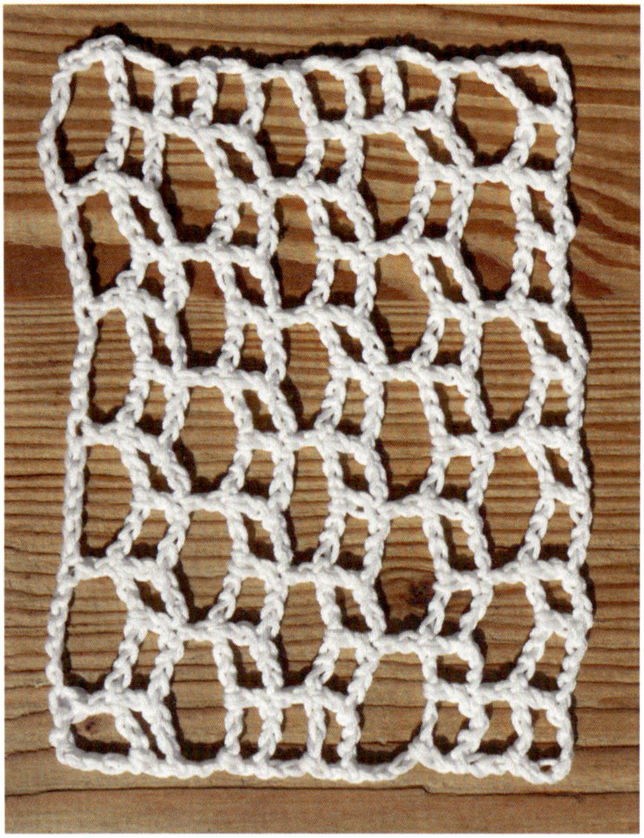

Dieses netzartige Muster verläuft nicht geradlinig – beim Dämpfen des fertigen Stückes darauf achten, es etwas in die schräge Musterrichtung zu ziehen.

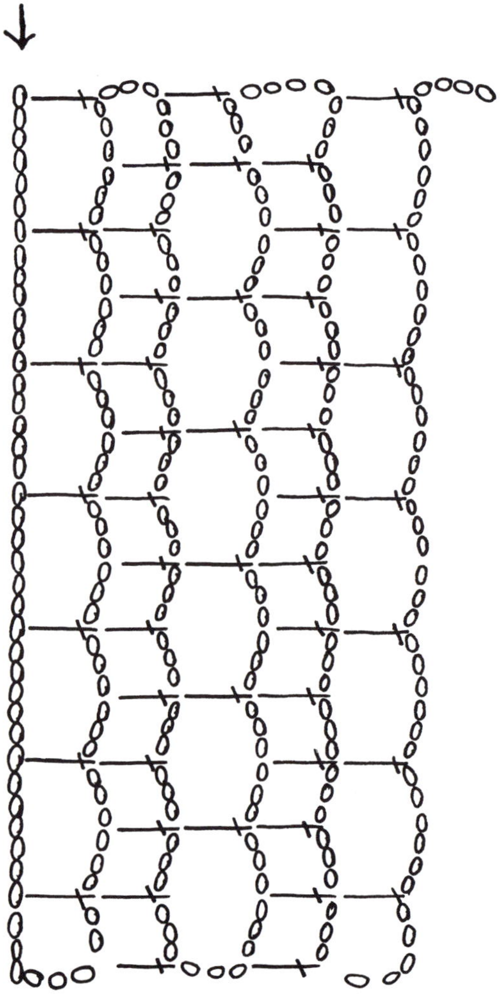

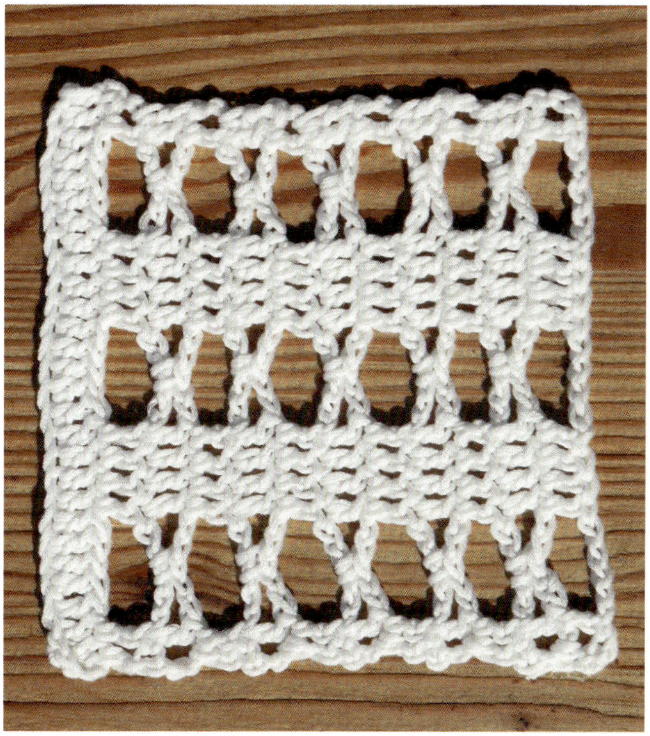

Flächenmuster sind auf fast jede Art und Weise einsetzbar. Sie können daraus edle Spitzengardinen aus dünnem Garn arbeiten, genauso wie dicke Wollpullover. Einkaufstaschen lassen sich auf diese Weise ebenfalls leicht herstellen und gelingen besonders gut, wenn Sie schnurähnliches Material verwenden.

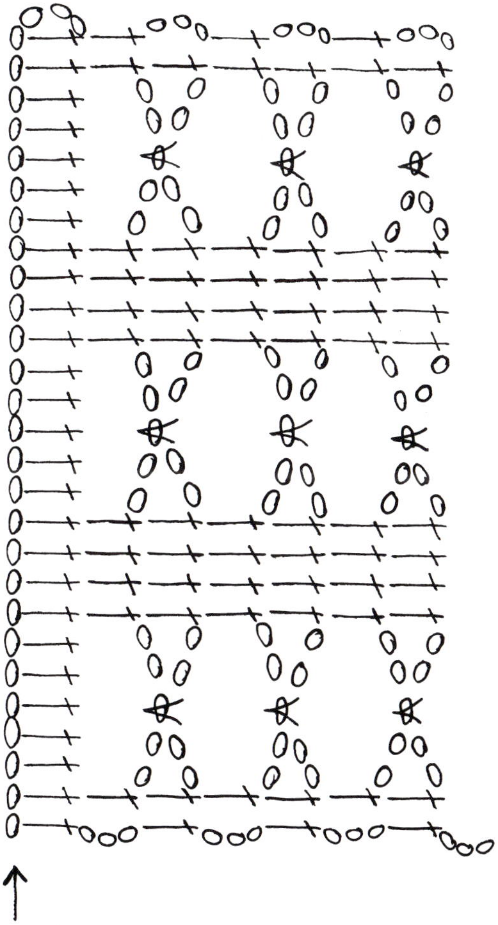

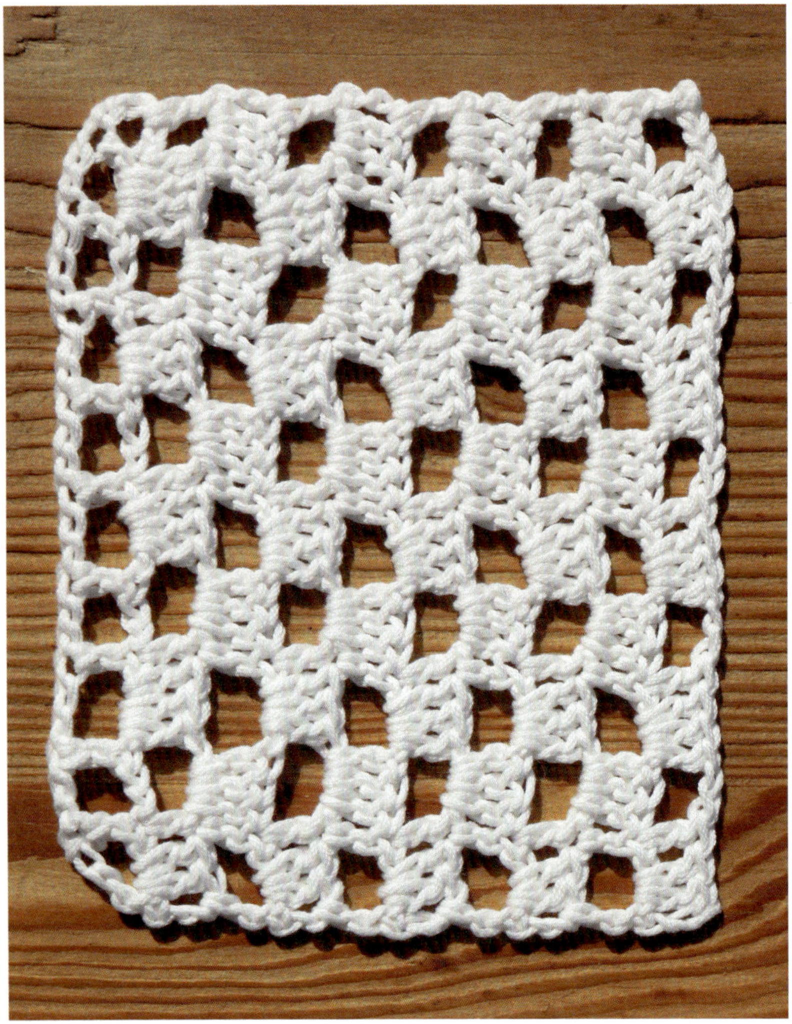

Entscheidend bei diesen so scheinbar einfachen Mustern ist, wo man einsticht:

Muster 1: Wenn man das erste Stäbchen der Vierergruppe auf das letzte Stäbchen der Vierergruppe der Vorreihe häkelt und die folgenden drei Stäbchen in den Luftmaschenbogen arbeitet, neigt sich dadurch die Stäbchengruppe leicht zur Seite.

Muster 2: Erstes Stäbchen der Vierergruppe auf das letzte Stäbchen der Vierergruppe der Vorreihe, 2 Stäbchen in den Luftmaschenbogen und das 4. Stäbchen auf das erste Stäbchen der Vierergruppe der Vorreihe arbeiten. Dadurch verläuft das Muster gerade.

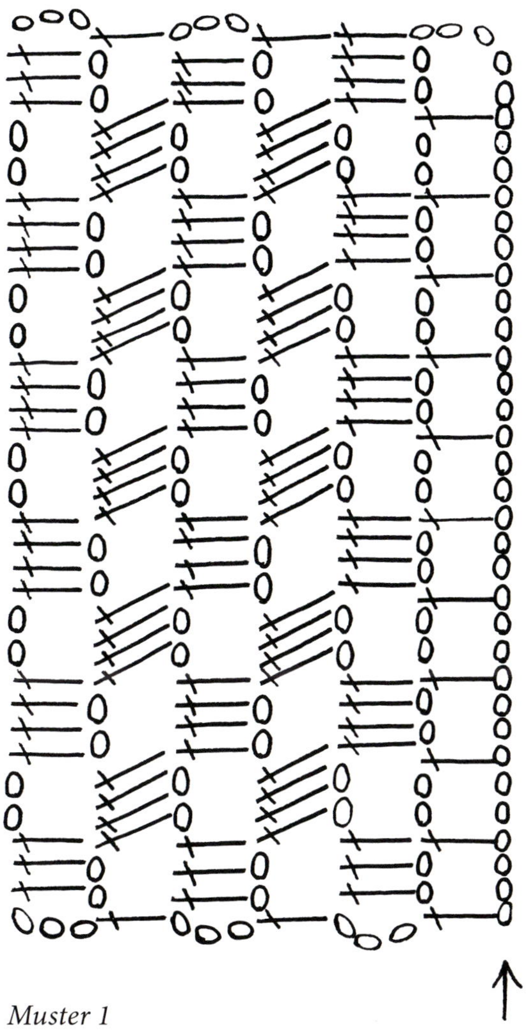

Muster 1

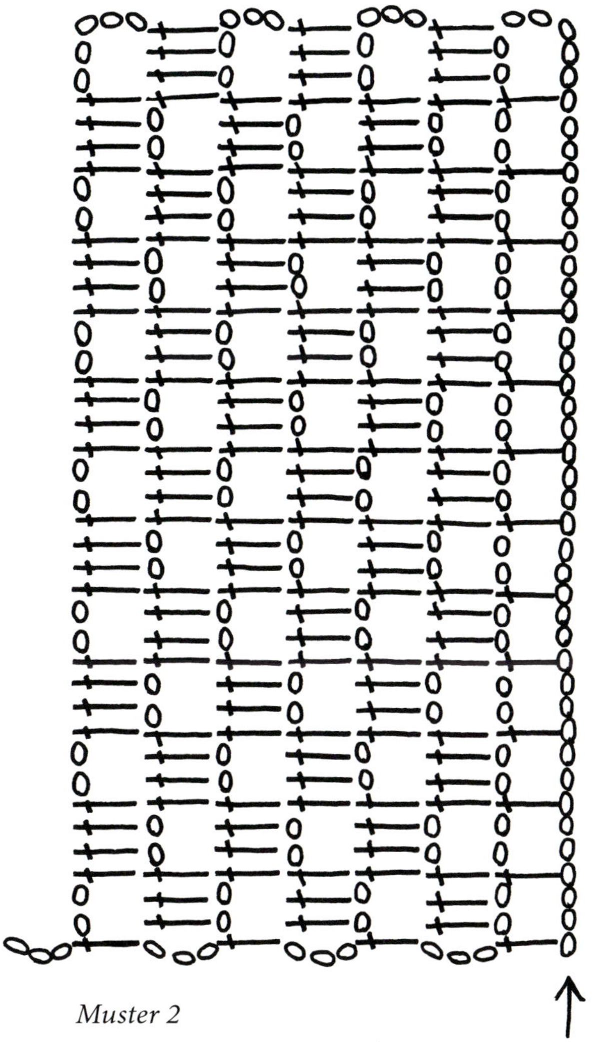

Muster 2

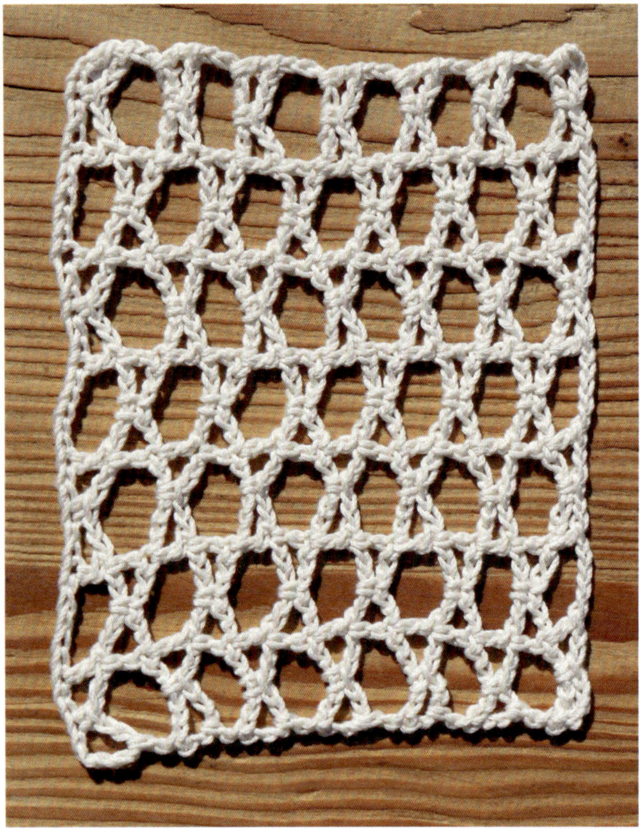

Sehr schön werden auch große Tagesdecken, die aus verschiedenen Mustern zusammengesetzt werden können. Häkeln Sie ca. 20 cm breite Streifen und nähen oder häkeln Sie diese zusammen. Wiederholen Sie diesen Vorgang so lange, bis die Tagesdecke die gewünschte Größe erreicht hat.

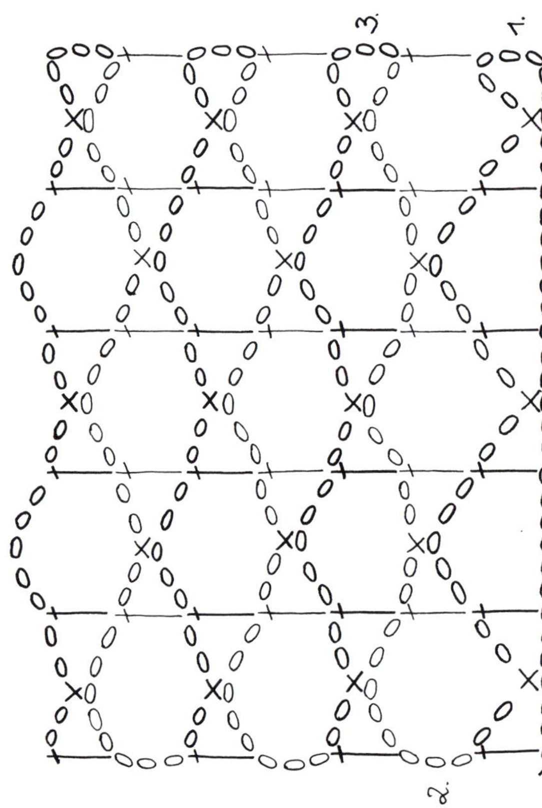

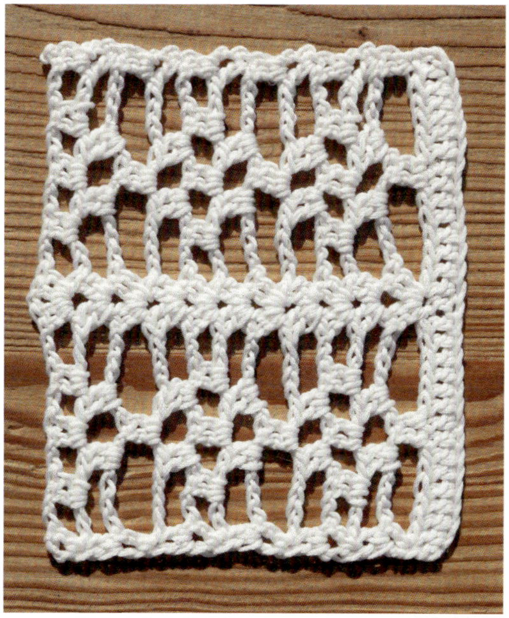

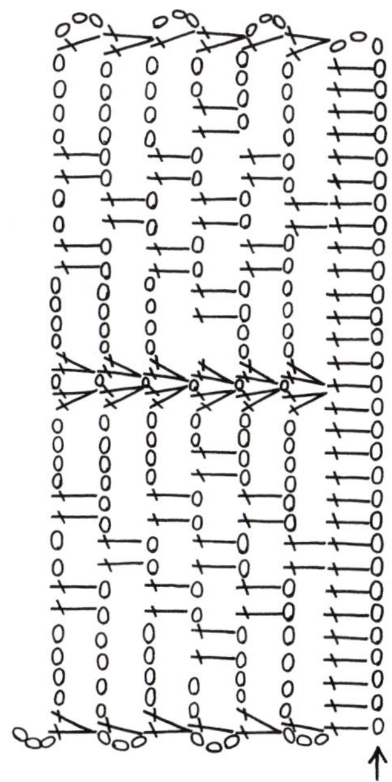

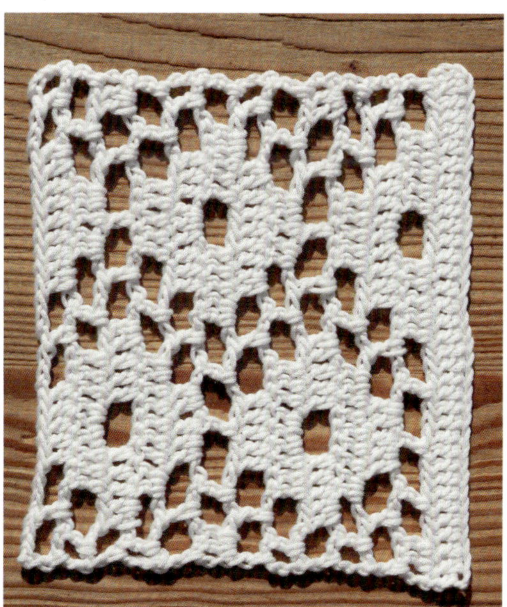

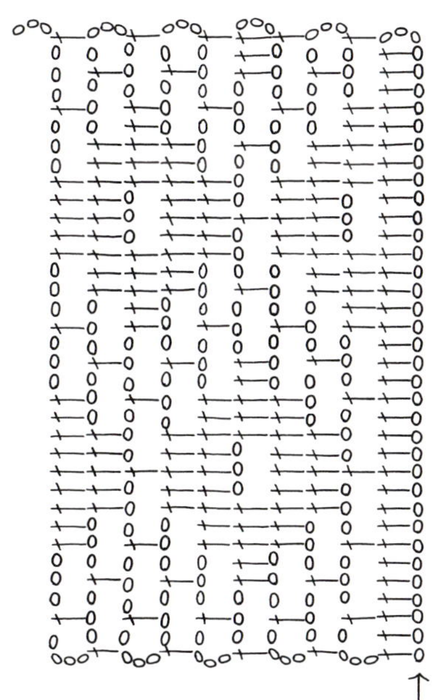

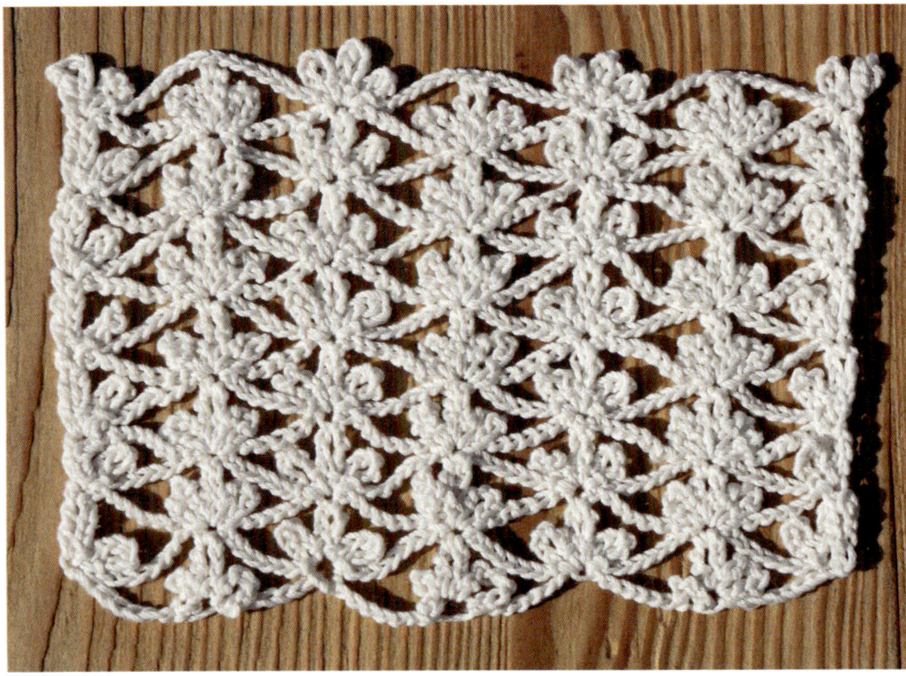

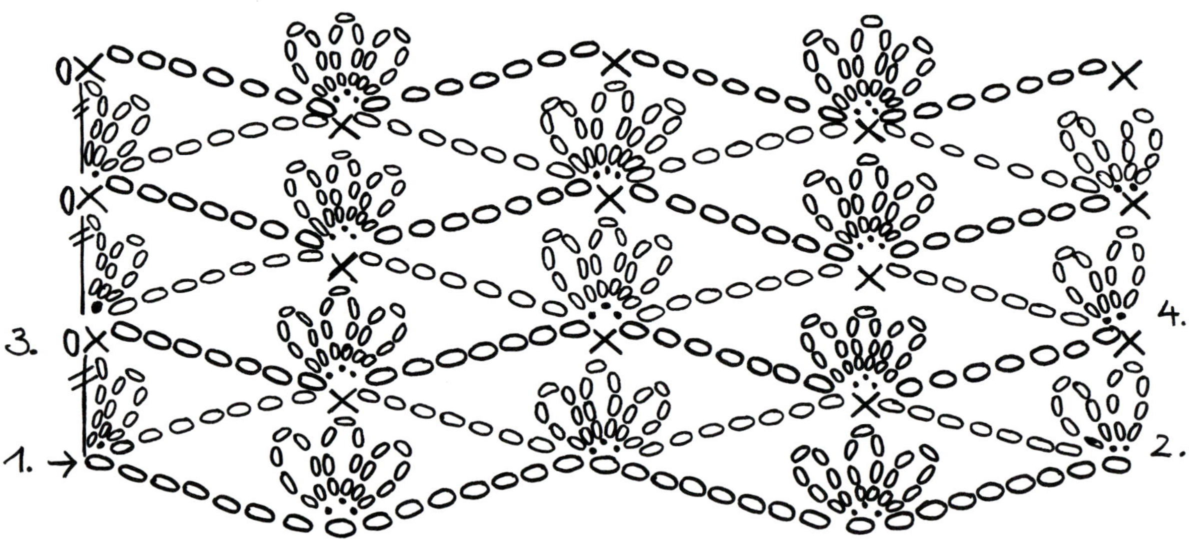
1.
2.
3.
4.

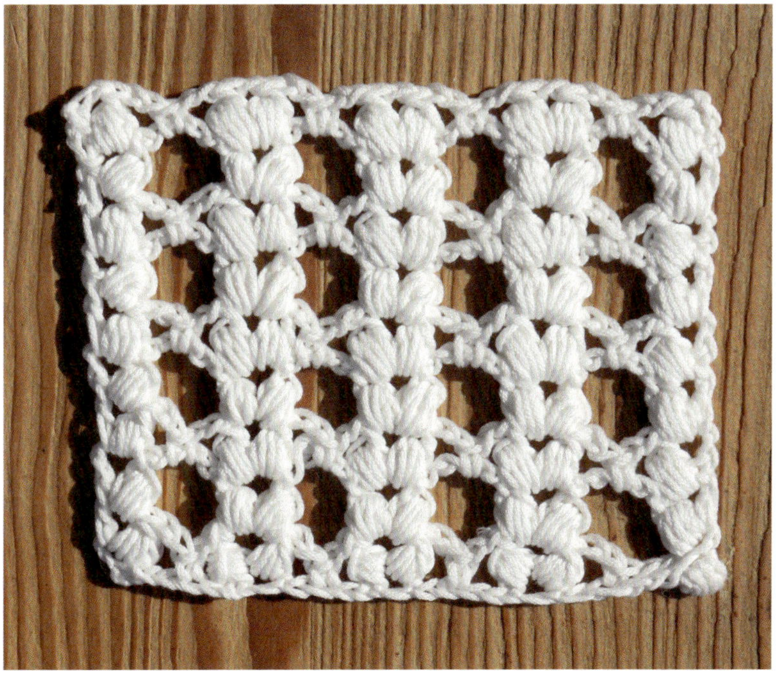

Die Büschelmasche:
Ein Umschlag (= Faden um die Nadel legen), Faden holen und zur Schlinge langziehen (Stäbchenhöhe), wieder ein Umschlag, Faden holen, langziehen, diesen Vorgang noch zweimal wiederholen.
Jetzt sind acht Schlingen auf der Nadel. Faden holen und alle Schlingen auf einmal abmaschen, 1 Luftmasche.

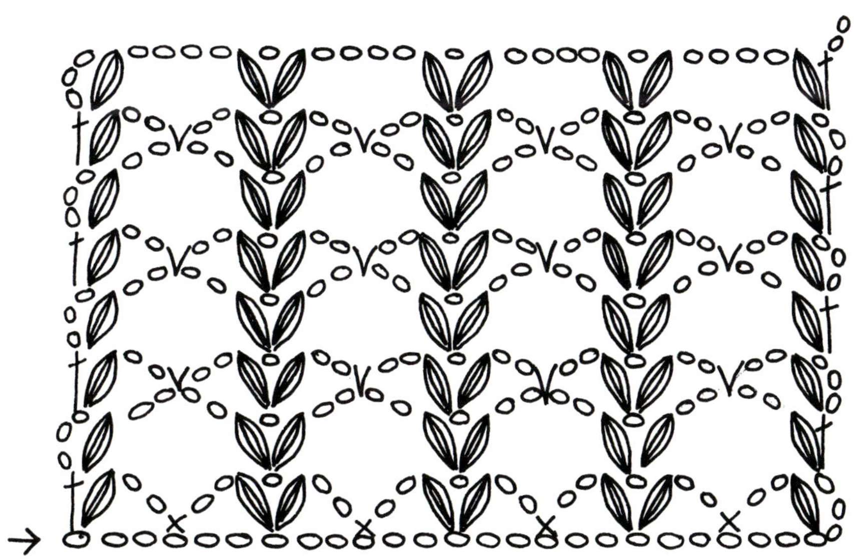

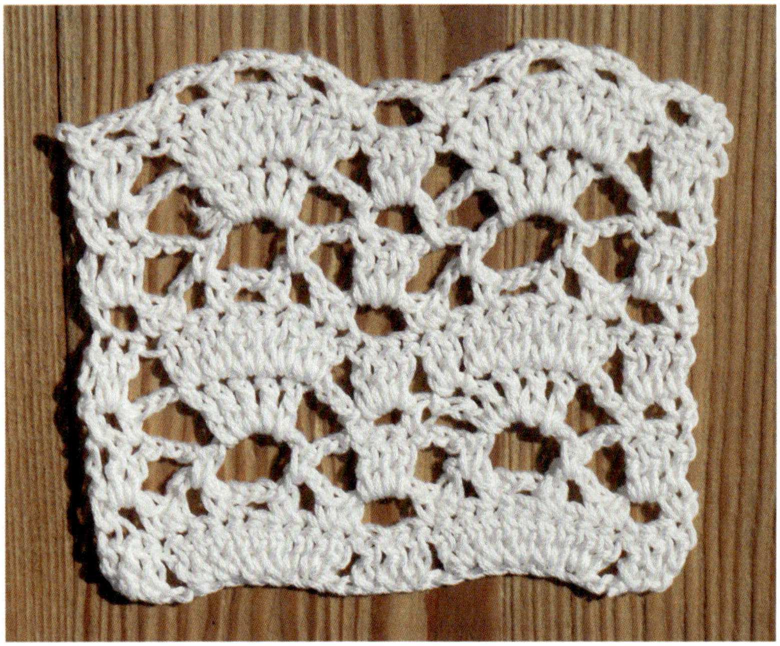

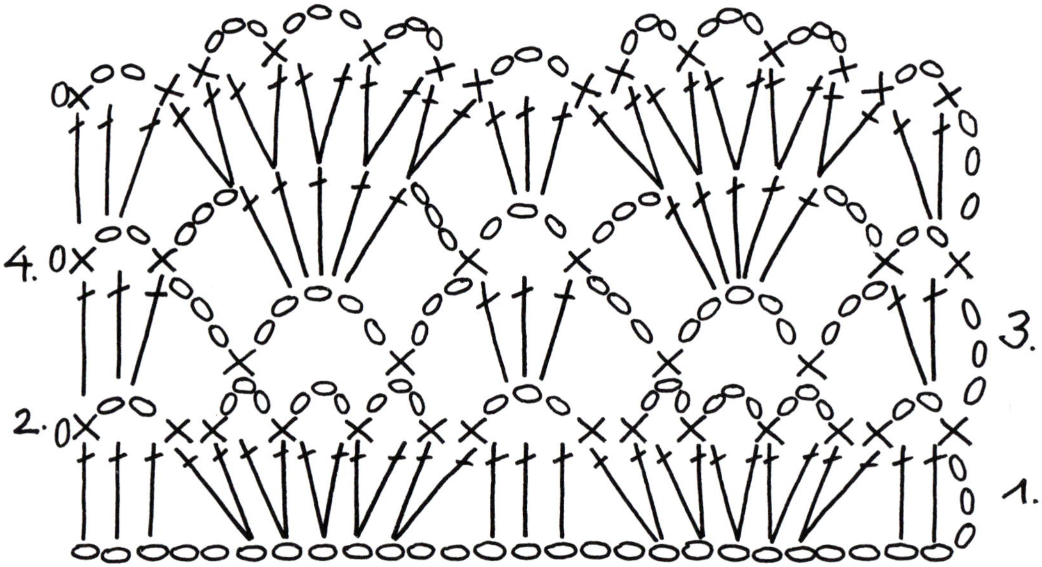
4.
3.
2.
1.

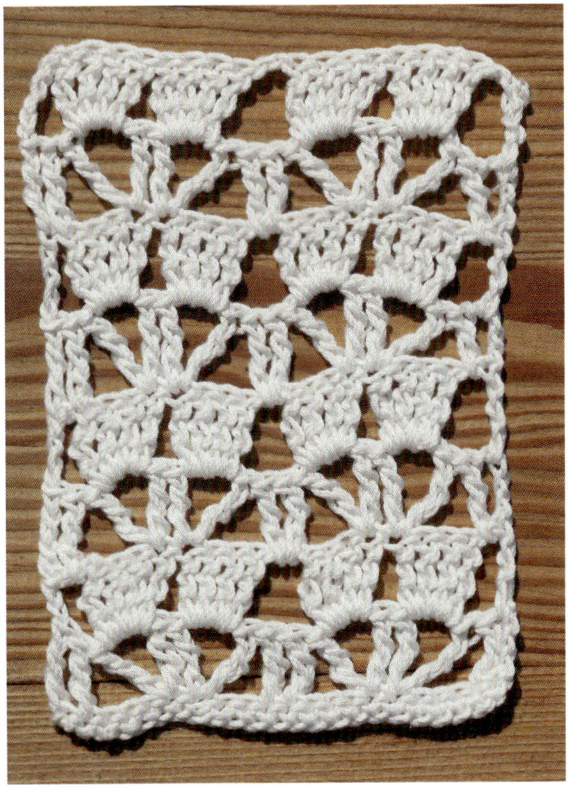

Ein effektvolles aber einfach zu häkelndes Muster. Es eignet sich hervorragend für einen Schal oder aber mit einer plastischen Baumwolle gehäkelt für ein Kleid oder eine Tunika.

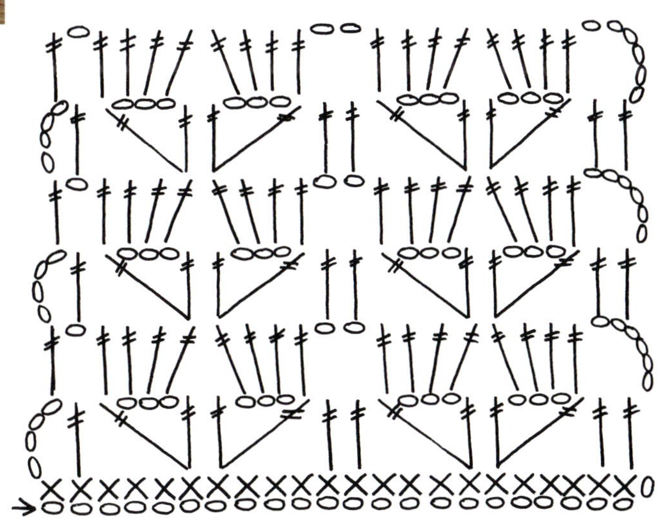

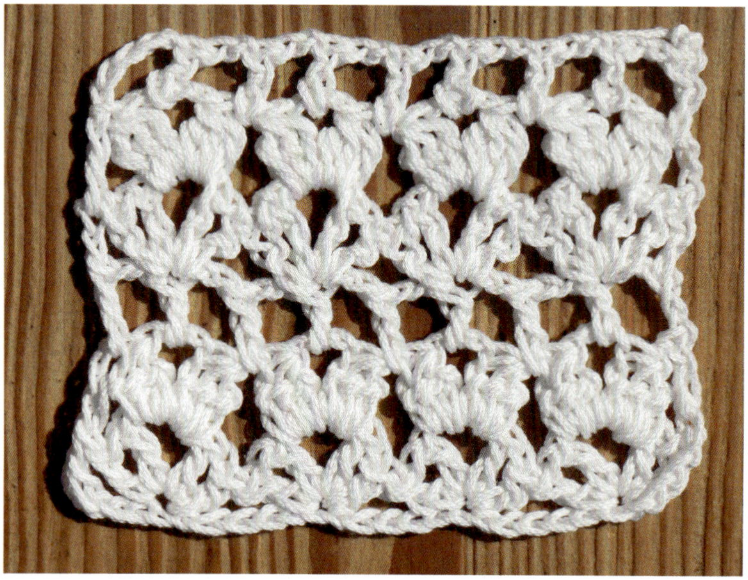

Flächenmuster sehen, zum Beispiel aus einem flauschigen Alpaka-Wollgemisch in mittlerer Nadelstärke (5–7) gehäkelt, traumhaft aus. Kreieren Sie doch eine lässige, große Jacke oder eine Riesenstola!

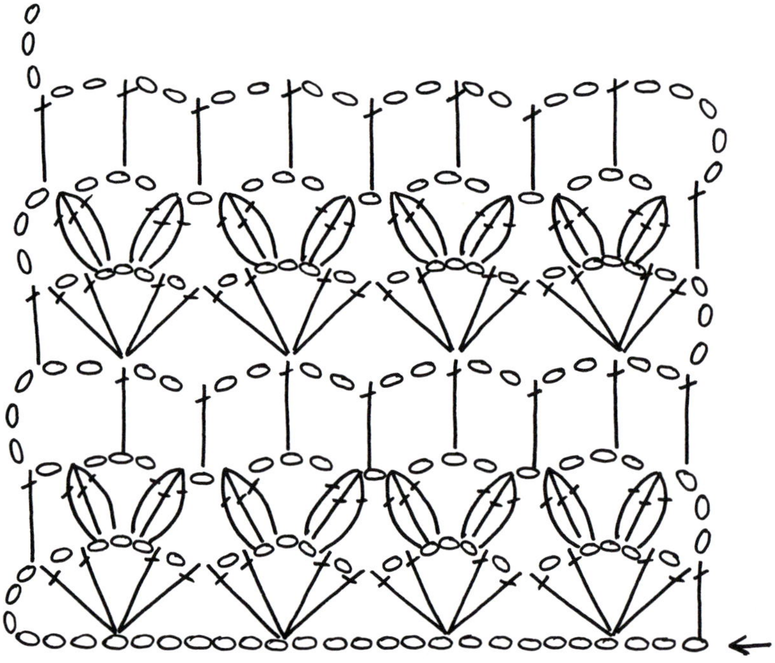

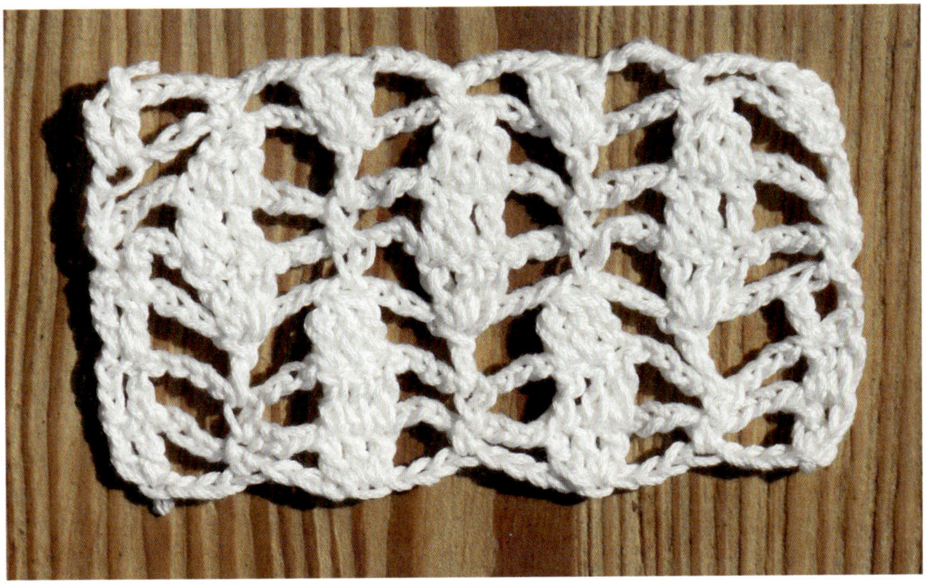

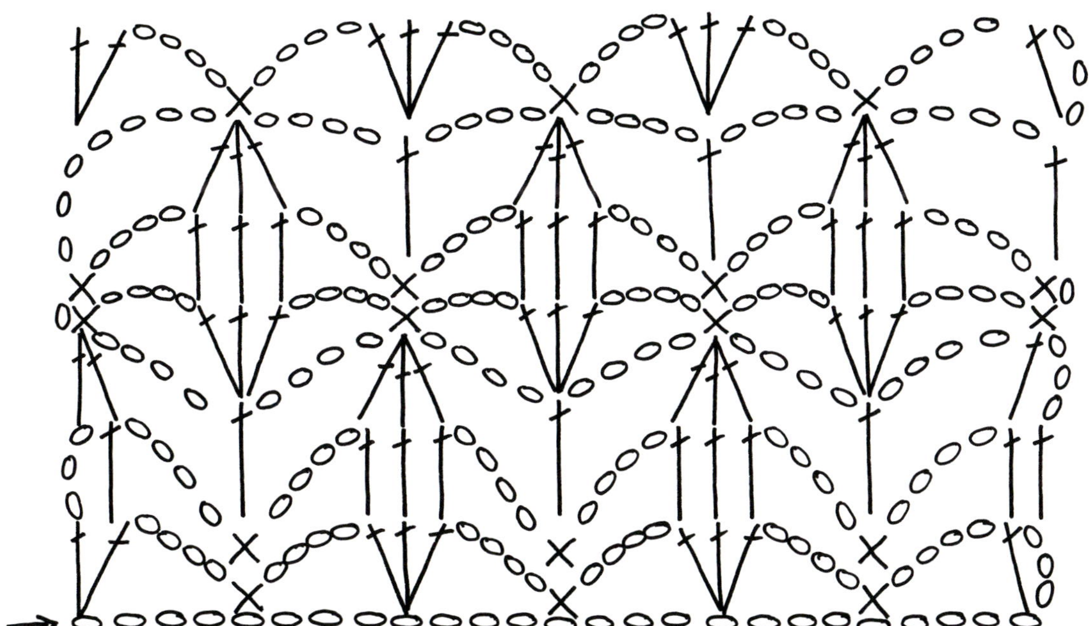

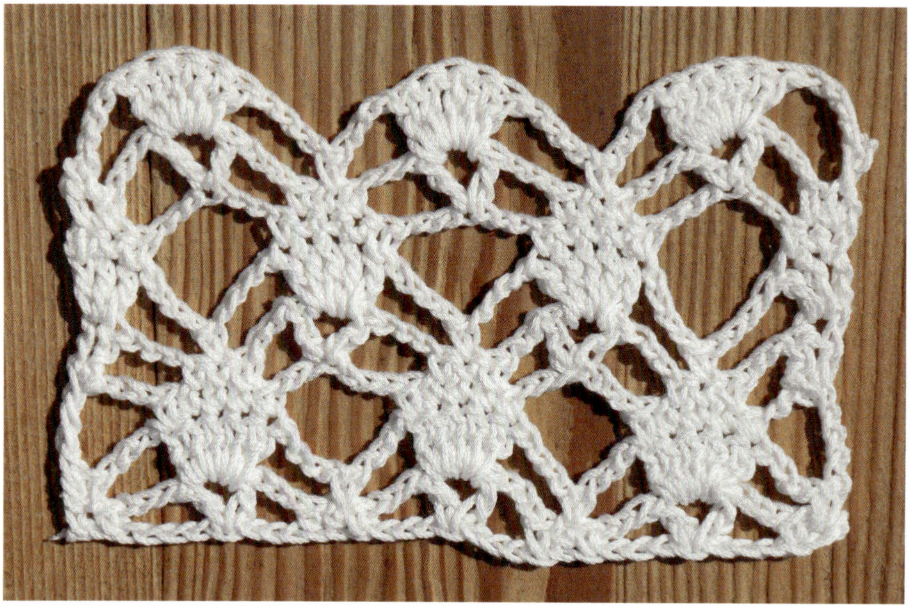

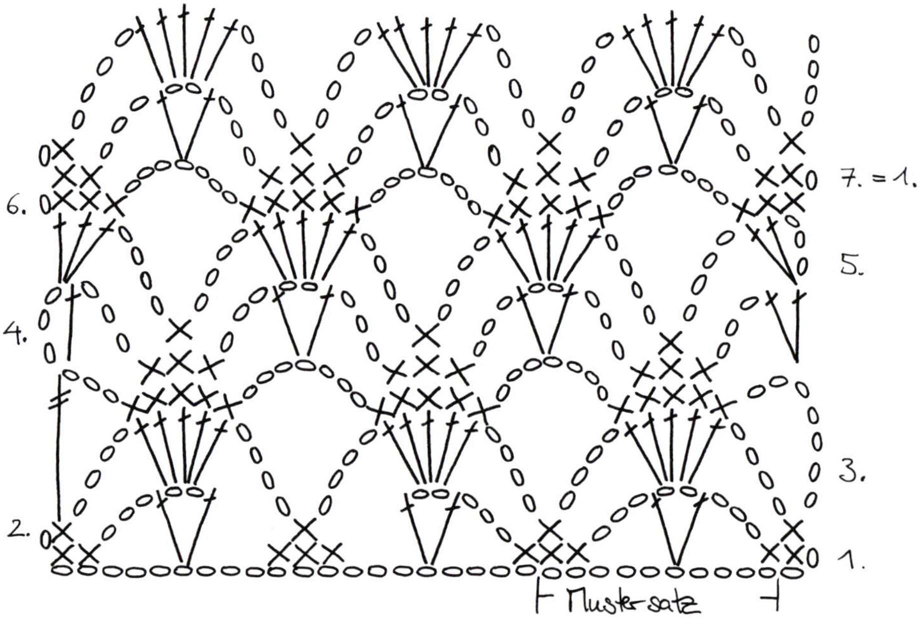
7. = 1.
6.
5.
4.
3.
2.
1.
Mustersatz

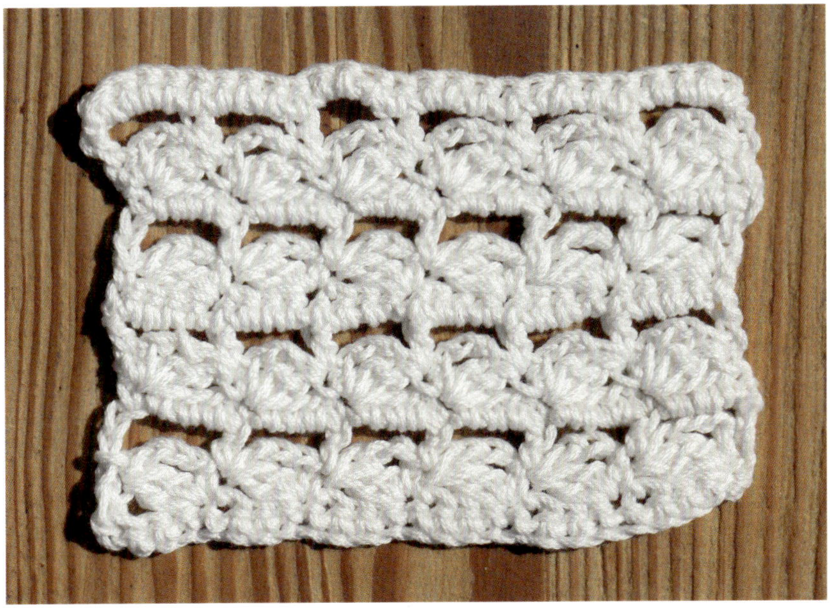

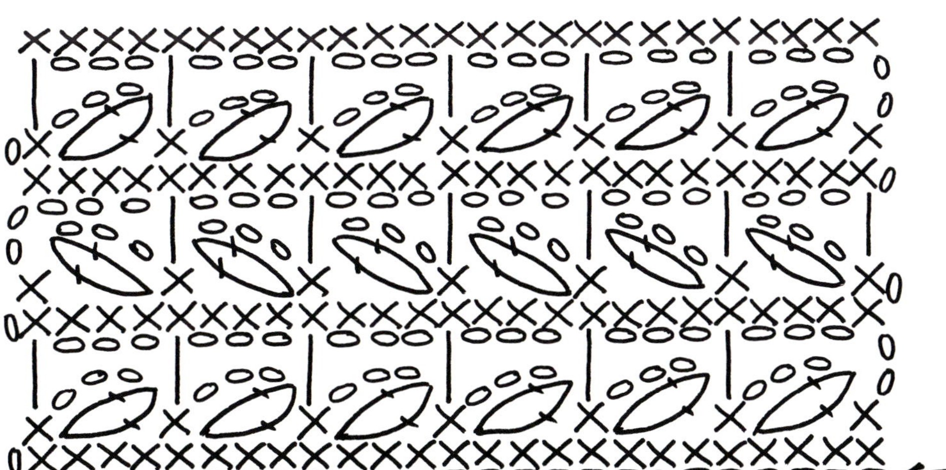

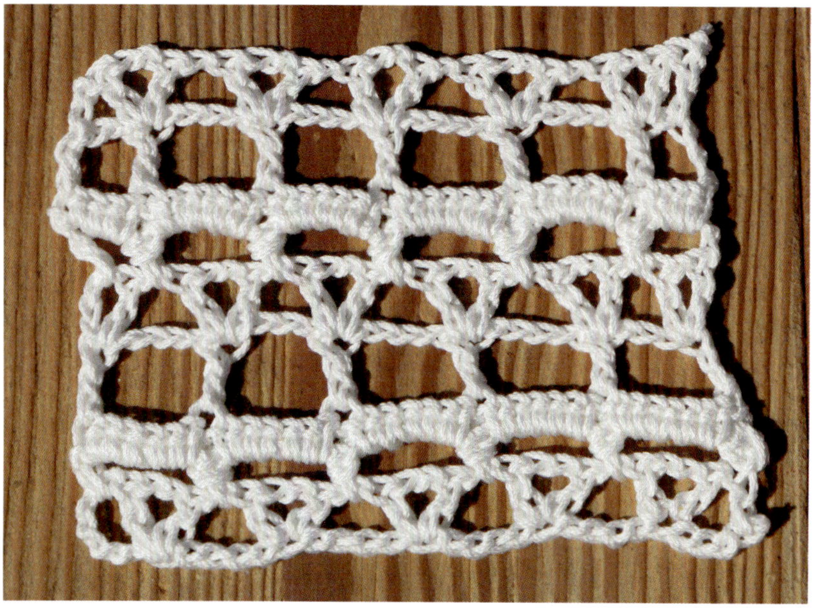

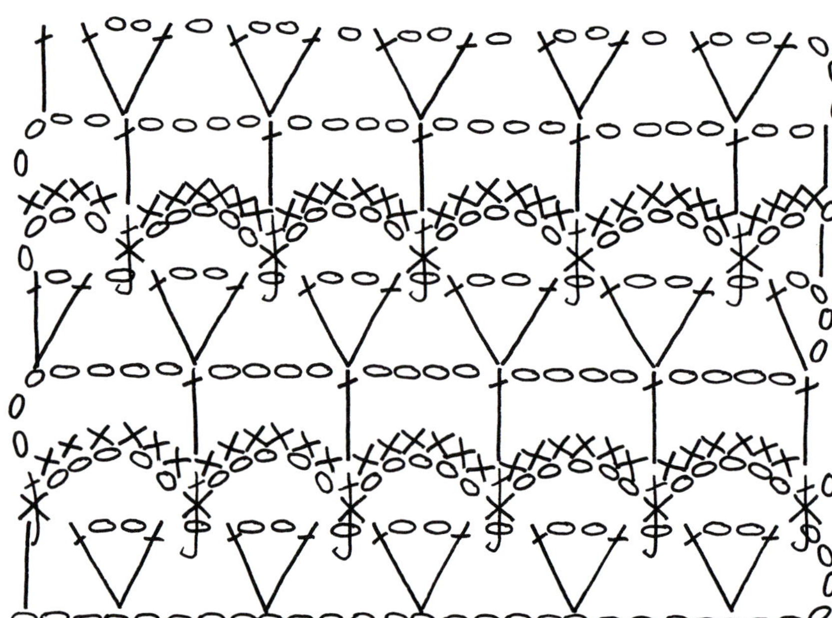

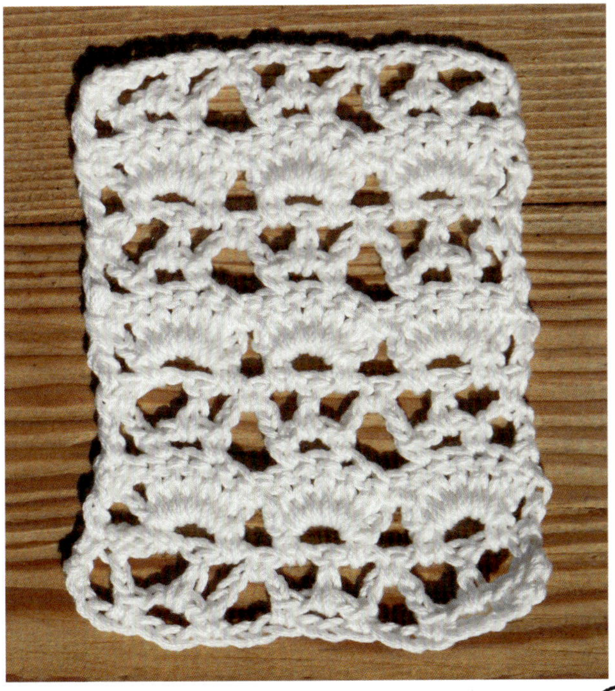

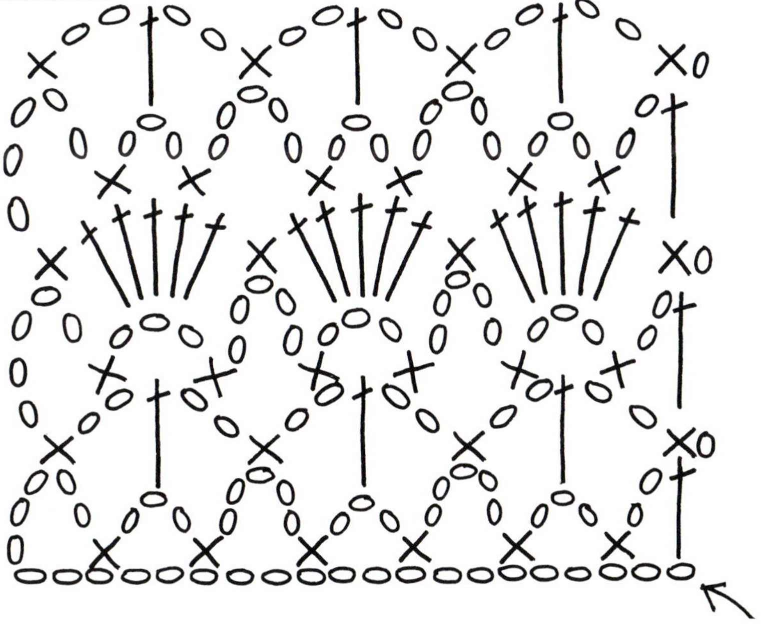

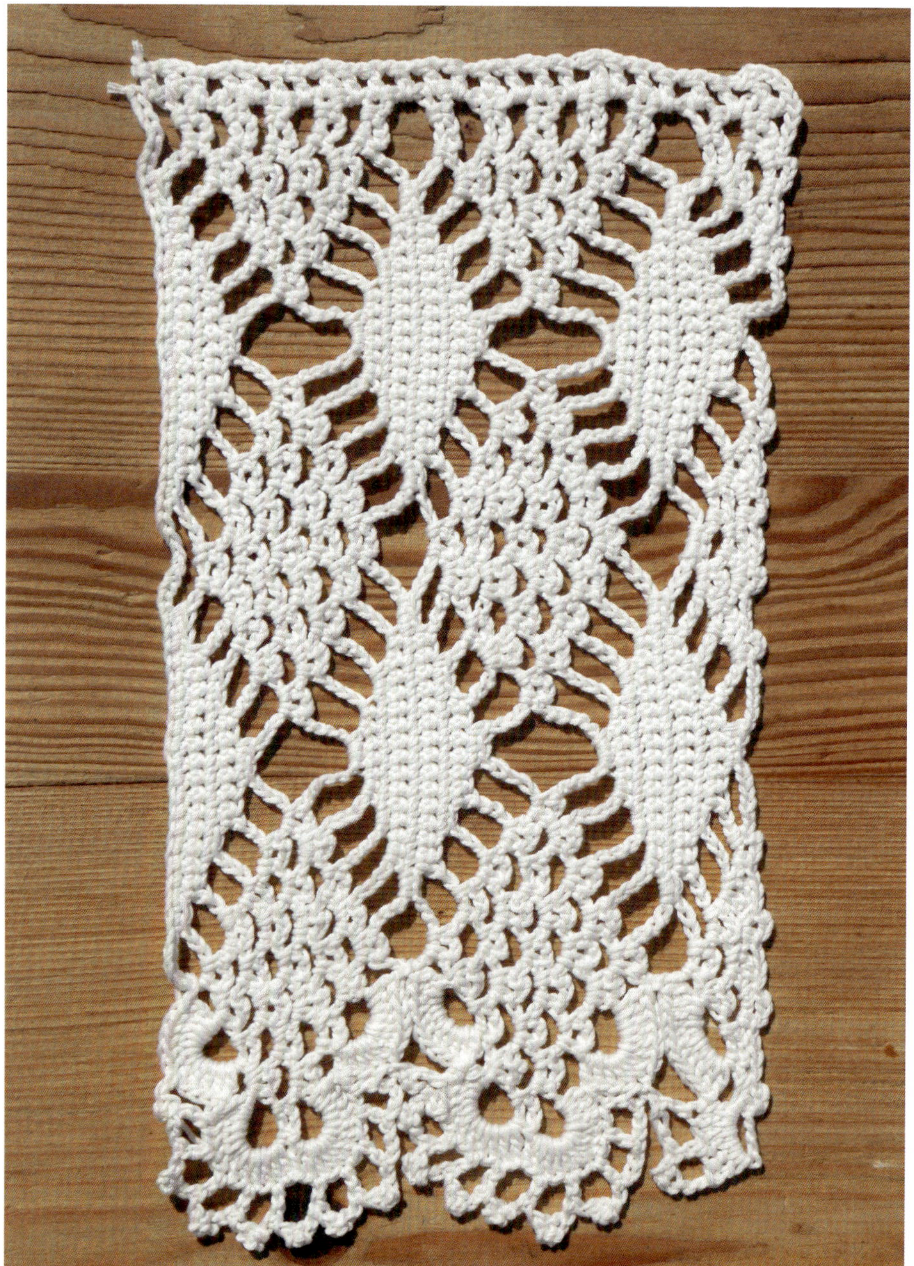

Die Wirkung und aufgewendete Arbeitszeit können Sie durch die Garnstärke verändern. Übrigens muss eine Spitzengardine nicht aus dünnem Garn sein. Mit dicken Nadeln gearbeitet, kann eine solche Arbeit Züge einer Skulptur annehmen. Sie haben alle Möglichkeiten, wichtig ist nur, dass Ihnen das Ergebnis gefällt.

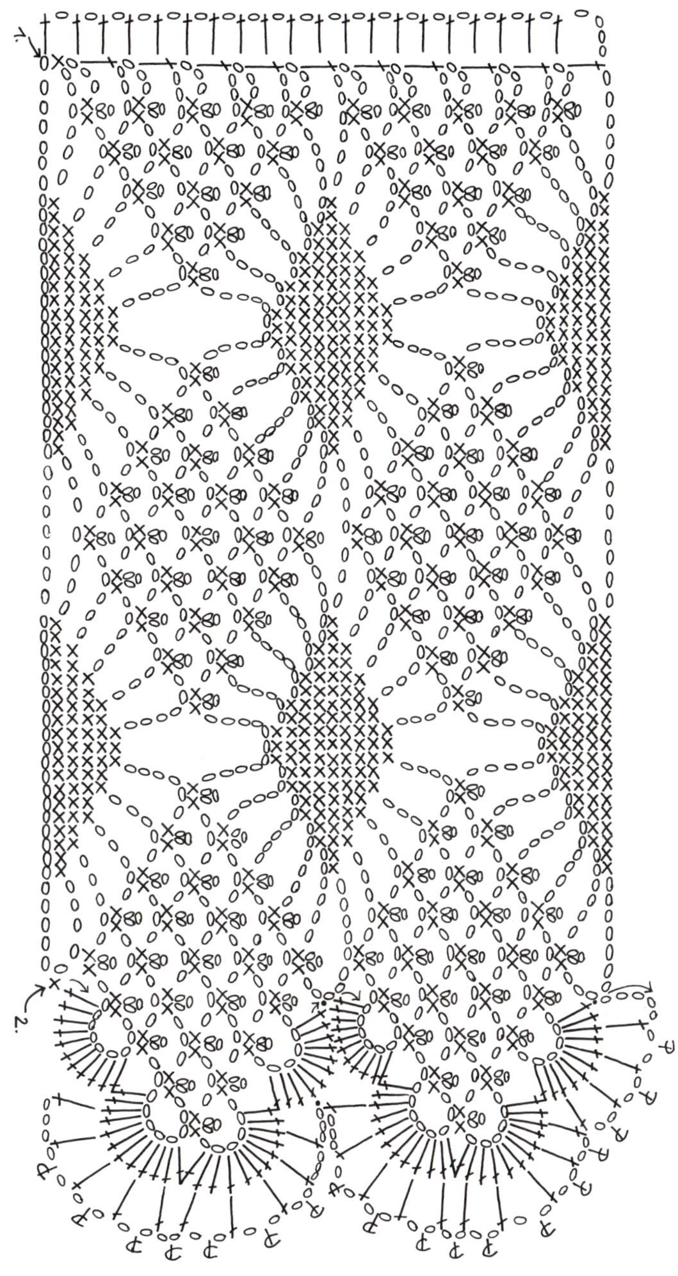

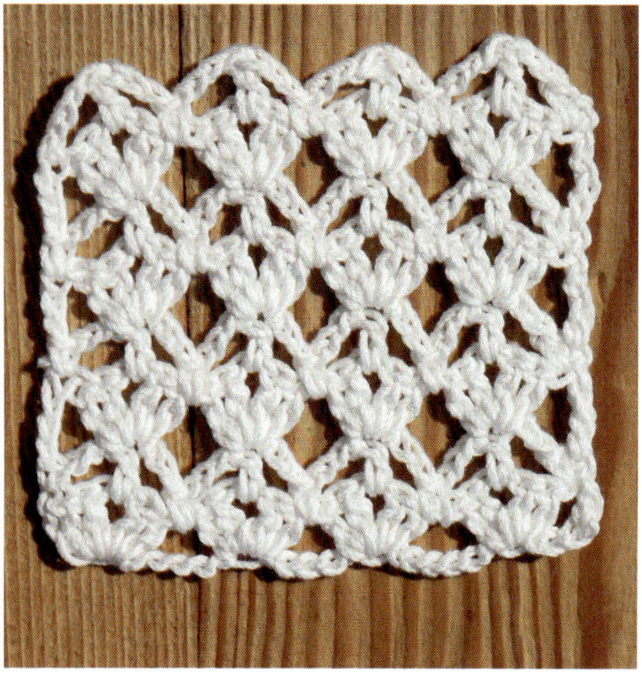

Zusammen abgemaschte Stäbchen wirken sehr plastisch – diese Muster haben auch in leicht haarigen, voluminösen Wollen eine schöne Optik. Häkeln Sie sich einen Pullover oder eine Jacke daraus – als Kontrast können Sie die Ärmel und Bündchen stricken.

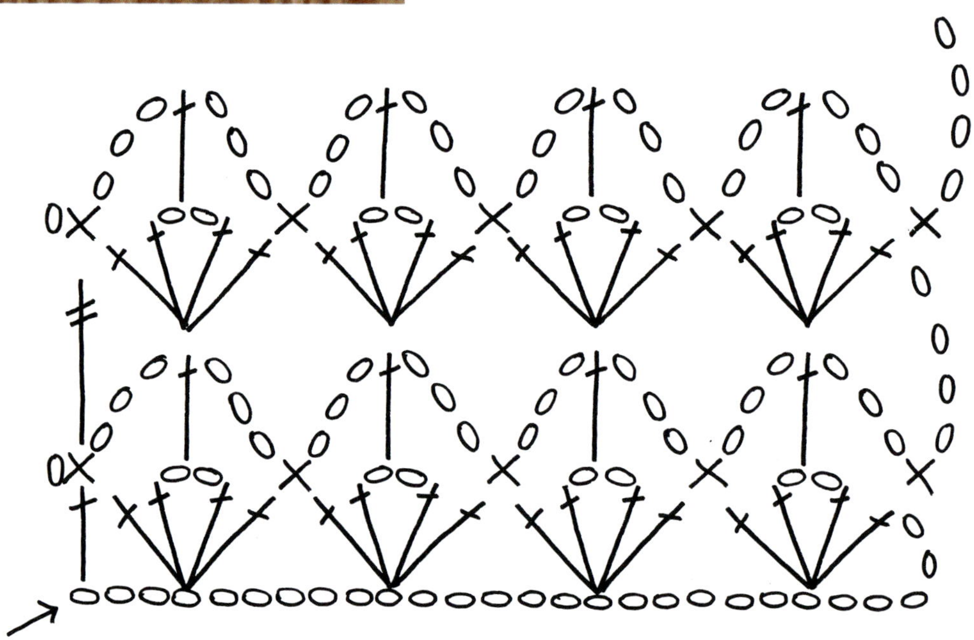

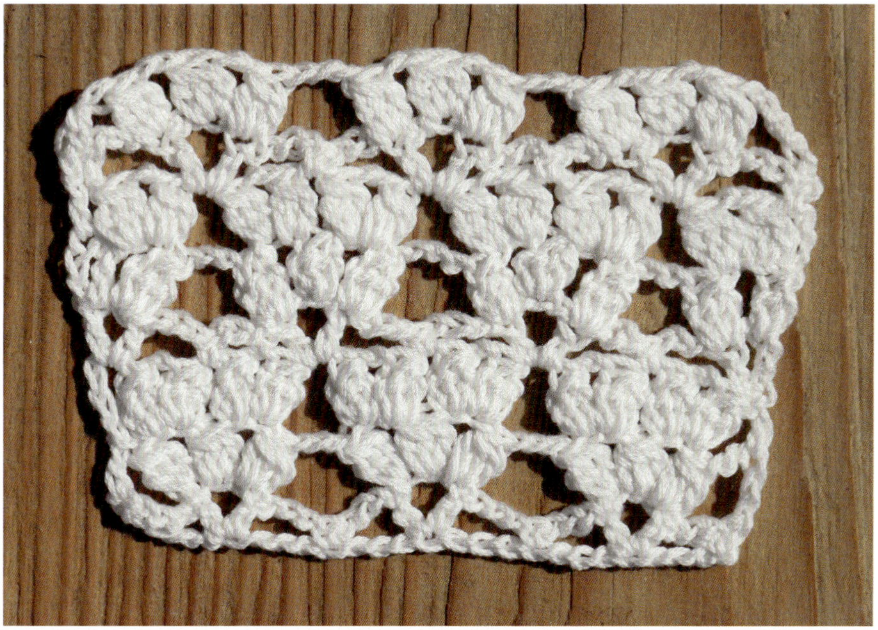

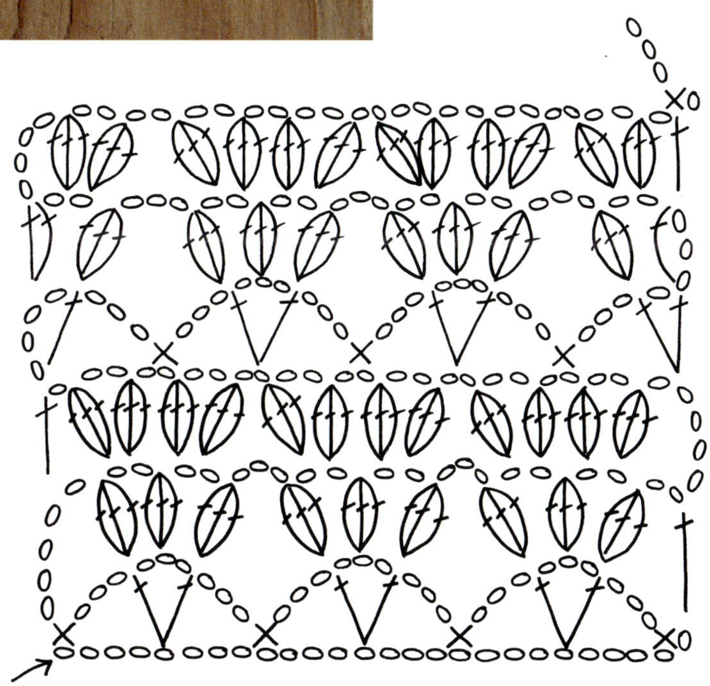

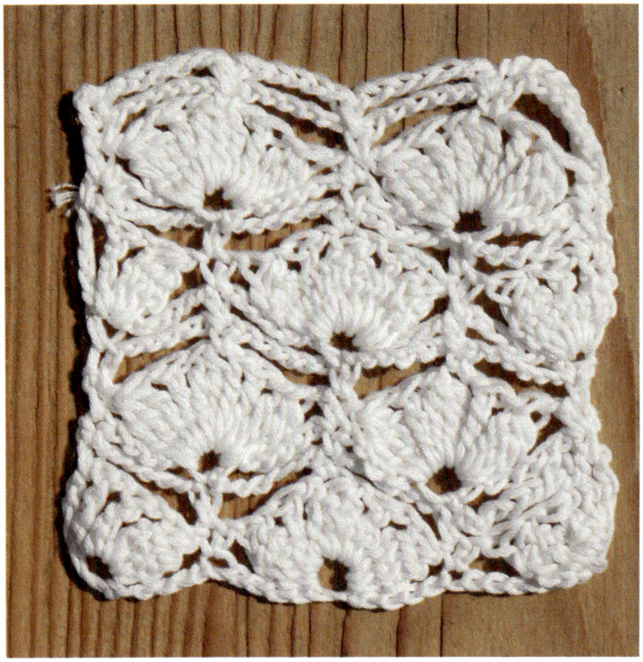

Häkeln Sie sich aus diesem Muster unbedingt eine kleine Sommerjacke – in Nadelstärke 4 -5 und einem weichen Baumwollgarn, am besten eine Mischung mit etwas Wollanteil. Dreiviertelärmel, kraus rechts gestrickte Bündchen – ein Traum!

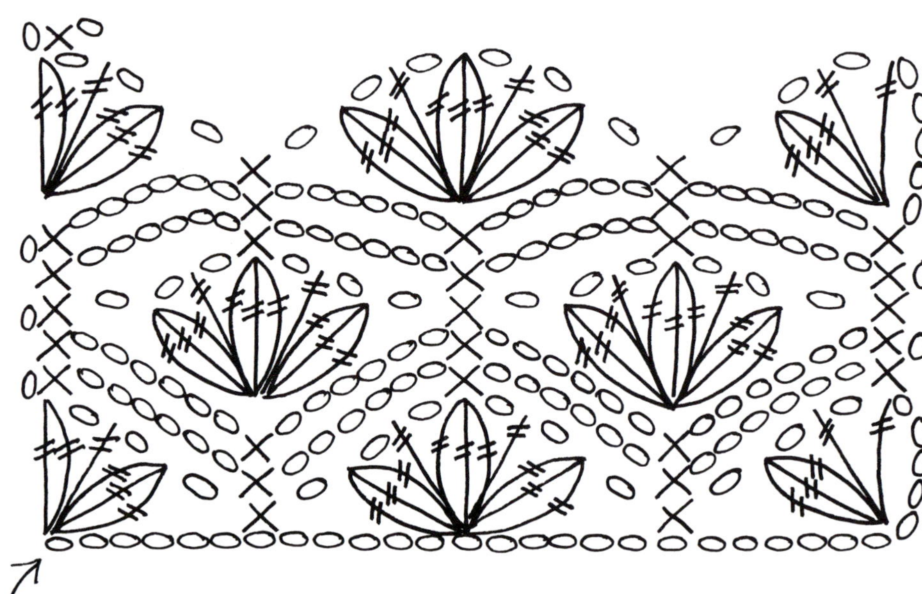

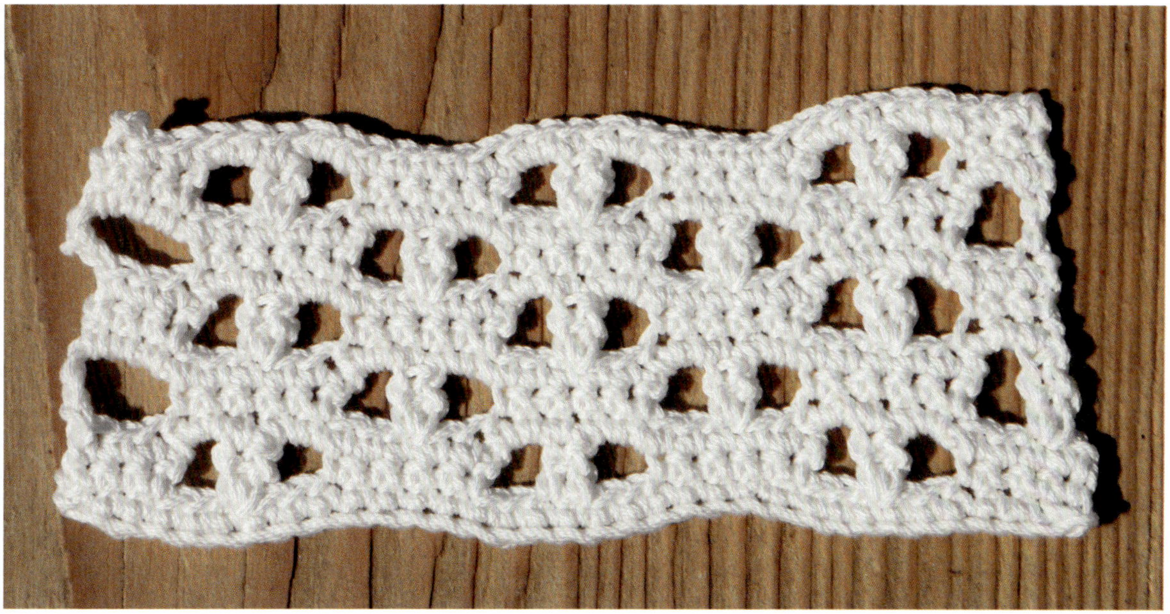

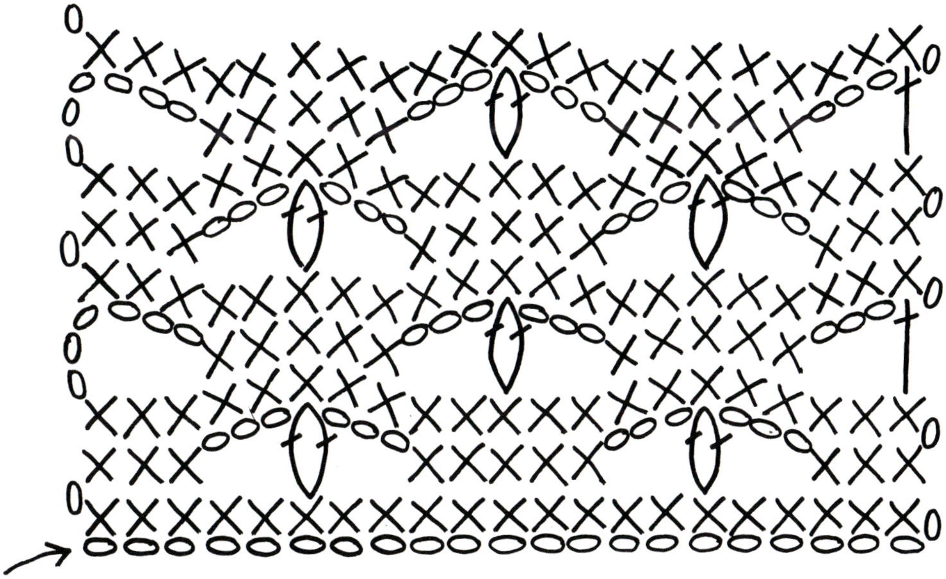

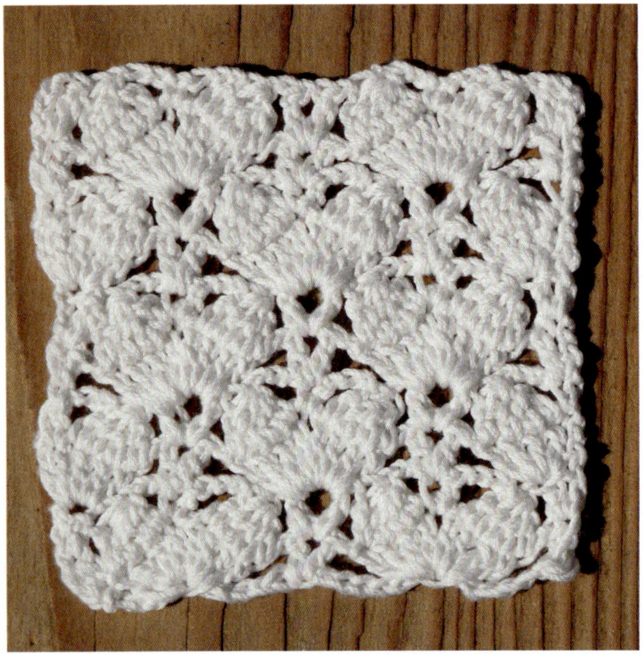

Auch hier gilt: Gezeichnet wirkt es beinahe streng, aber gehäkelt entfaltet dieses Muster seinen ganzen Charme.

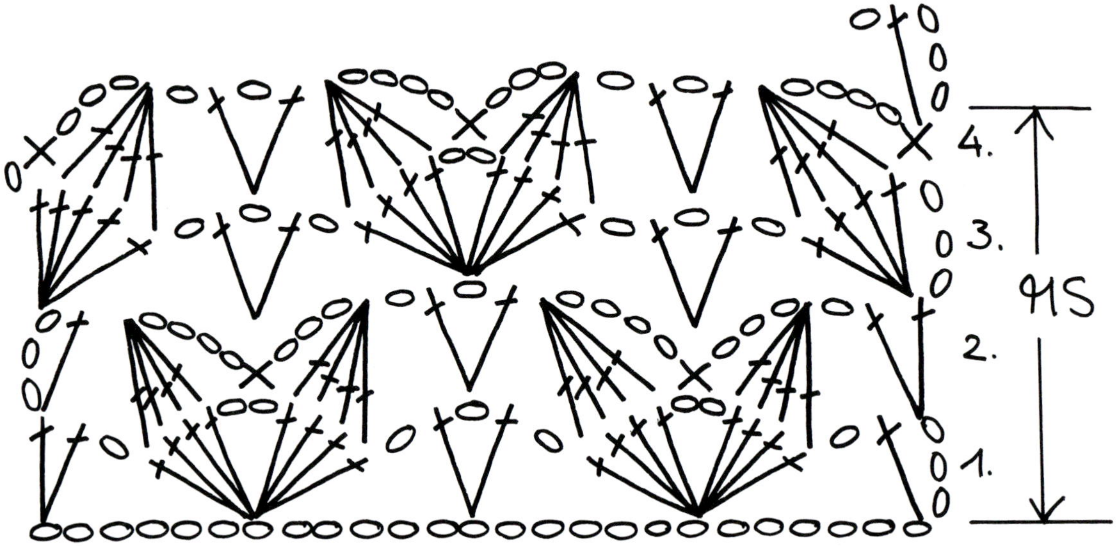

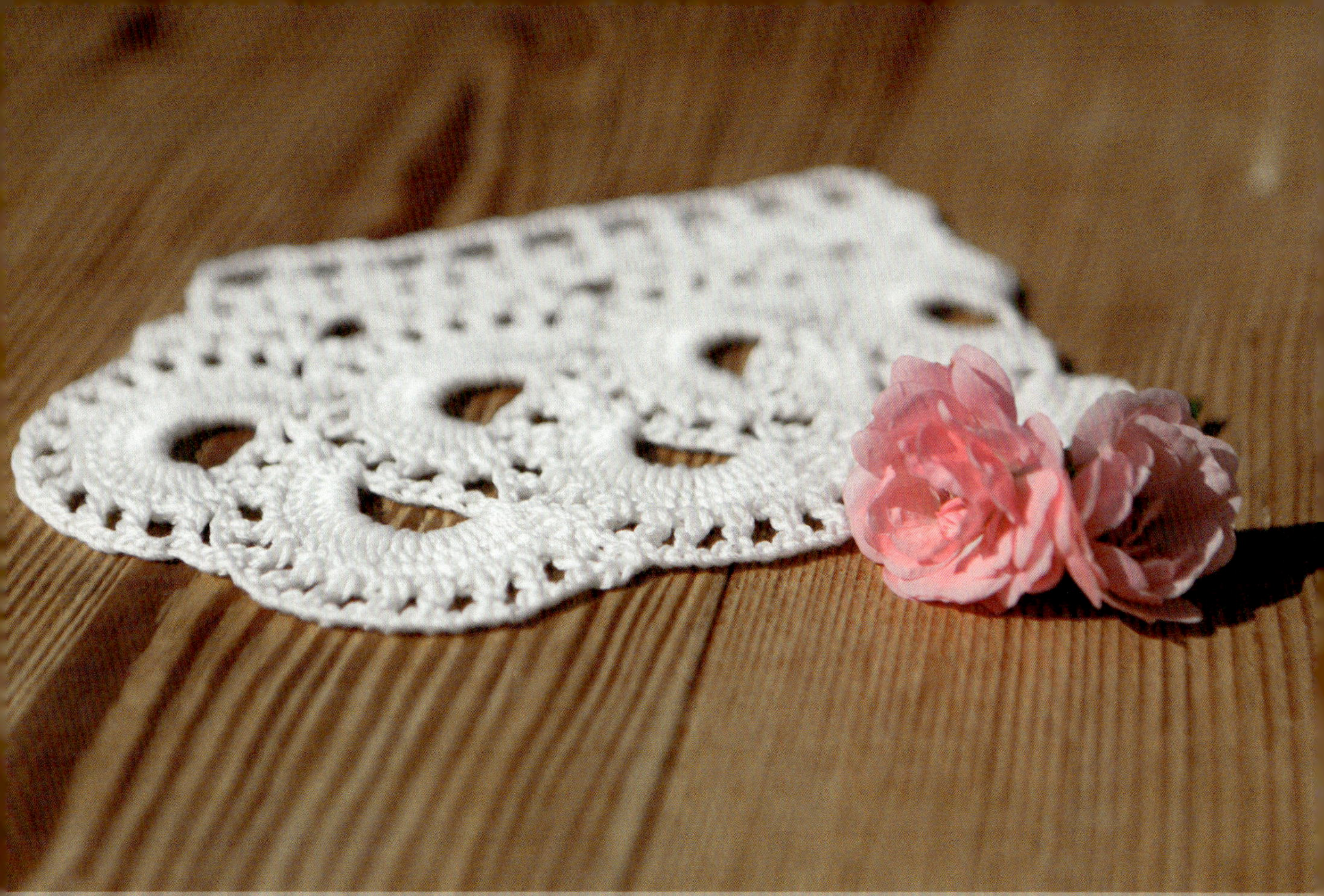

Borten

Die hier gezeigten Borten sind sehr unterschiedlich strukturiert. Ihre Gemeinsamkeit liegt darin, dass sie alle einseitig sind, d.h. sie haben eine glatte und eine mehr oder weniger stark geformte Kante. Borten bieten die Möglichkeit, aus einem Muster mehrere Muster entstehen zu lassen. Sie können Ihre Arbeit z.B. spiegeln oder einfach die letzte Reihe, die meist nur ein paar Schnörkel enthält, weglassen. Manche Borten können auch als Flächenmuster gearbeitet werden. Lassen Sie die letzte oder auch vorletzte Reihe weg und wiederholen Sie das übrige Muster nach oben. Dazu ist es hilfreich, sich das Muster aufzuzeichnen.

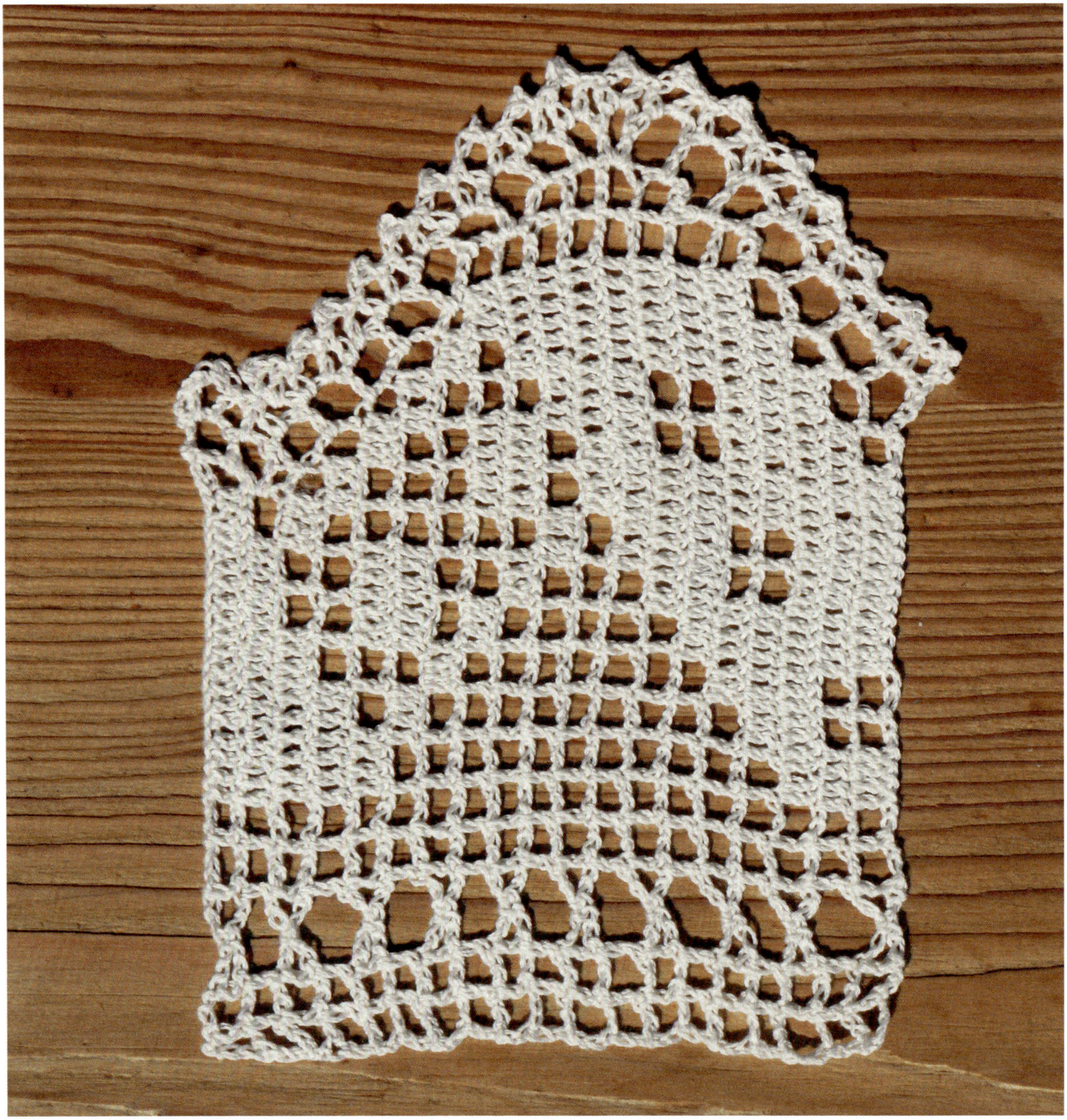

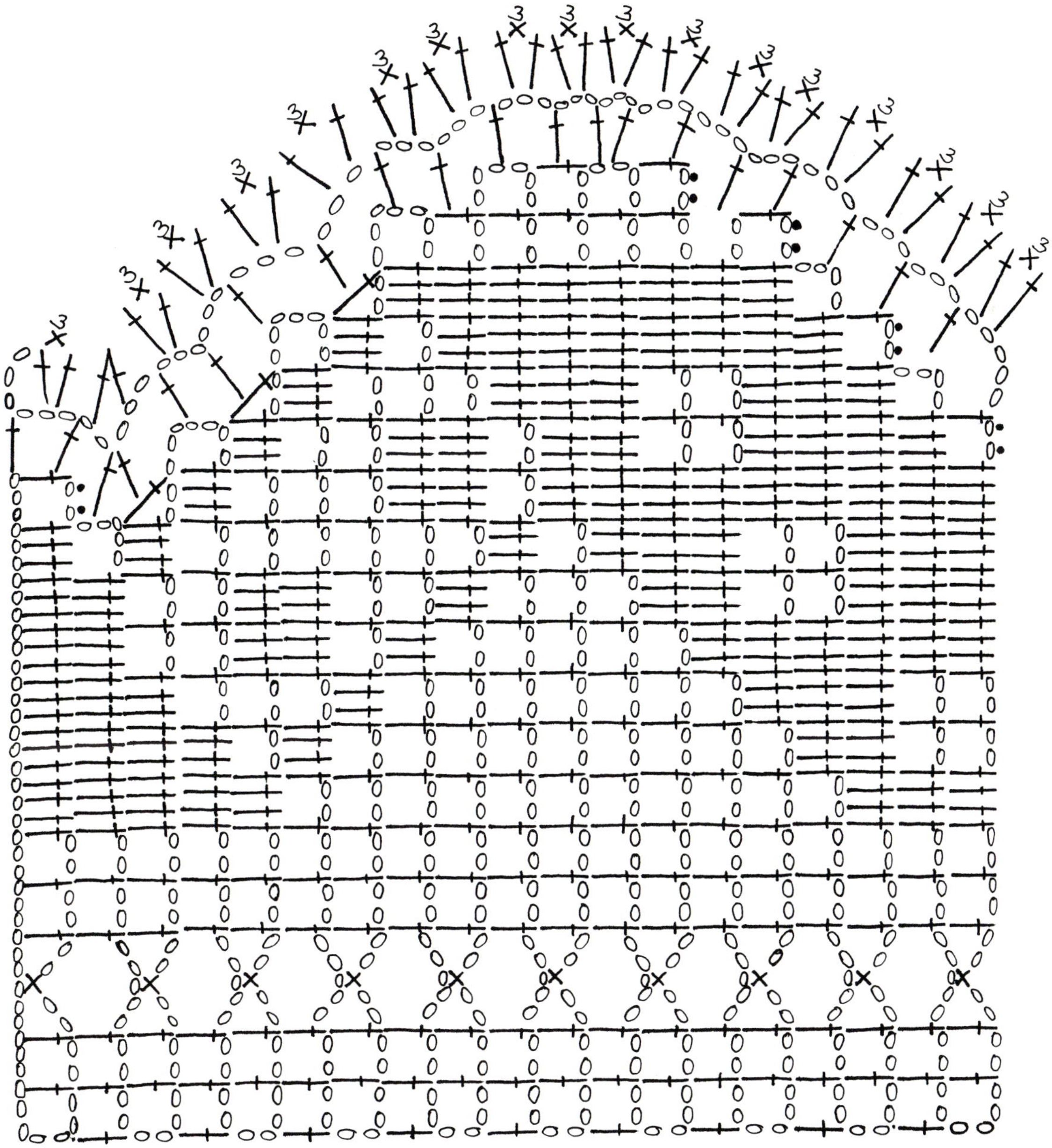

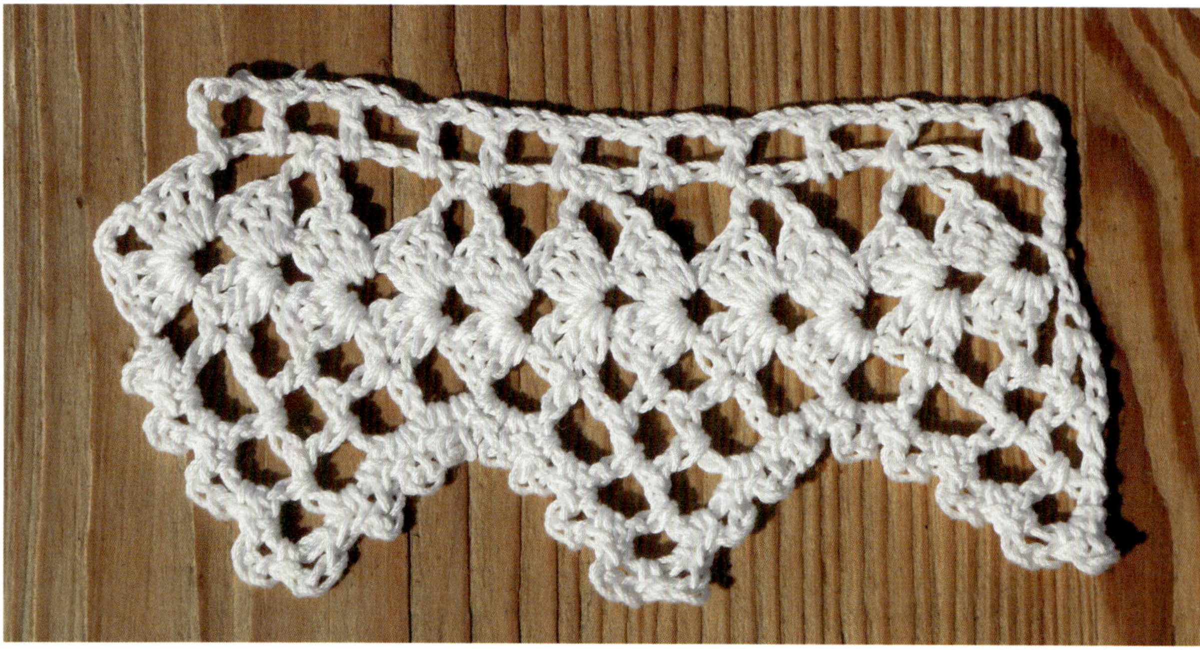

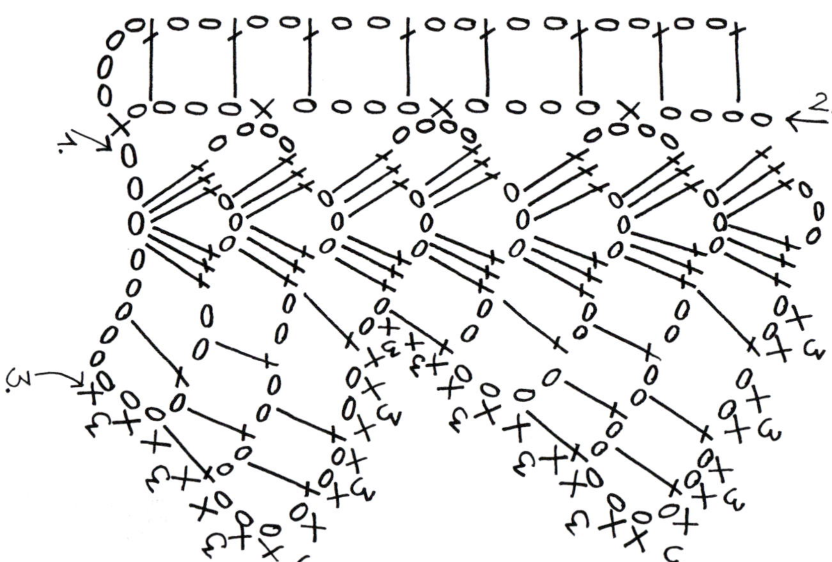
1.
2.
3.

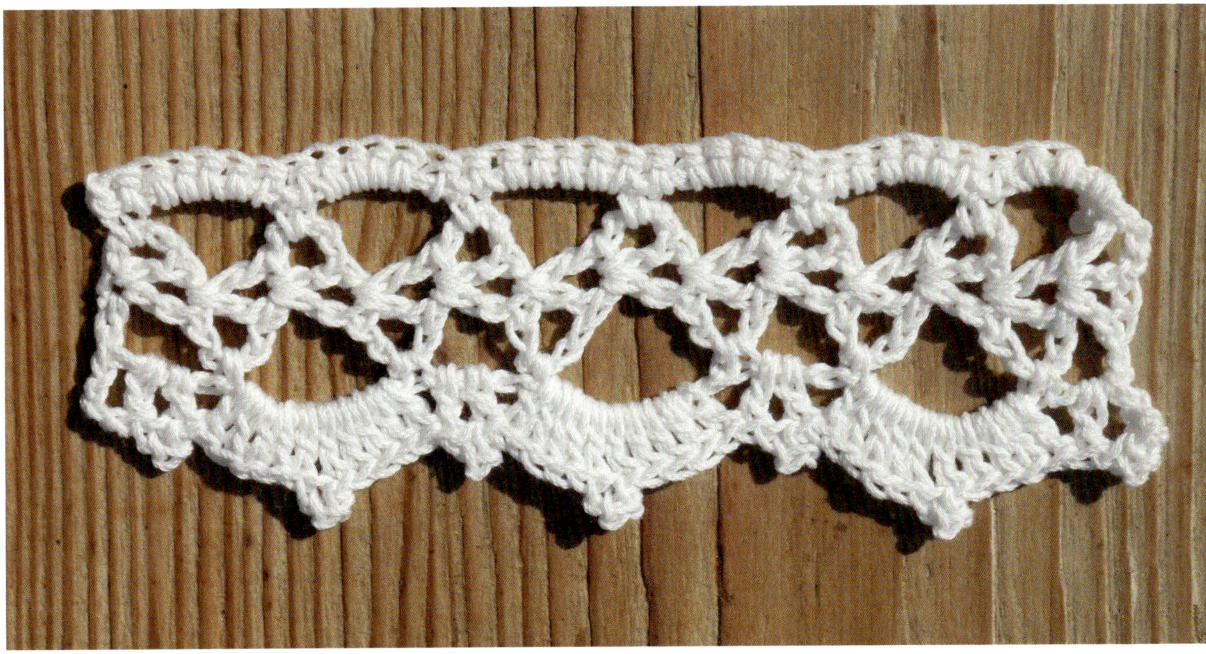

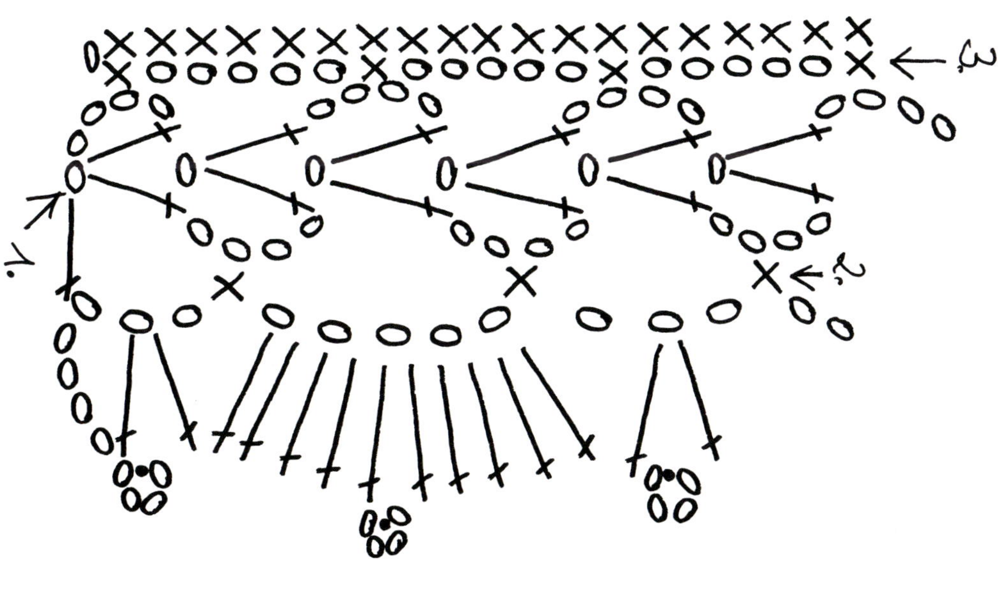
3.
2.
1.

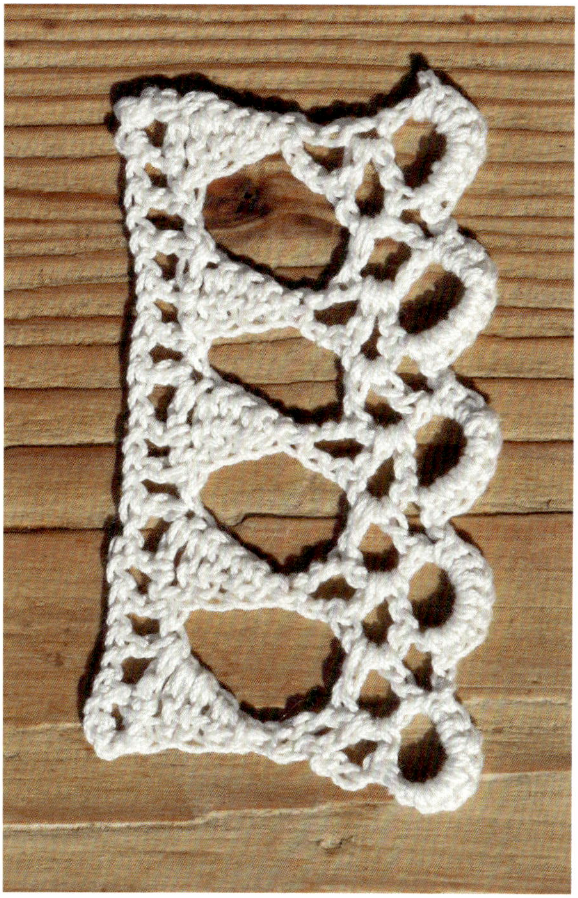

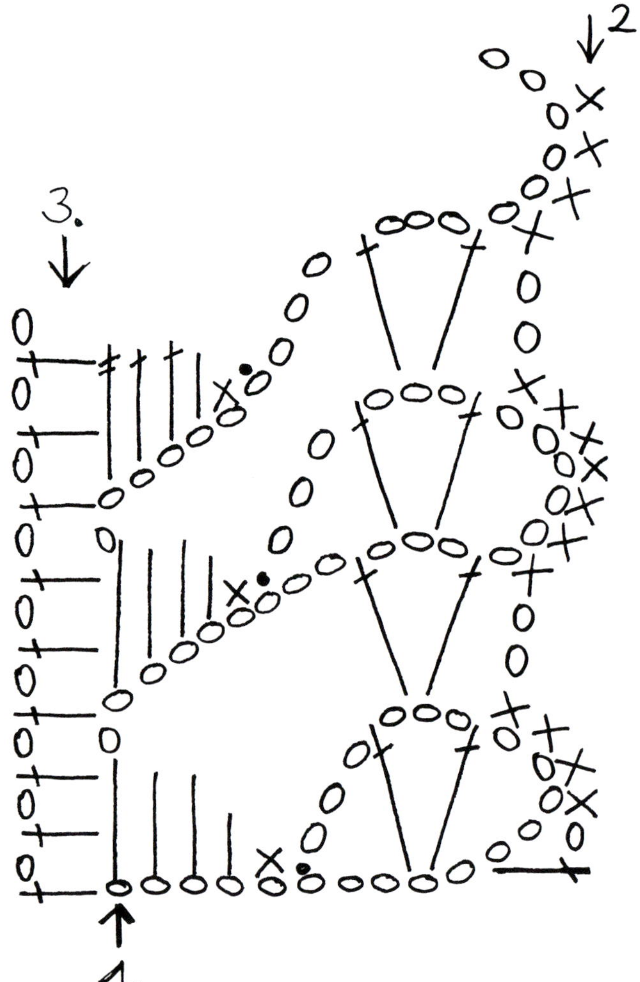
2.
3.
1.

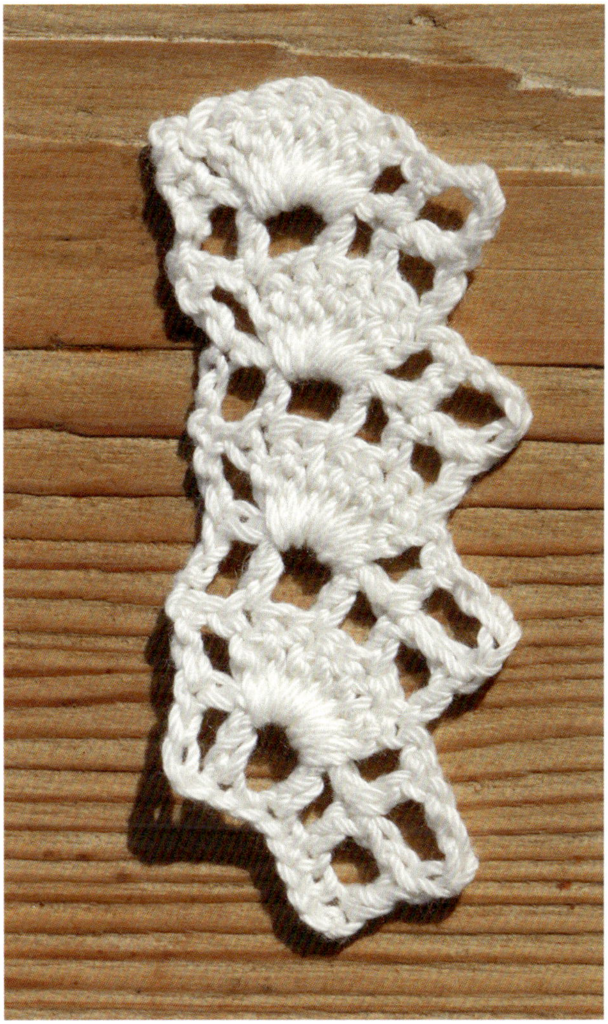

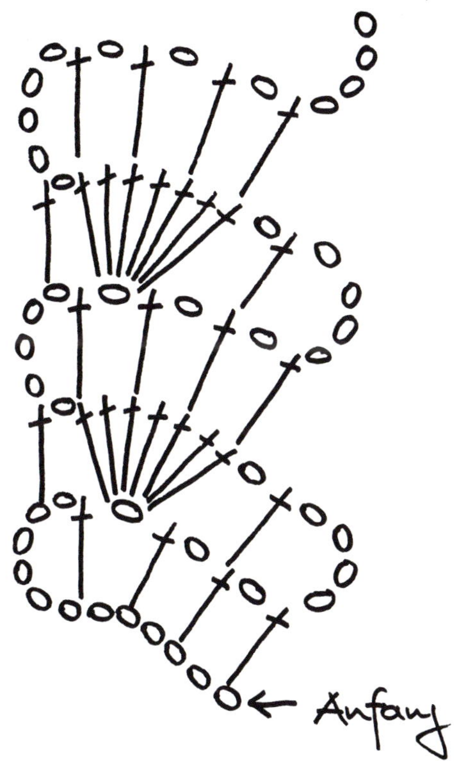
Anfang

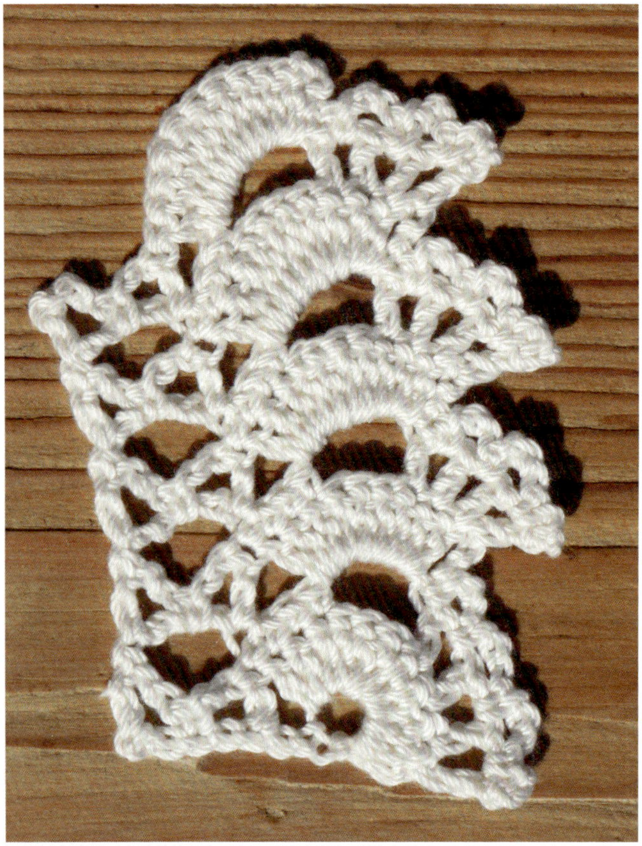

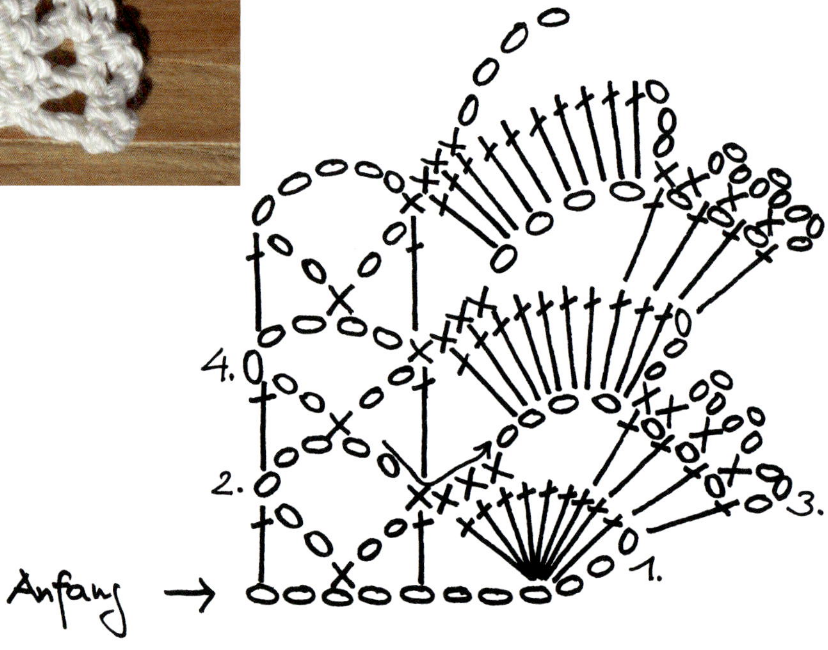

4.
2.
3.
1.
Anfang →

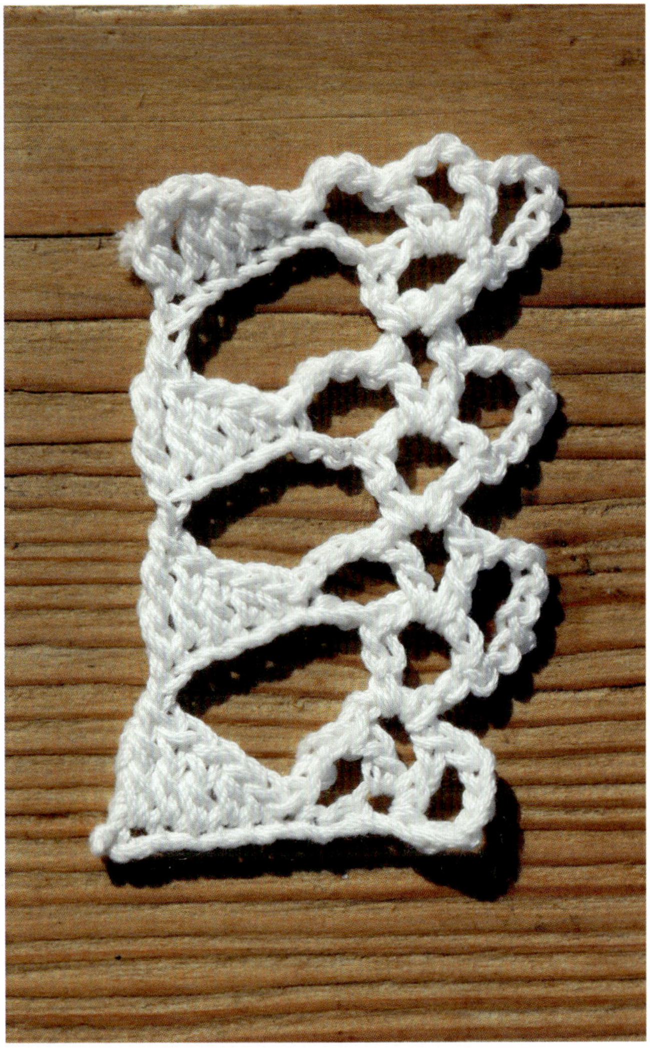

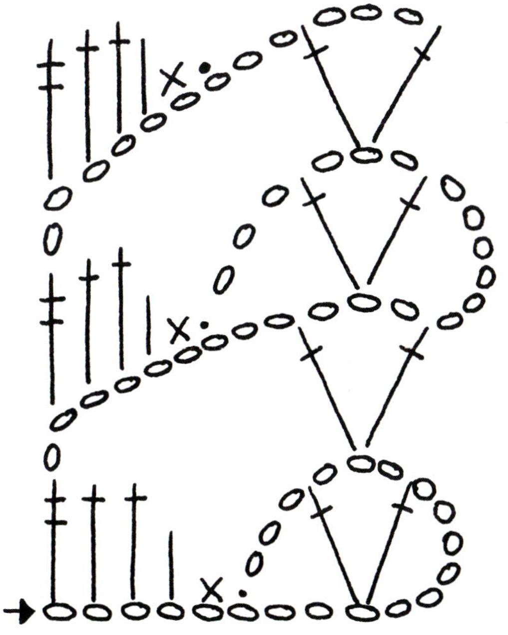

Das hier ist die abgespeckte Version des Musters auf Seite 92.

Es wirkt durch Weglassen der äußeren Abschlussreihen ganz anders – wesentlich klarer.

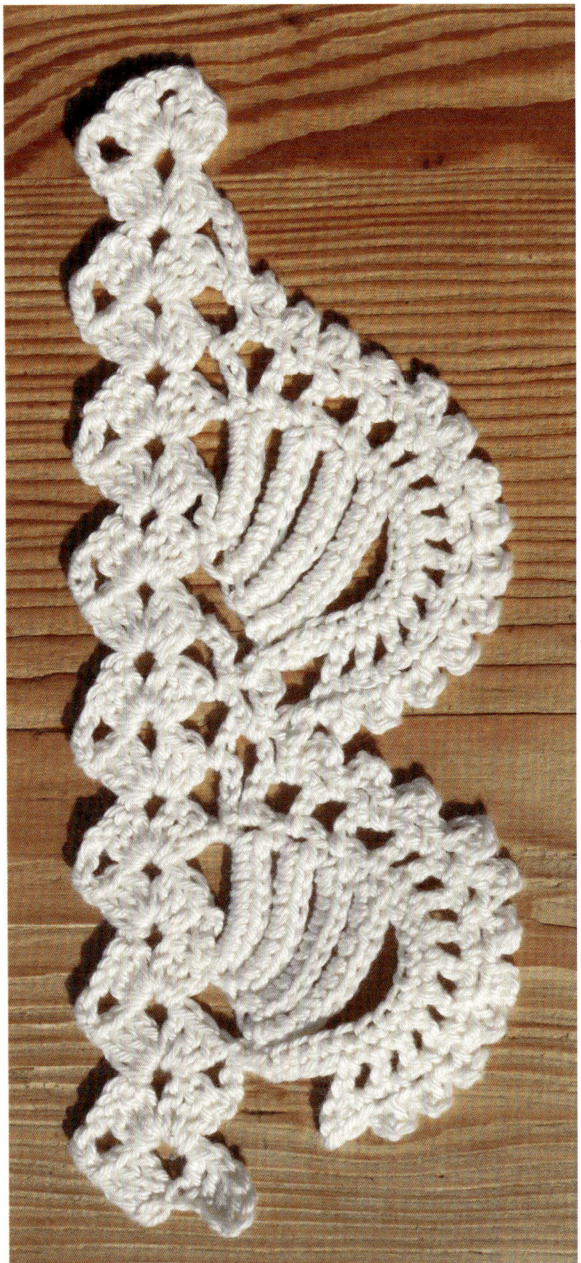

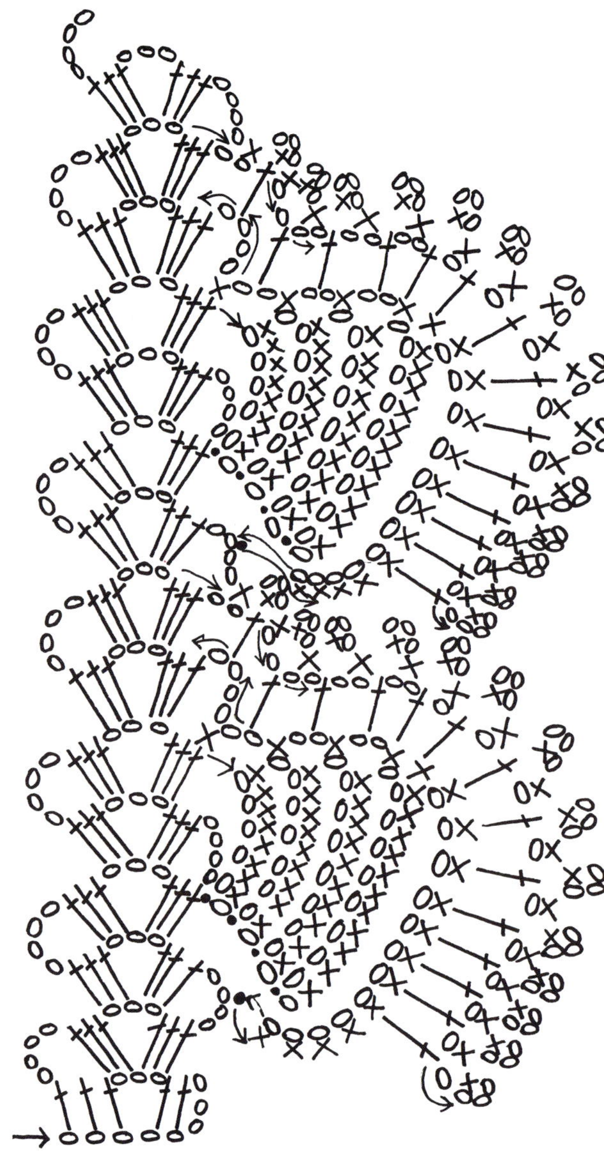

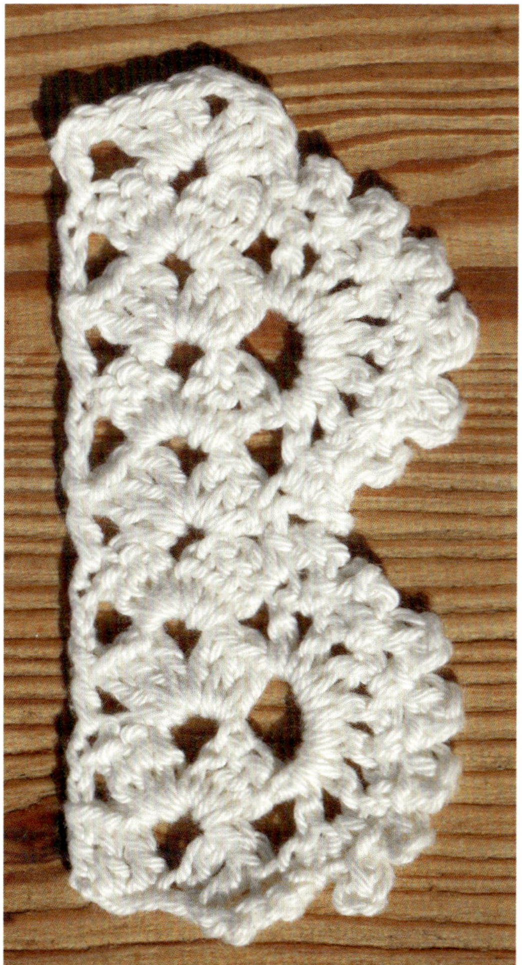

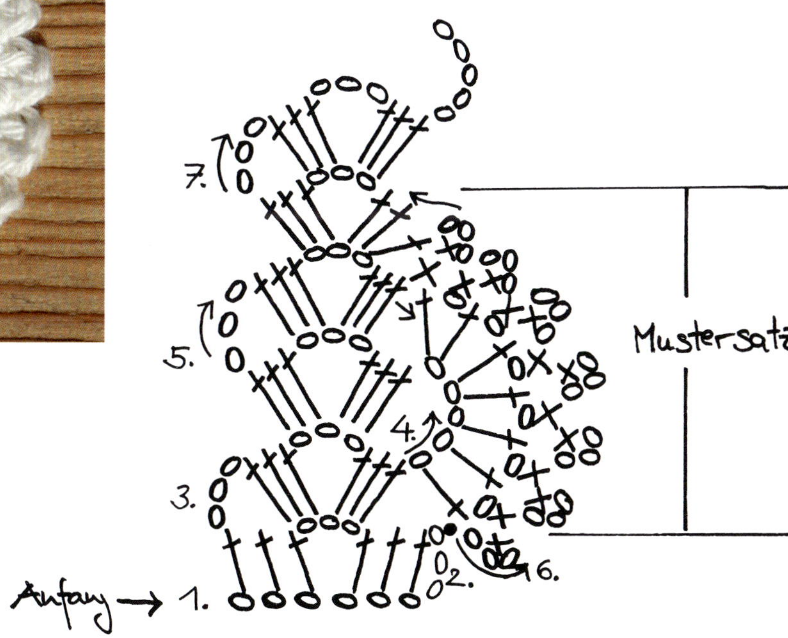
7.
5.
4.
3.
2.
6.
Anfang → 1.
Mustersatz

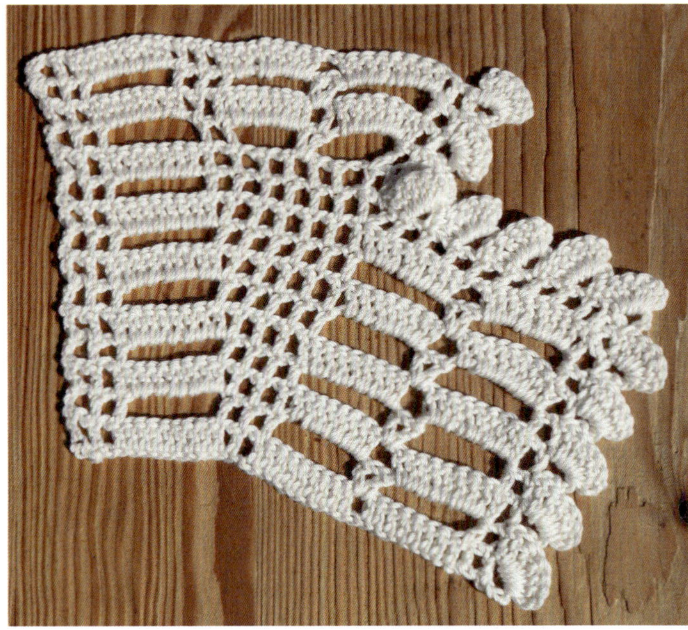

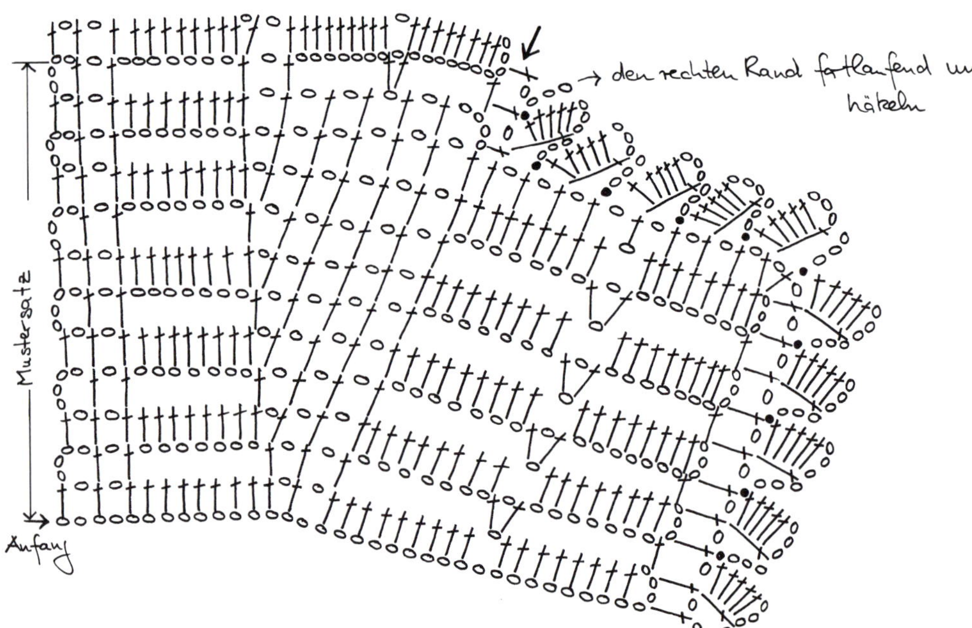
den rechten Rand fortlaufend umhäkeln
Mustersatz
Anfang

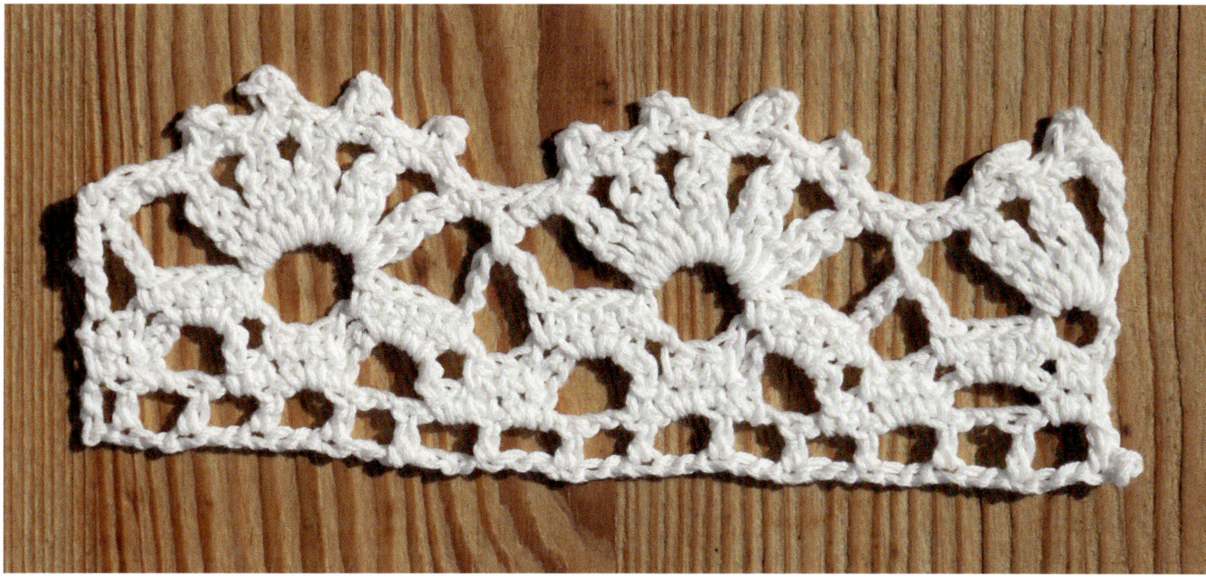

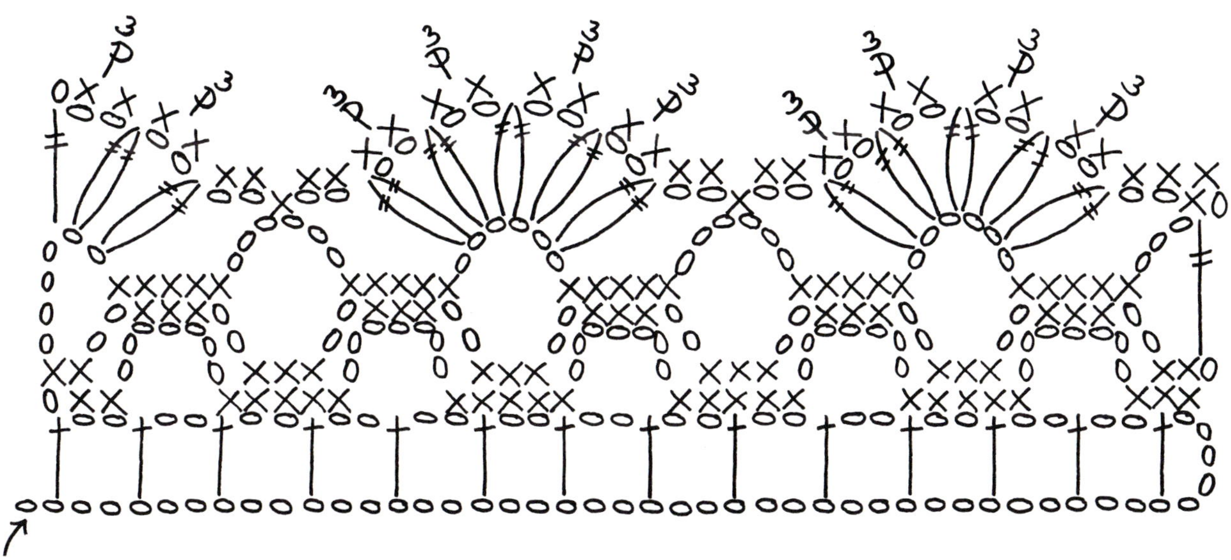

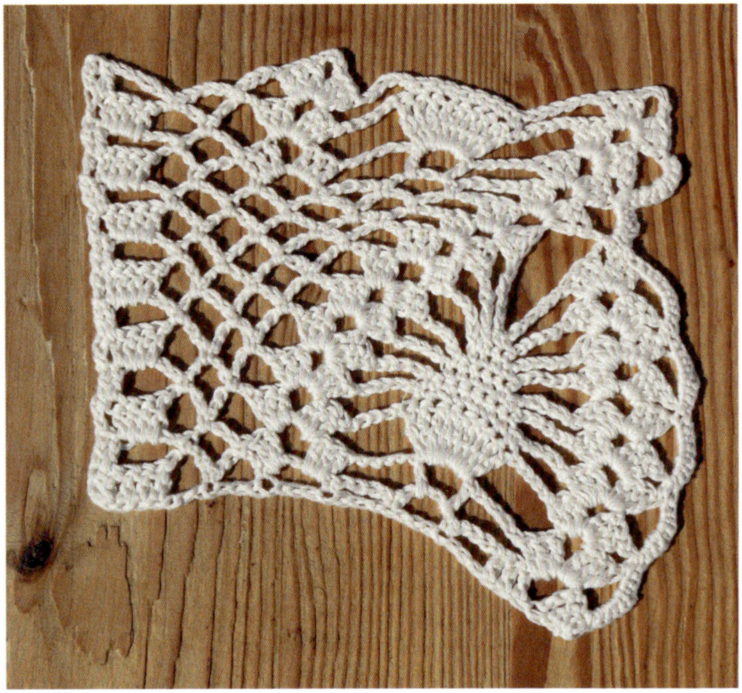

Nach Erreichen der gewünschten Länge den rechten Rand, wie bei Reihe 13 gezeichnet, umhäkeln.

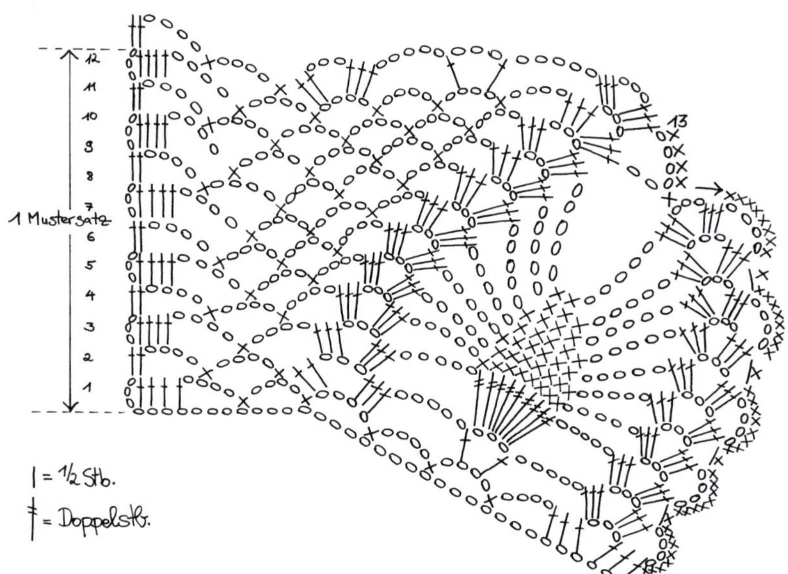

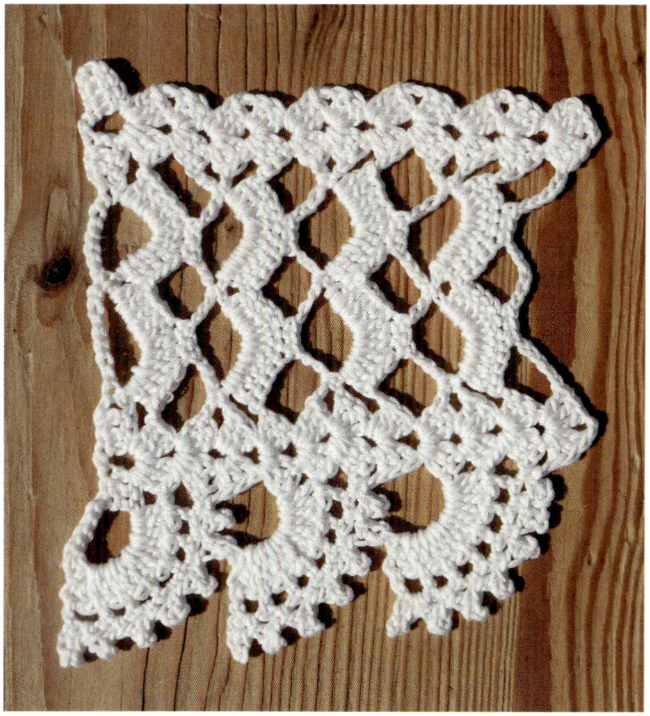

Dieses Muster ist ein gutes Beispiel für eine Borte, die als Flächenmuster gearbeitet wird. Sie müssen nur die rechte Bogenkante weglassen und das so entstandene Muster in der gewünschten Höhe und Breite wiederholen.

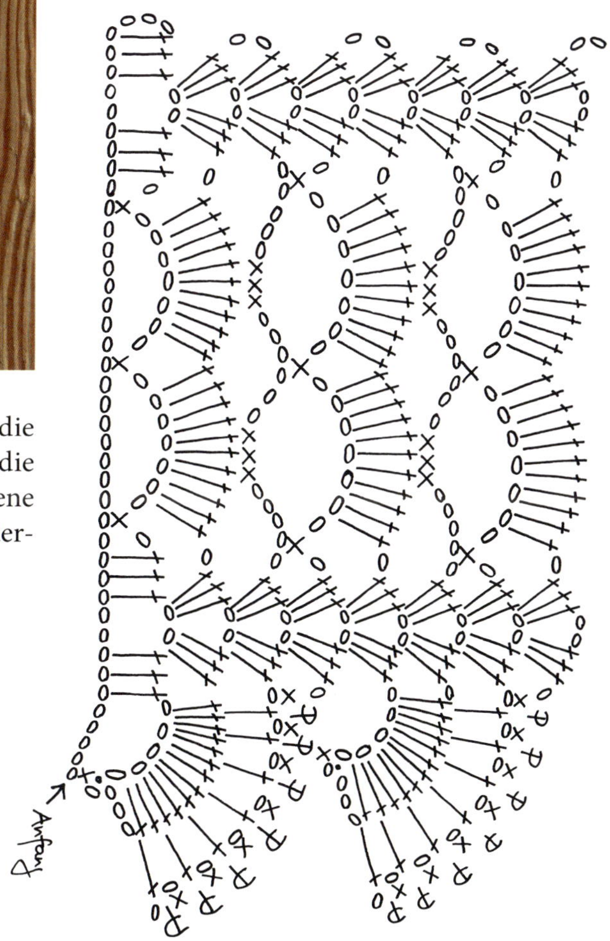

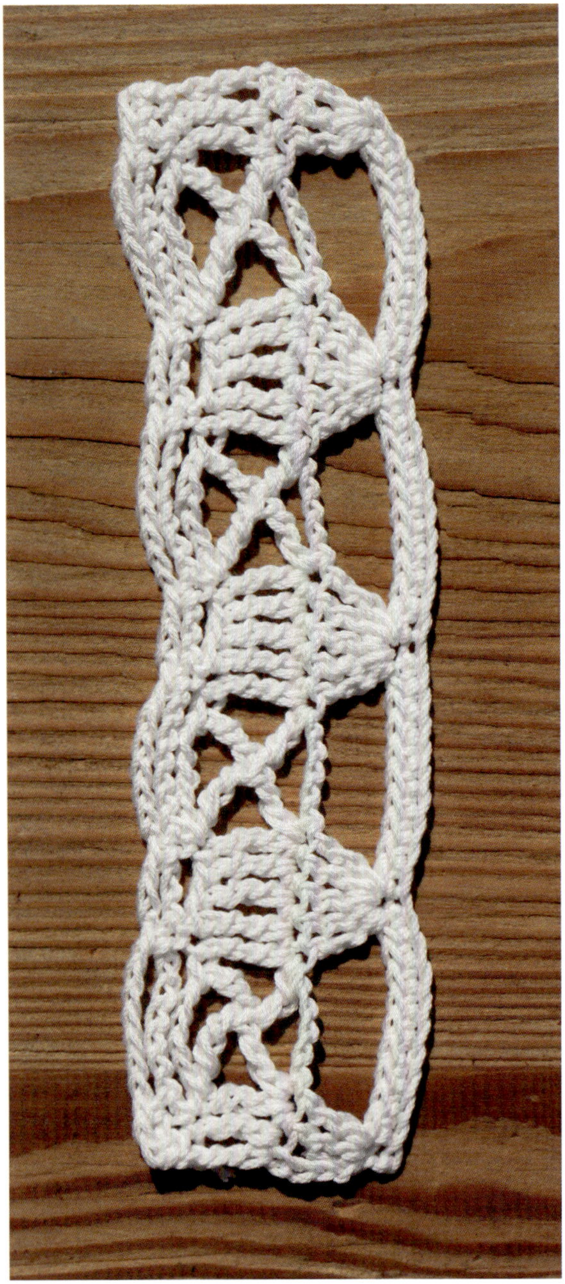

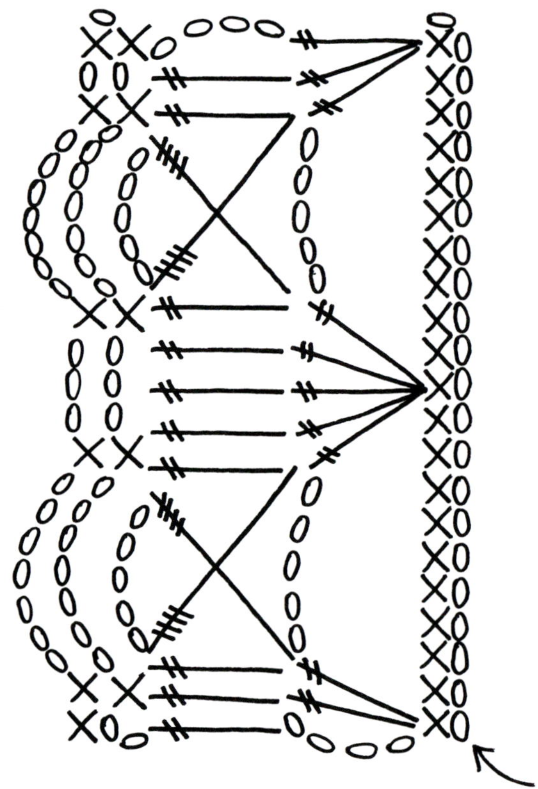

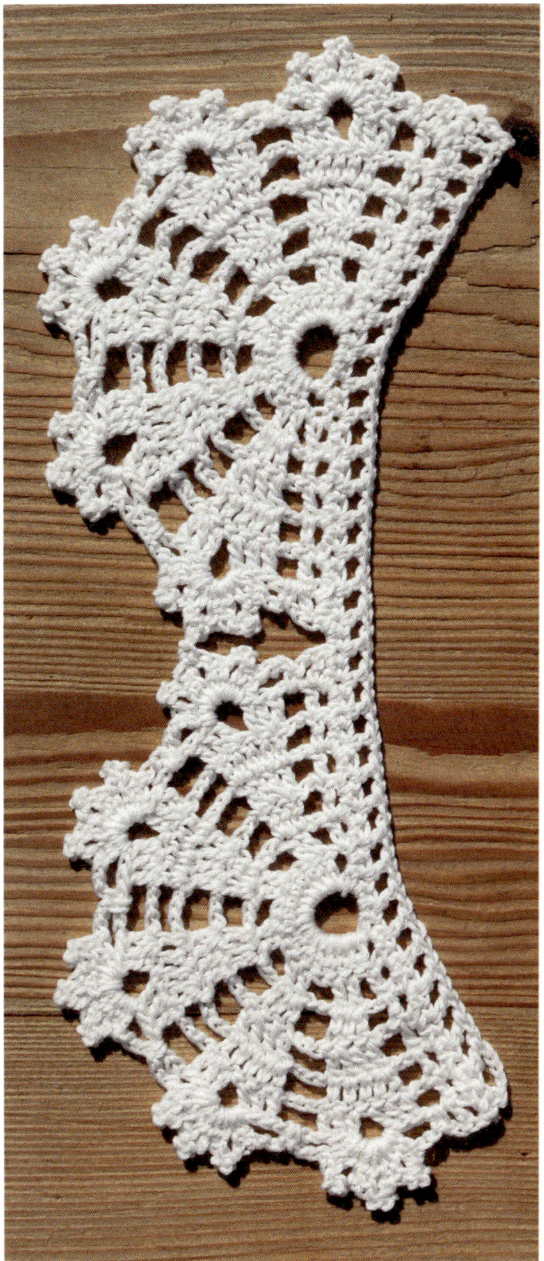

Bei diesem Muster werden zuerst die Halbkreise gearbeitet, bis die gewünschte Anzahl gehäkelt ist. Danach werden die »Schnecken« nach der letzten Reihe des zuletzt gearbeiteten Halbkreises durch die oberste Pikotreihe miteinander verbunden. Den Abschluss bilden eine Reihe feste Maschen und eine Reihe Stäbchen am unteren Rand: eine Luftmasche, ein Stäbchen usw.
Man kann das Muster z.B. für einen Schal mit einer dickeren Wolle häkeln: Dann in dem Muster zwei gleich lange Streifen arbeiten, gegengleich legen und in der Mitte (an den unteren Kanten) zusammenhäkeln oder nähen.

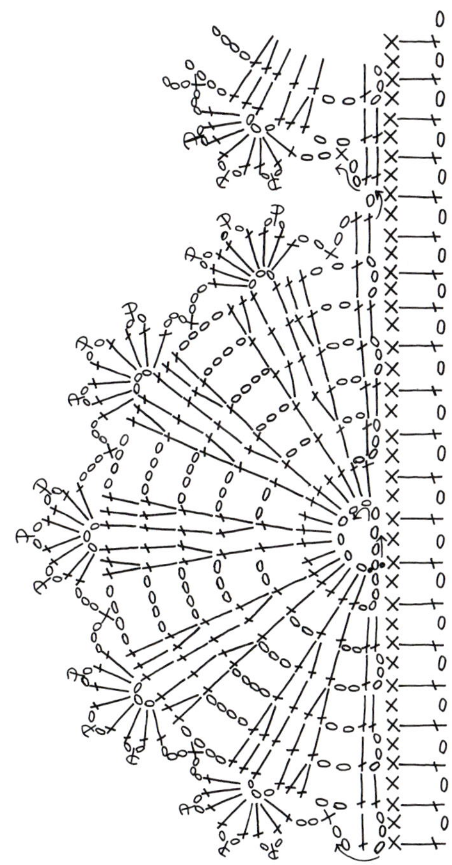

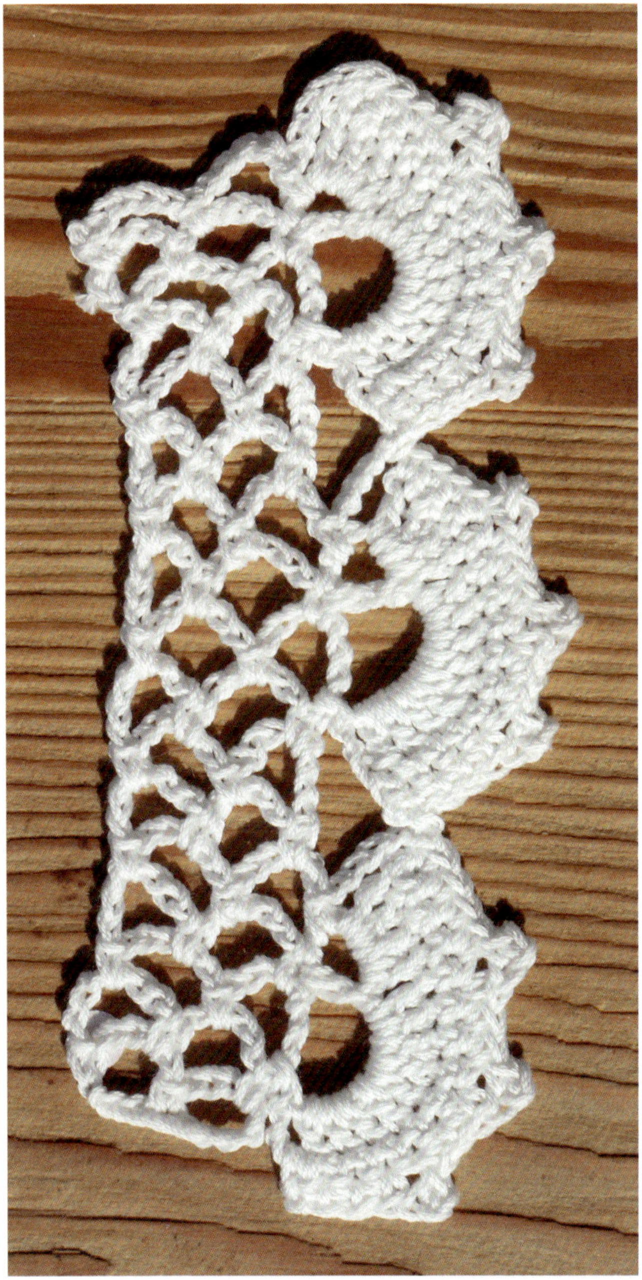

Diese schmale Bordüre lässt sich genauso gut breiter häkeln – dann einfach mehr Luftmaschenbögen anschlagen.
Bei den seitlichen Bögen beachten, dass jeder Bogen in der letzten Pikotreihe durch Kettmaschen mit dem vorherigen Bogen verbunden wird.
Dies ist ein einfach zu häkelndes Muster, das sehr apart aussieht.

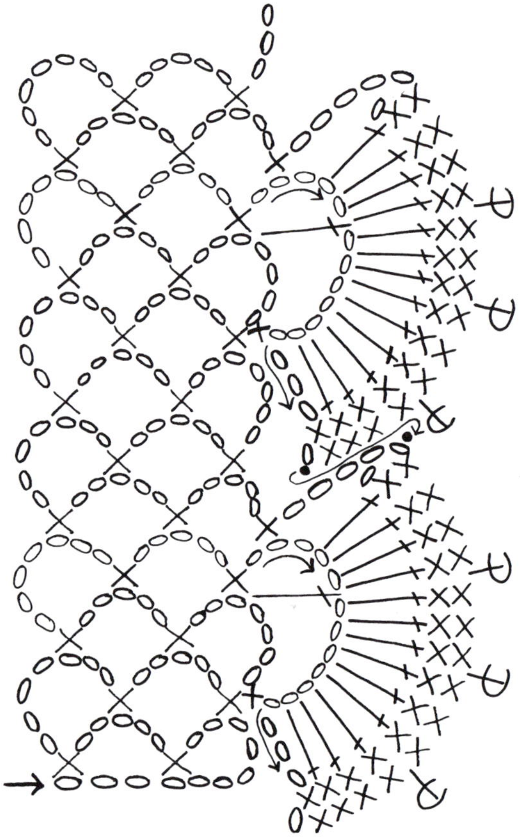

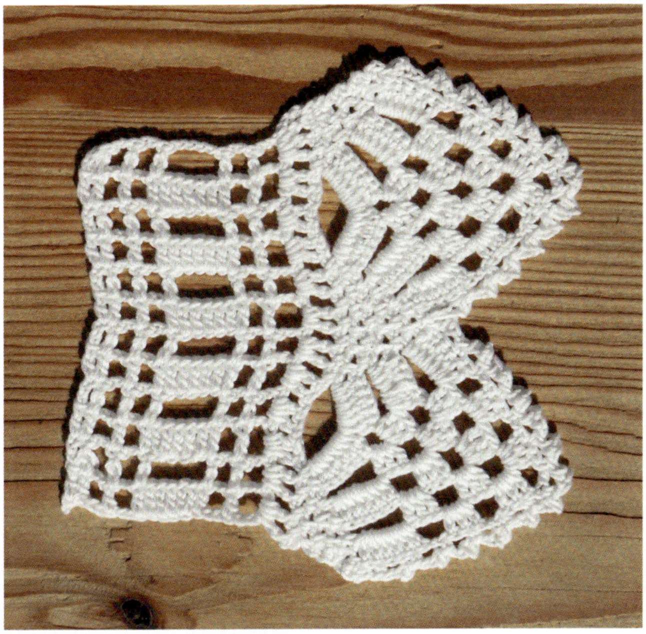

Zuerst wird die Bordüre in der gewünschten Länge gearbeitet und dann abschließend die Bogenkante an den seitlichen Rand gehäkelt.

Wenn man beide Ränder mit der Bogenkante umhäkelt, hat man eine ganz andere Optik. Optimal eignet sich eine weiche, dickere Wolle für einen Schal oder eine Stola.

Schön wäre auch, das Längsmuster für ein Dreiecktuch umzuarbeiten und dann die Bogenkante rundherum zu häkeln.

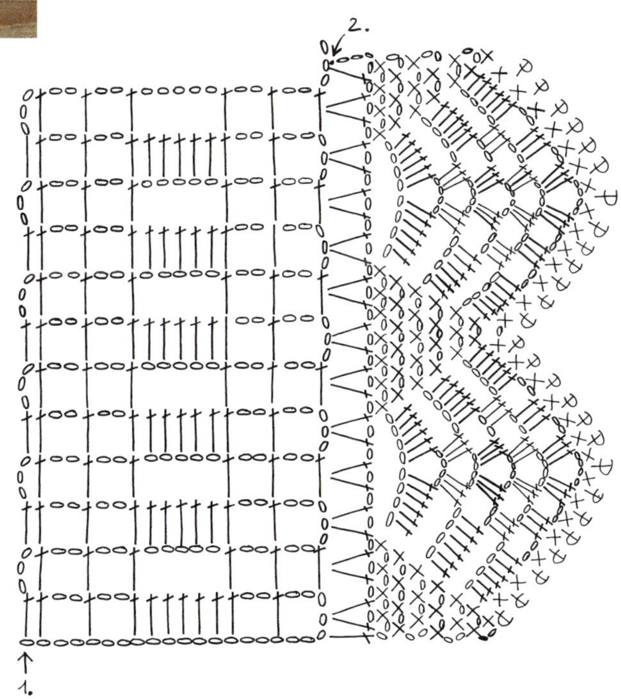

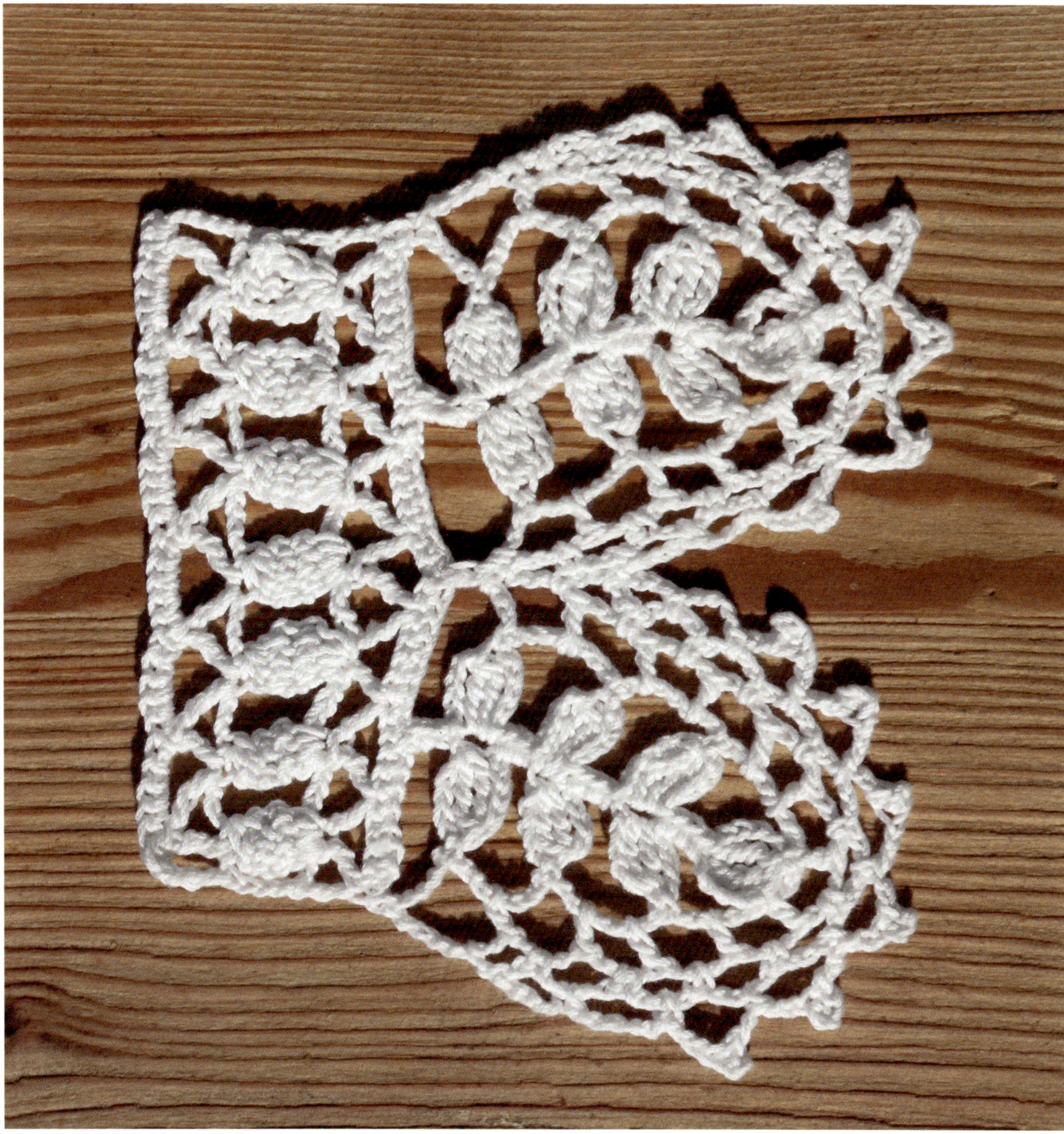

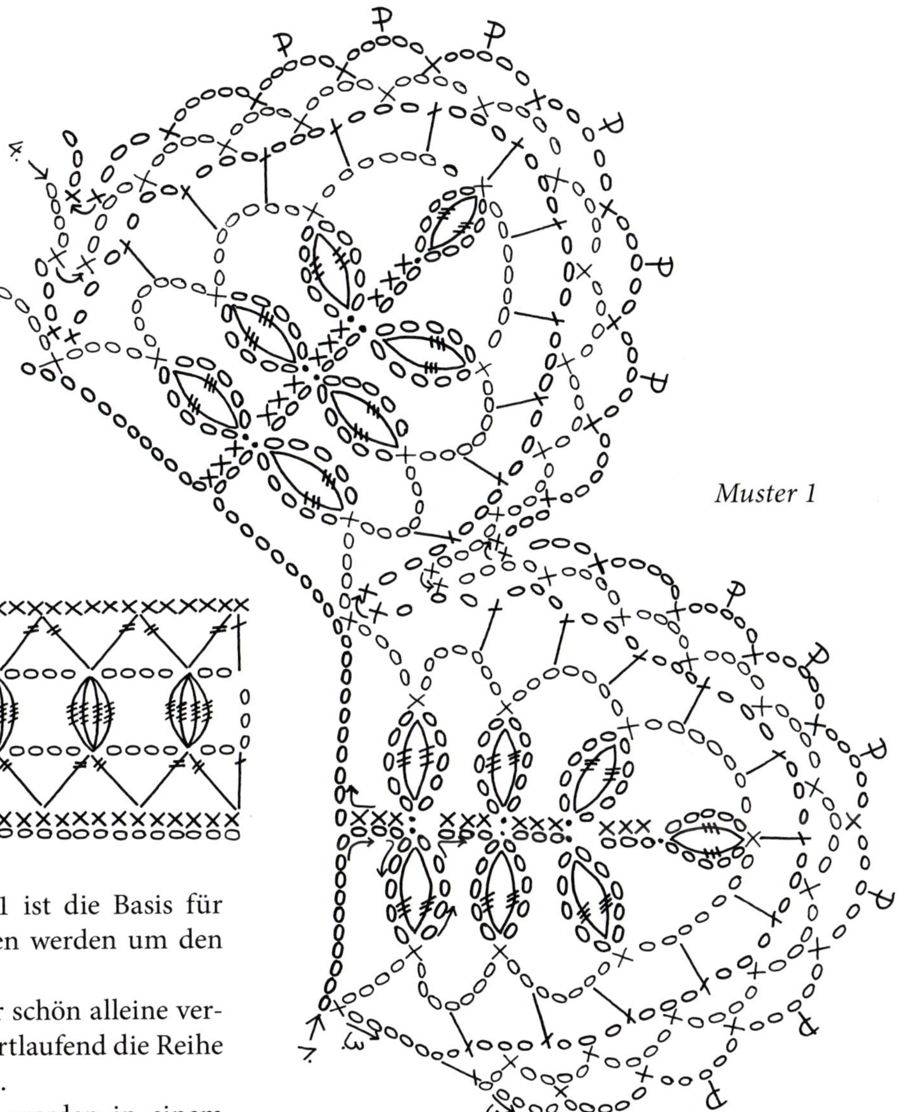

Muster 1

Muster 2

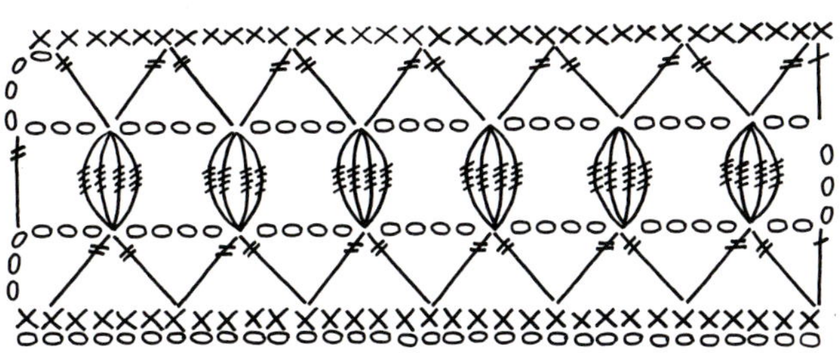

Die erste Reihe von Muster 1 ist die Basis für Muster 2 – die festen Maschen werden um den Luftmaschenbogen gehäkelt.
Man kann Muster 2 auch sehr schön alleine verwenden: Als Borte oder z.B. fortlaufend die Reihe 1-5 für einen Schal verwenden.
Zu Muster 1: Die Bäumchen werden in einem Arbeitsdurchgang gearbeitet – also alle 7 Blätter in einem Durchgang. Häkeln Sie dann über die Luftmaschenkette nach Anleitung weiter zum nächsten Bäumchen.

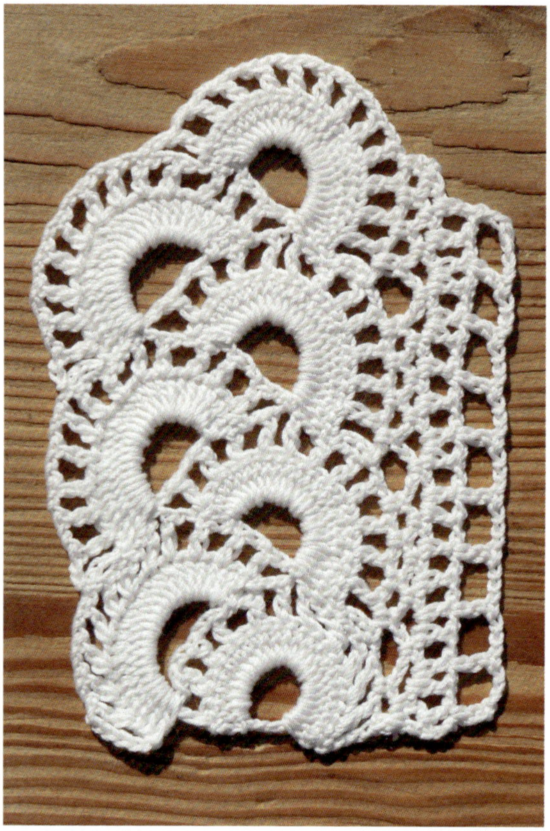

Dieses Muster wird in Bahnen nach oben gearbeitet – die Motive werden unter der Arbeit durch Kettmaschen mit dem vorherigen Motiv verbunden.
Für Könner wäre es auch denkbar, mehrere Bahnen zu arbeiten. Das ergibt ein großflächiges Muster für eine Decke oder einen Pullover.
In diesem Fall werden die Bahnen unter der Arbeit immer mit der vorherigen Bahn durch Kettmaschen verbunden.

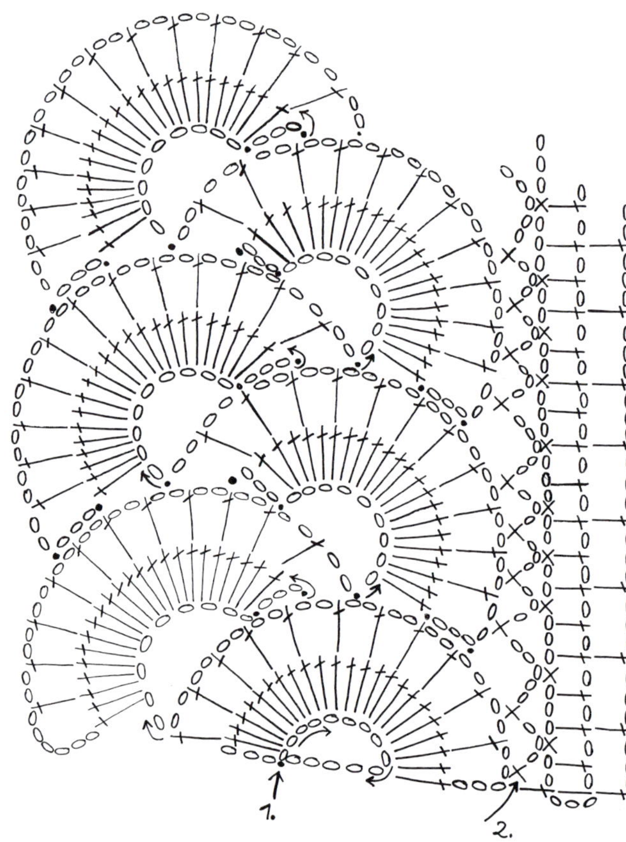

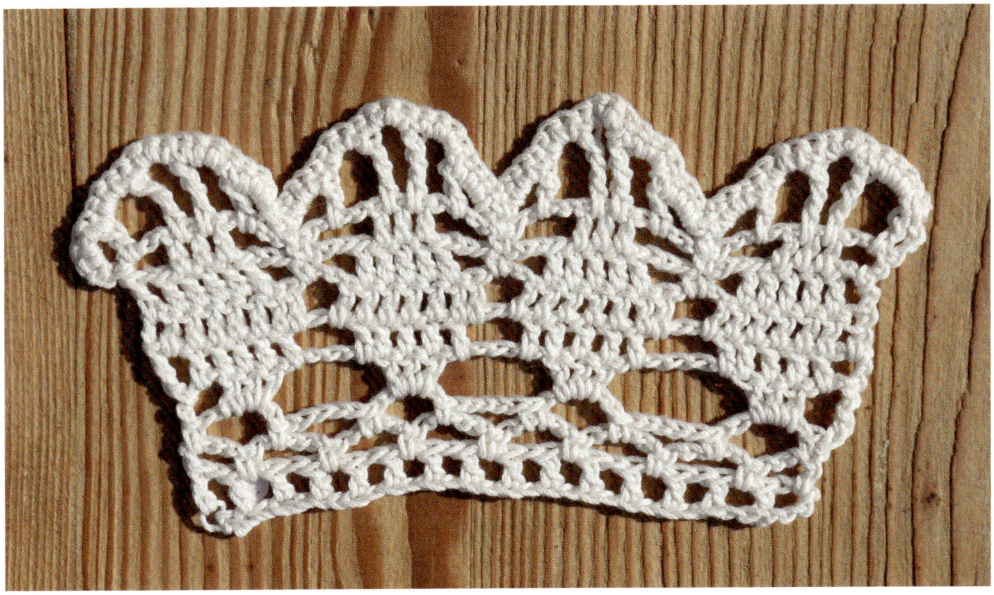

Hier wäre eine neue Variante, das Muster wieder entlang der ersten Luftmaschenreihe zu spiegeln, d.h. das Muster nochmal in die andere Richtung zu häkeln. Dadurch verbreitern Sie das Muster und geben ihm gleichzeitig eine komplett neue Optik.

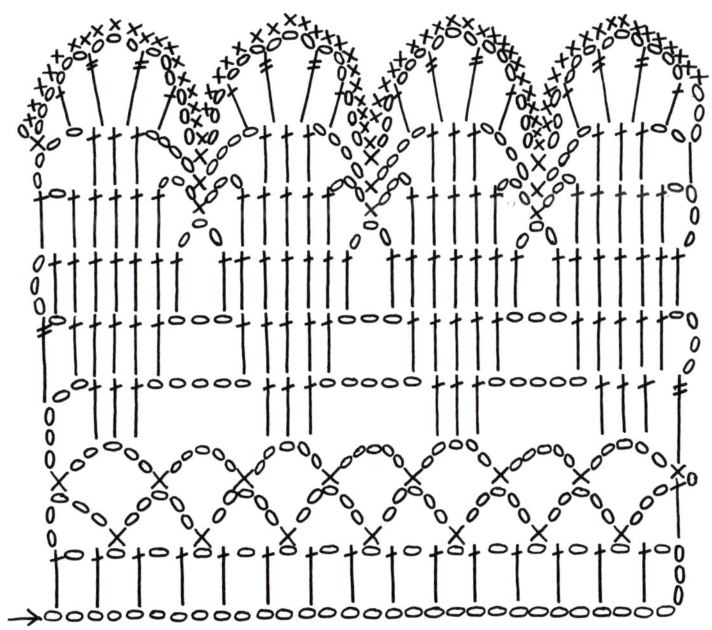

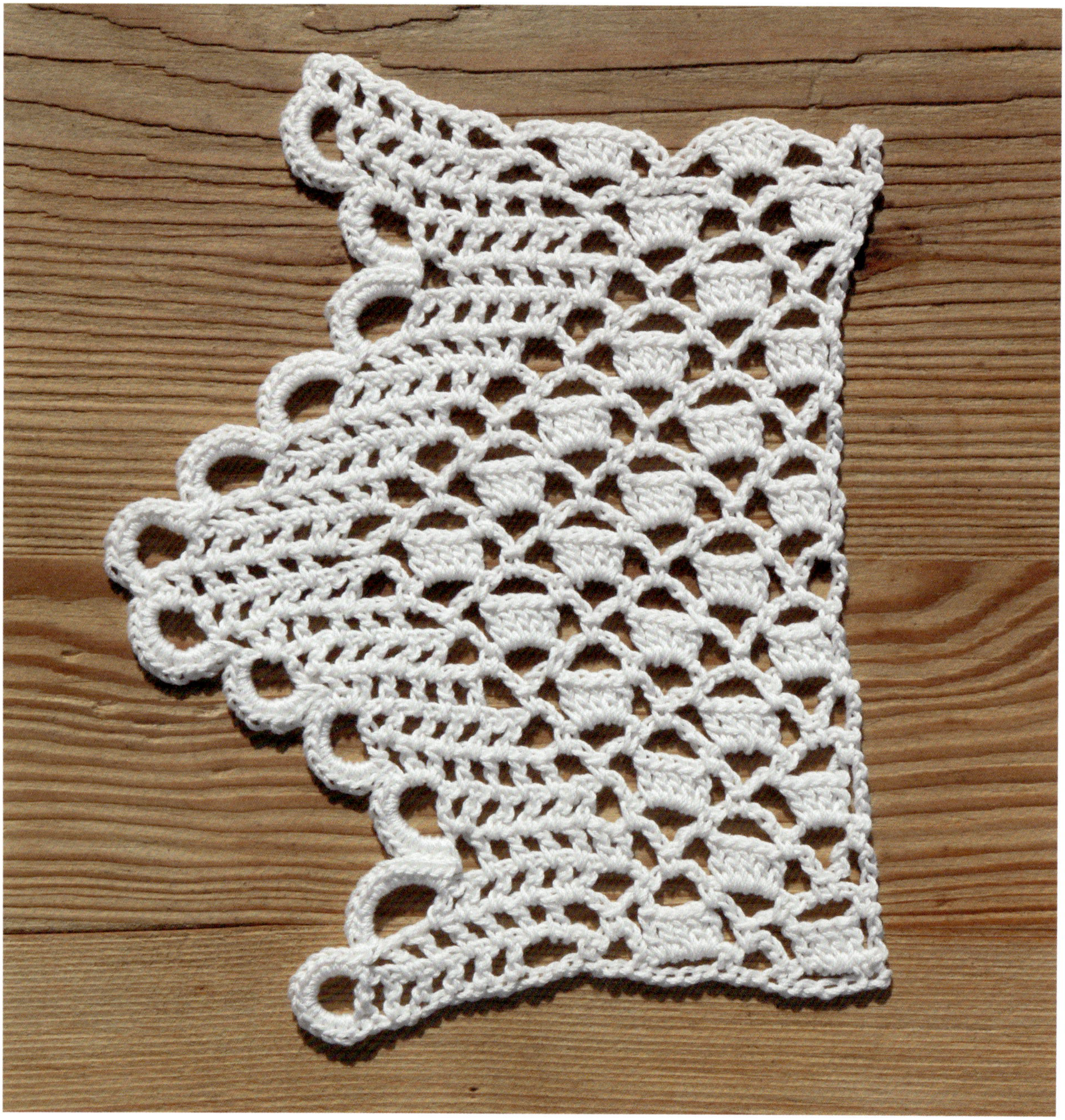

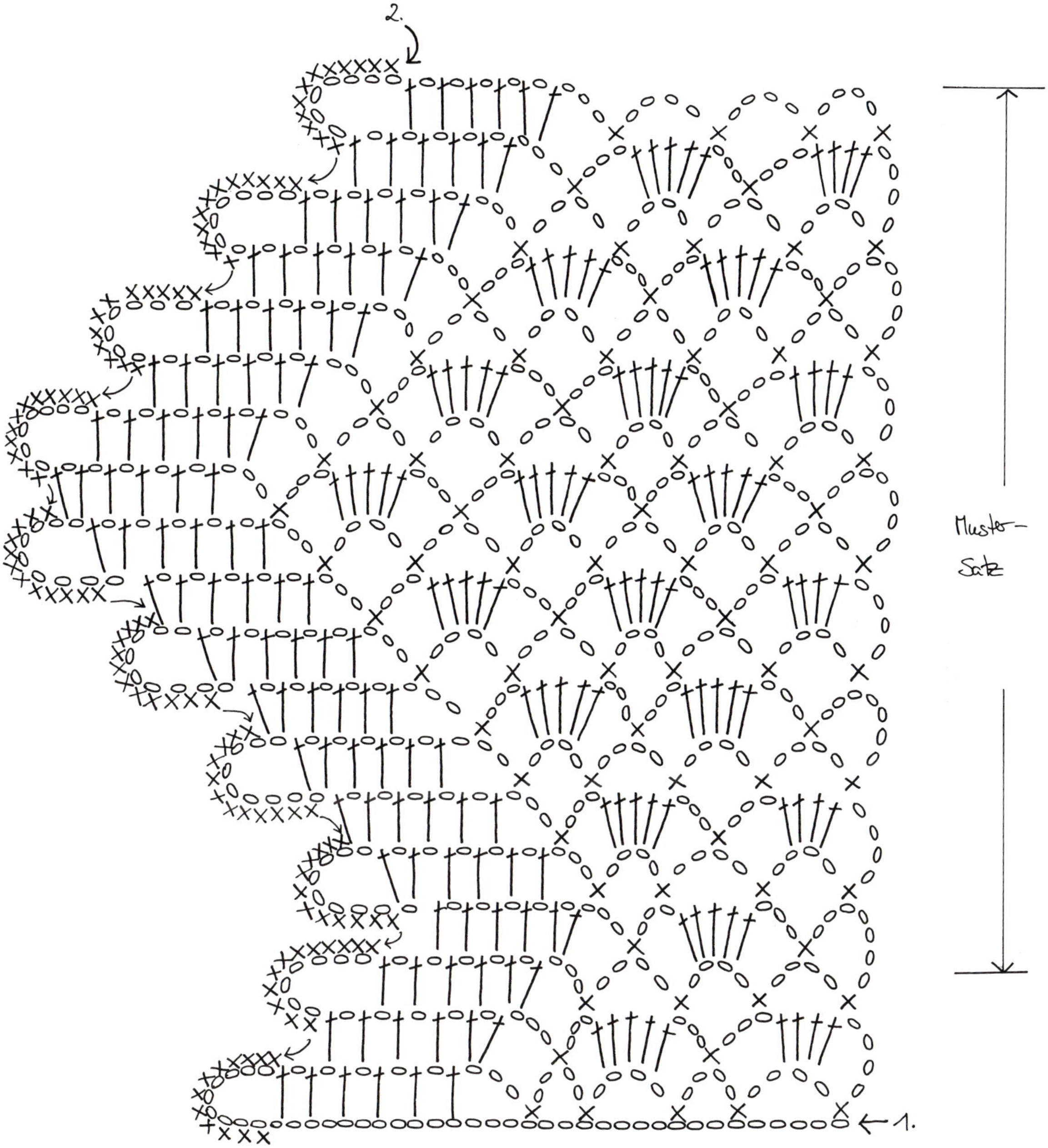
2.
Muster-
Satz
1.

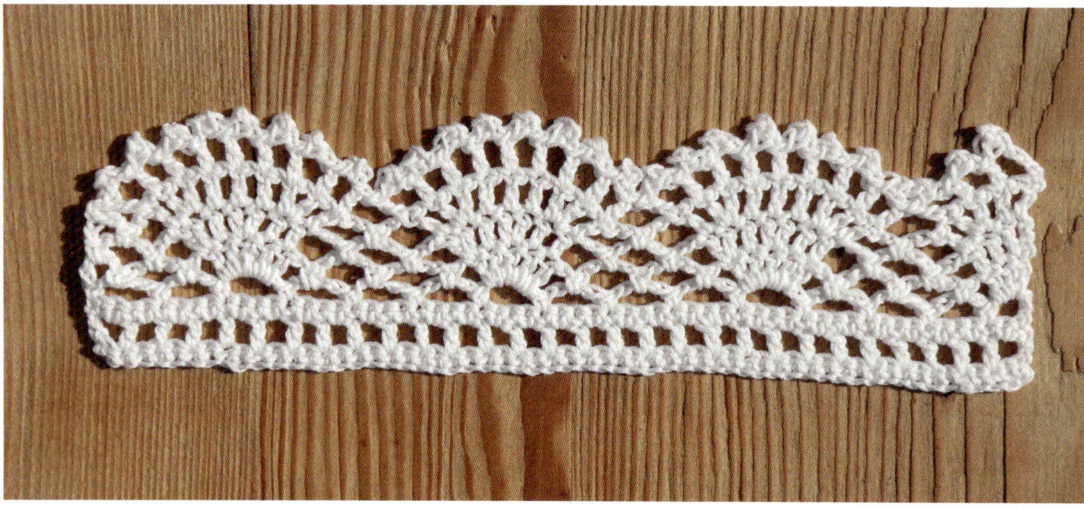

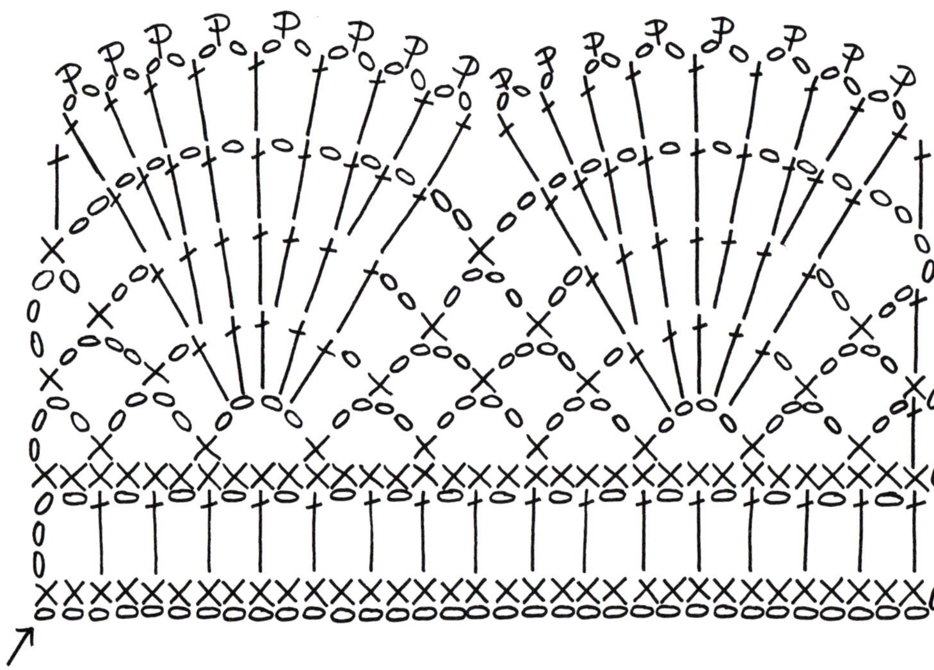

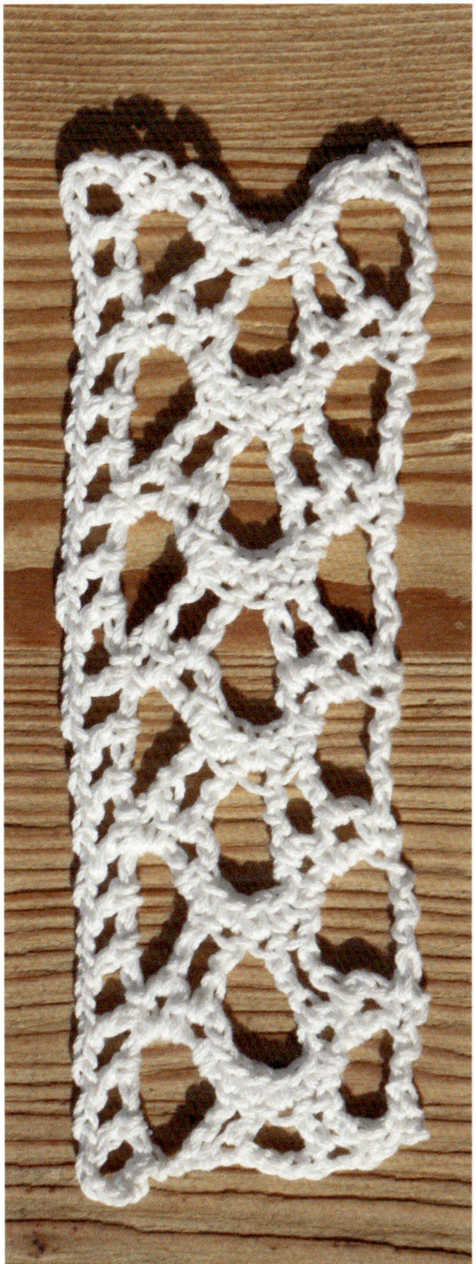

Eine hübsche, einfache Borte – gut als Abschluss an Tüchern einsetzbar.
Eine andere Idee: häkeln Sie einfach mehrere Streifen mit einer flauschigen Wolle und nicht zu dünnen Nadeln, um sie dann zu einem Schal zusammenzunähen.

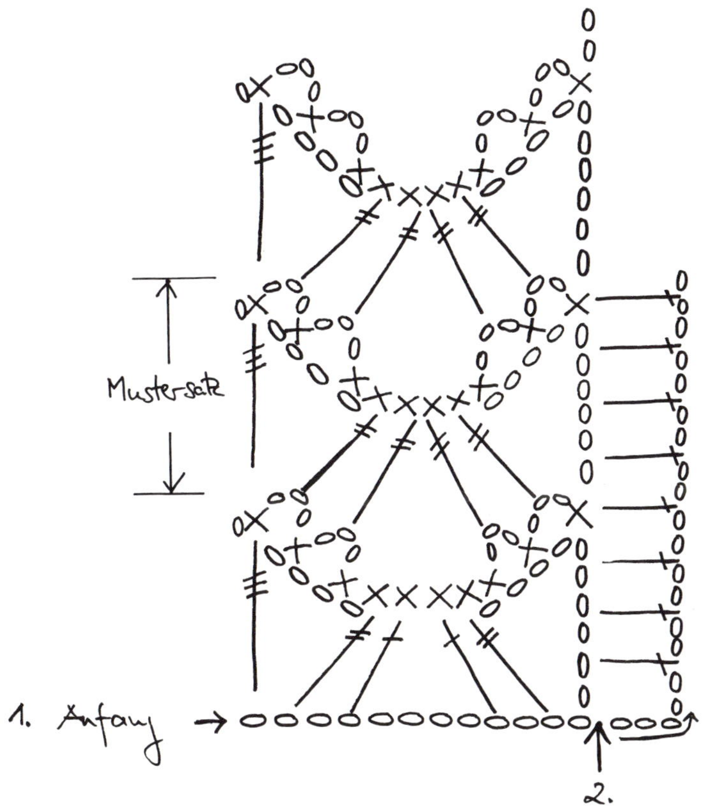

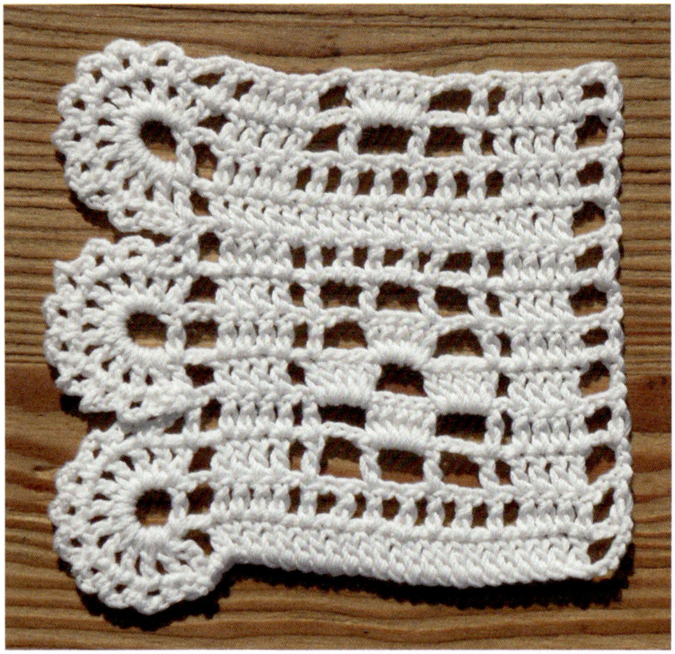

Beide Muster sind sehr einfach zu häkeln und kommen wunderschön als schmückender Abschluss an einem alten Bauernleinentuch zur Geltung.

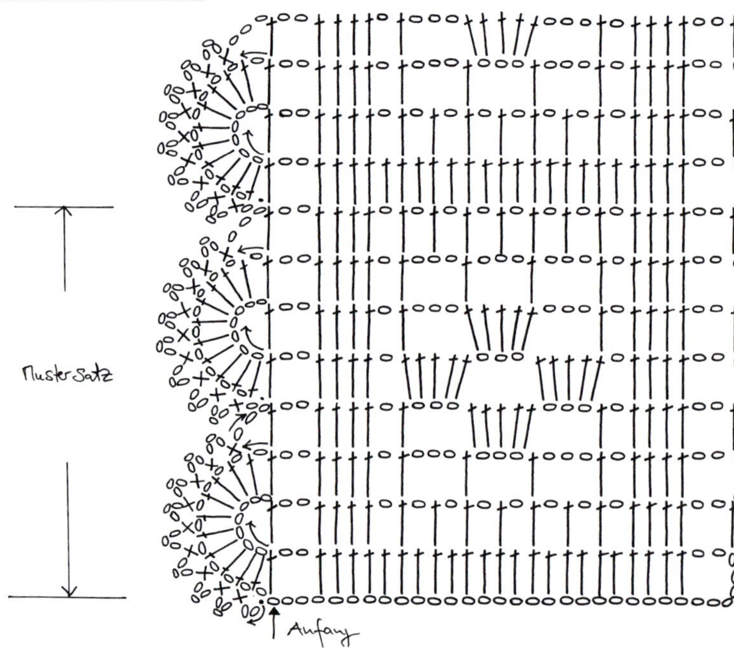

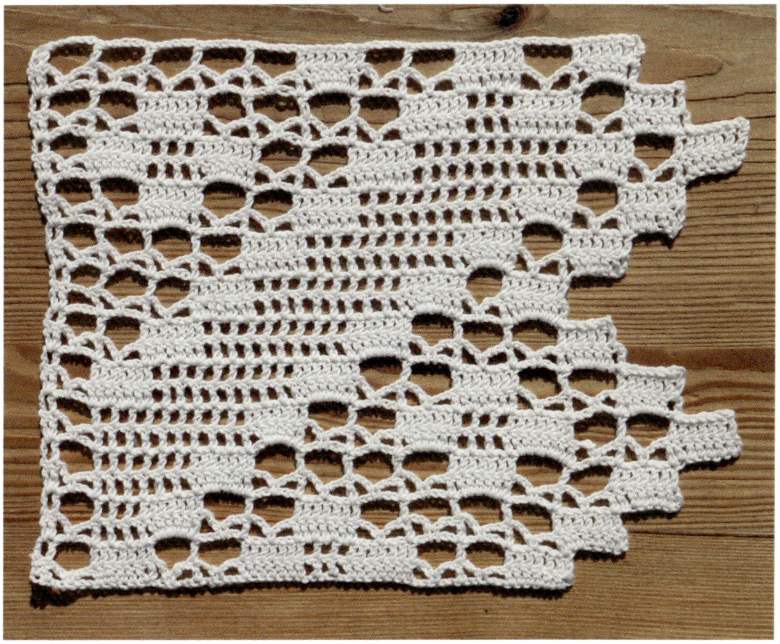

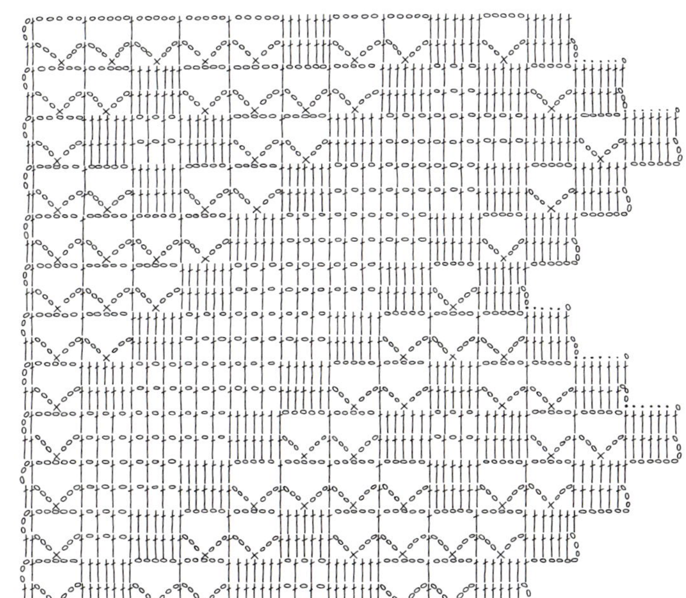

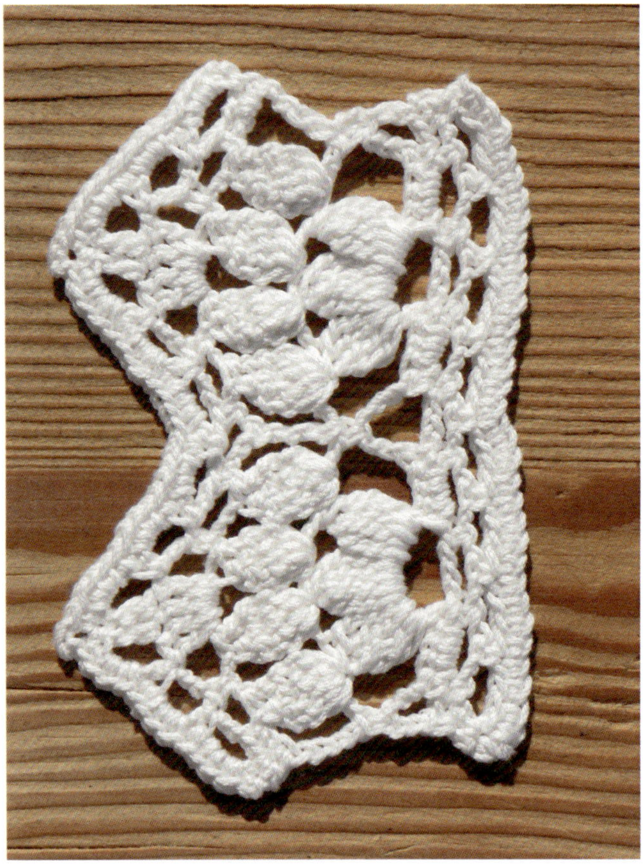

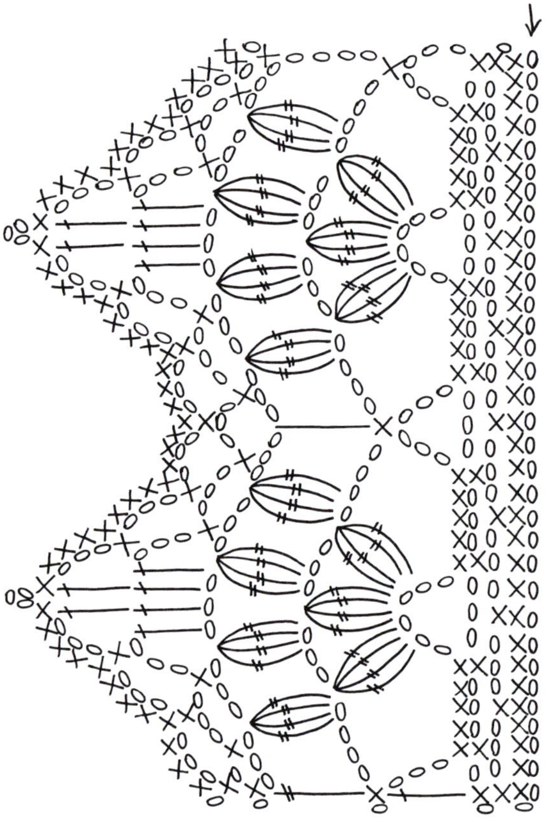

Sie können mit verschiedenen Nadelstärken und Wollen oder Garnen spielen. Aus dem Muster dieser Seite kann man z.B. mit fingerdickem Baumwollgarn und Nadel Nr. 15 einen Lampenschirm häkeln. Er wird in Runden gearbeitet, immer wieder an den Untergrund (ein günstiger Kunststoffschirm) angepasst und in den letzten Reihen werden ein paar Maschen abgenommen. Fertig!

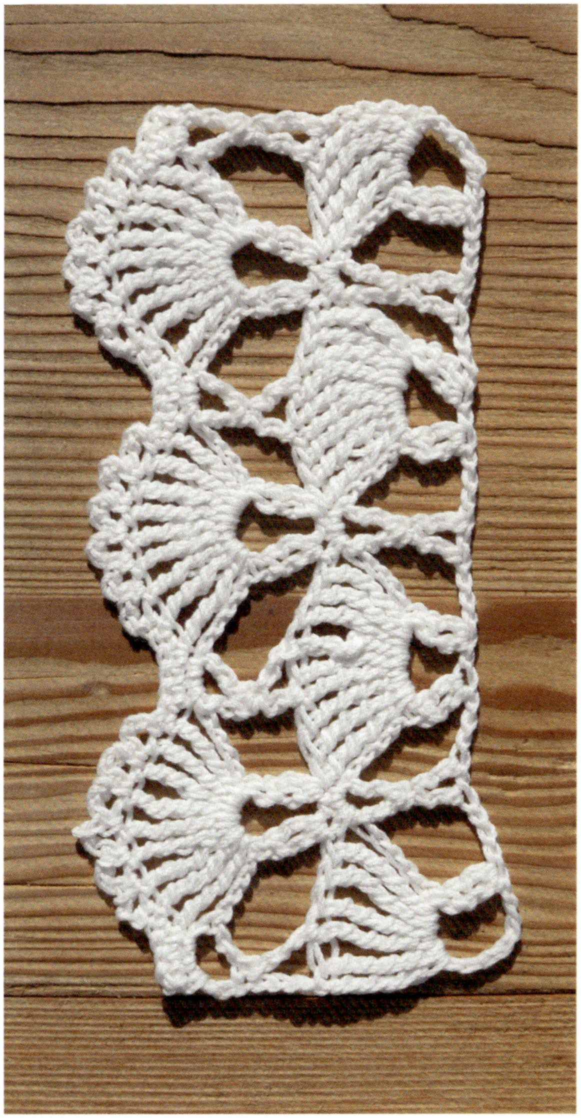

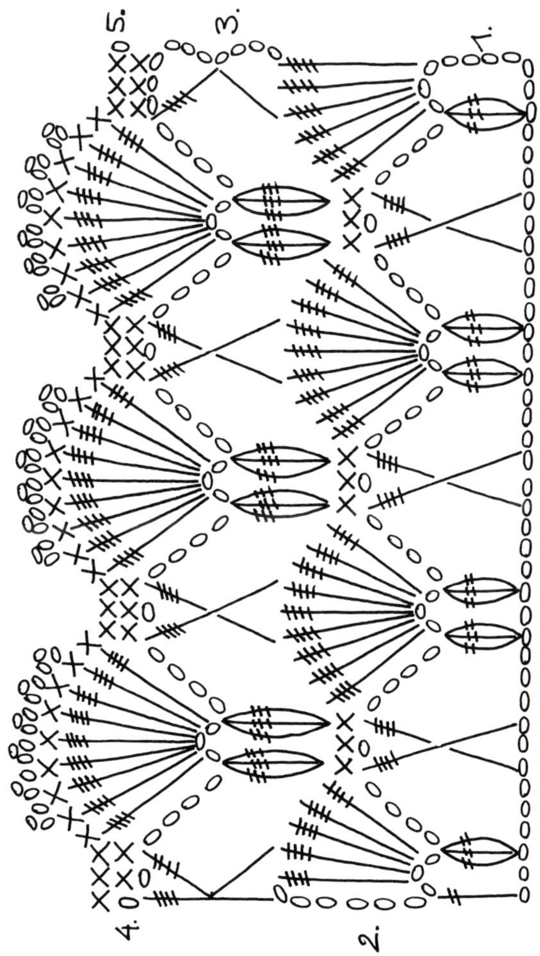
5.
3.
1.
4.
2.

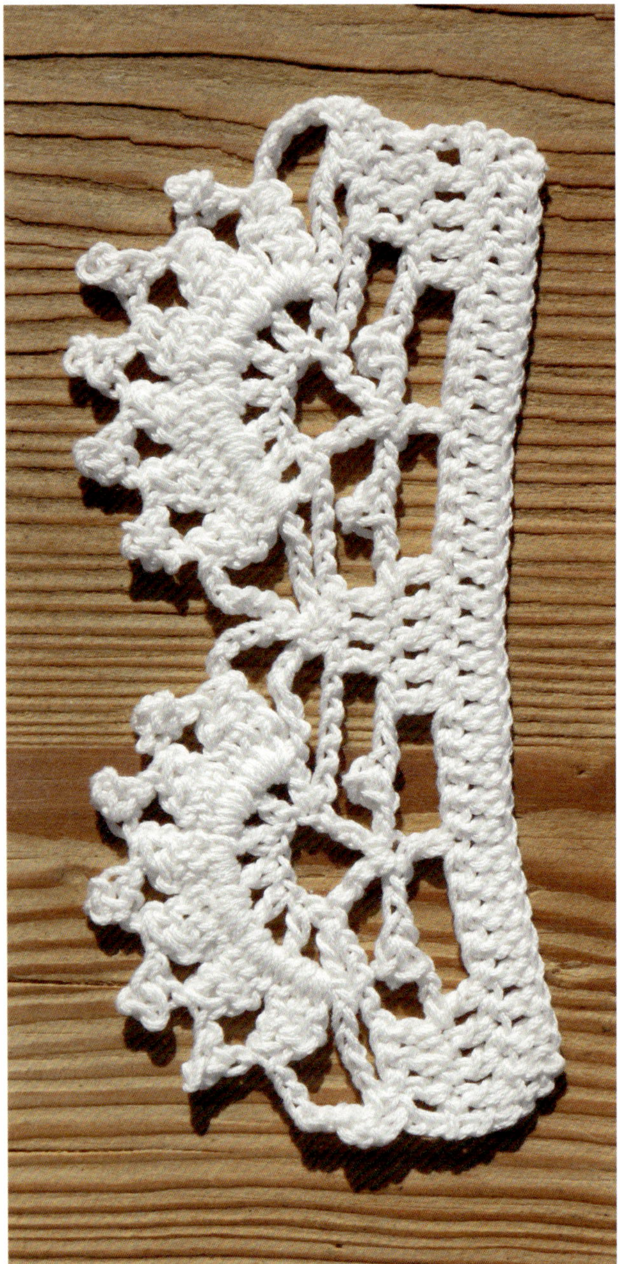

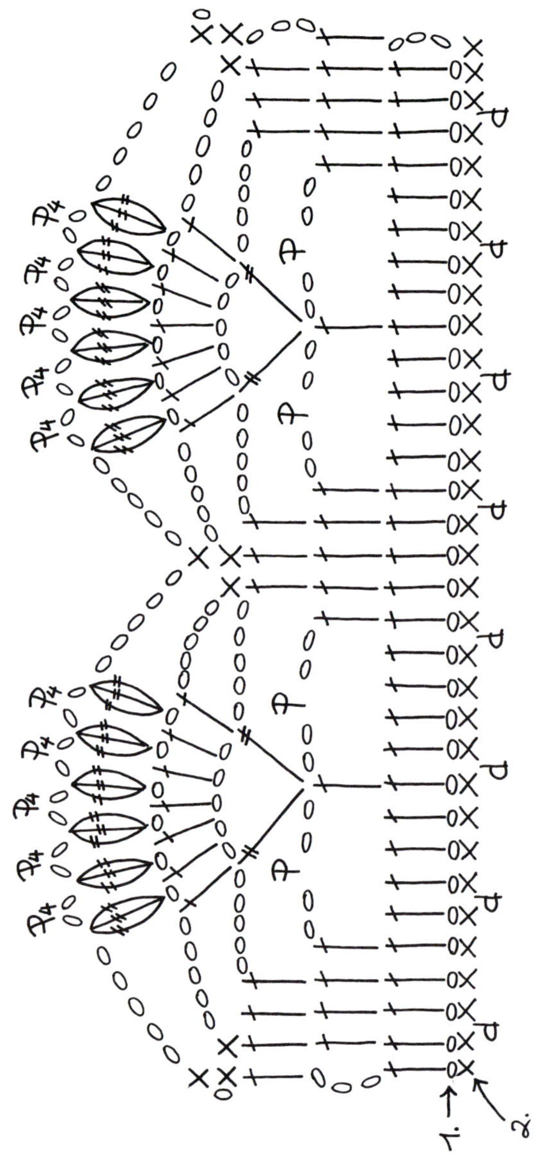

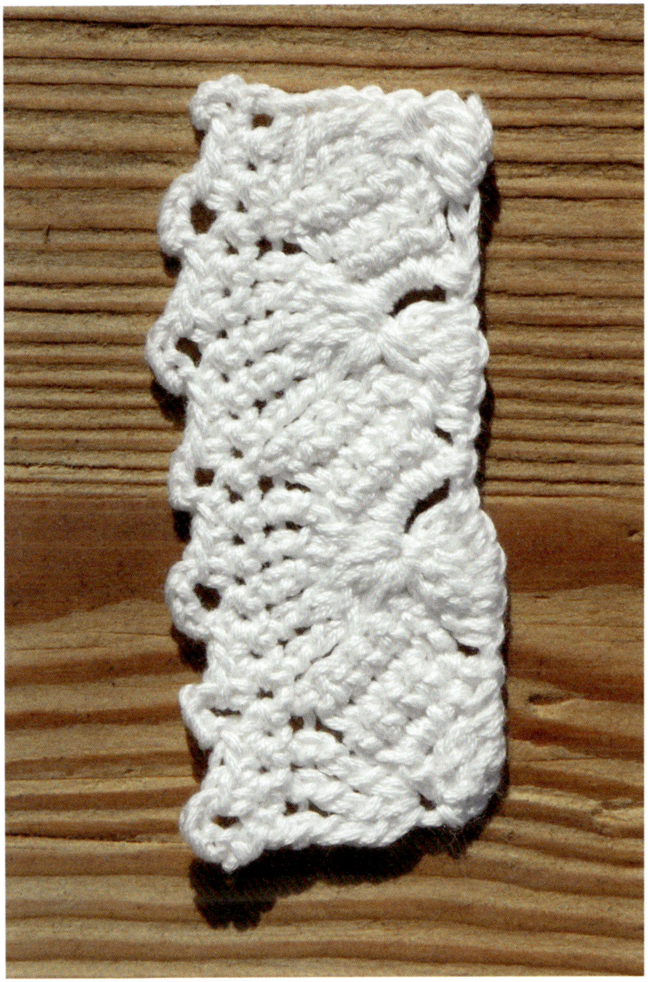

Dies ist eine sehr einfache Variante, eine Borte als Flächenmuster zu arbeiten. Lassen Sie nur die letzte Reihe mit den Pikots weg und wiederholen den Rest.

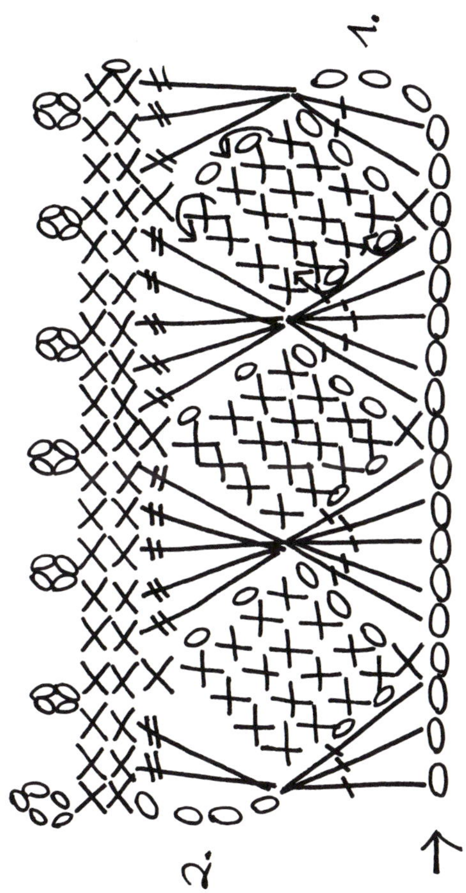

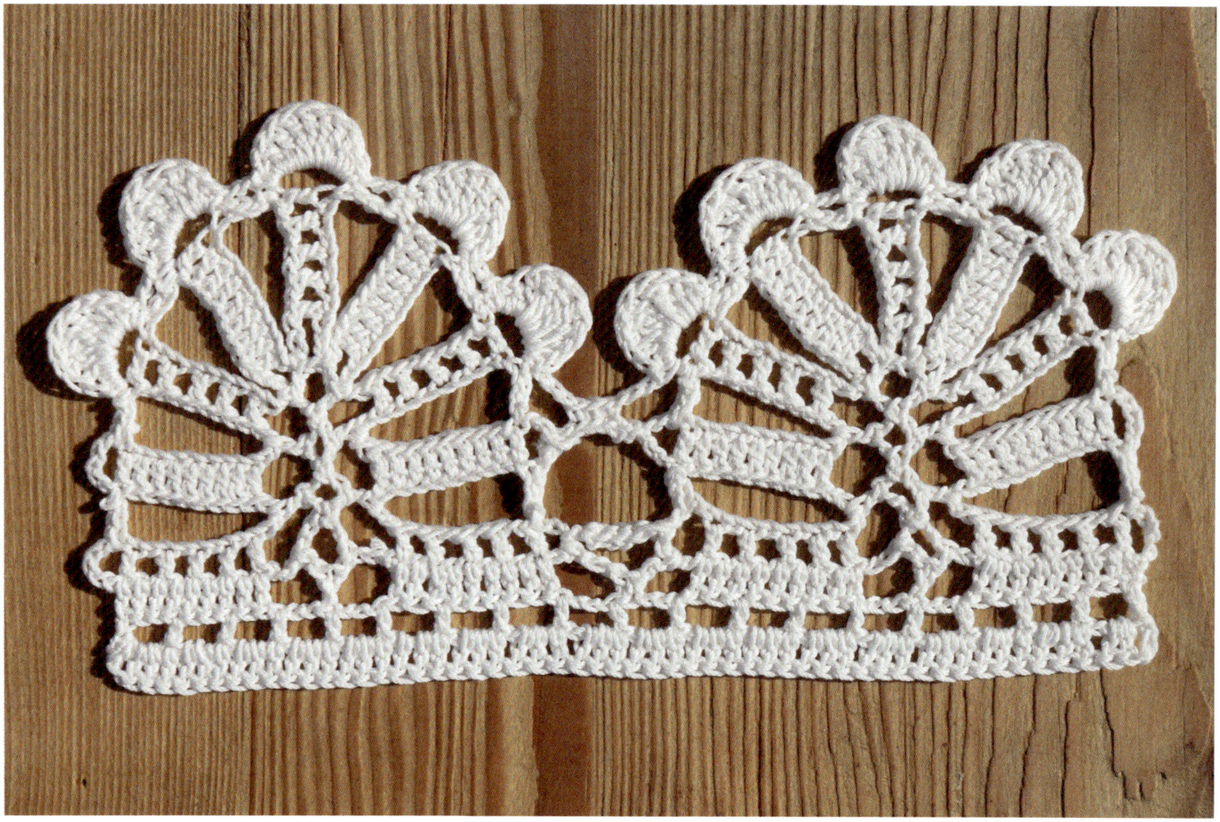

Wäre gespiegelt ein traumhaftes Muster für einen effektvollen Schal ...

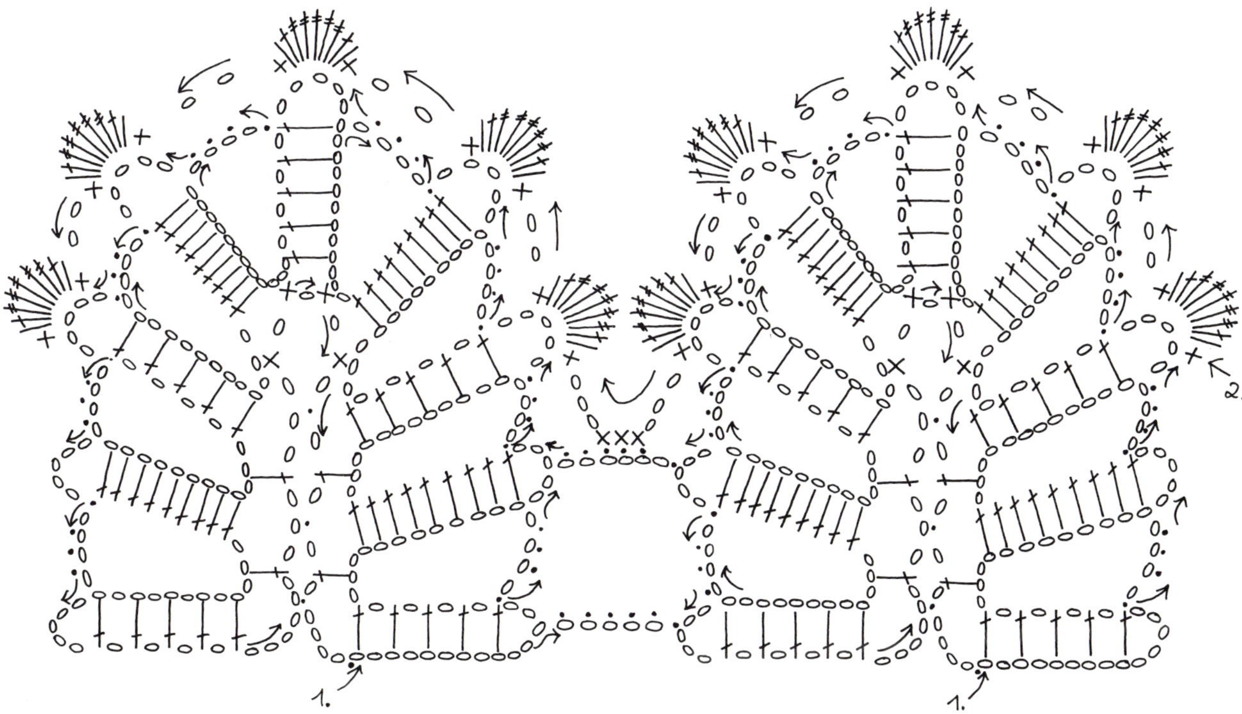

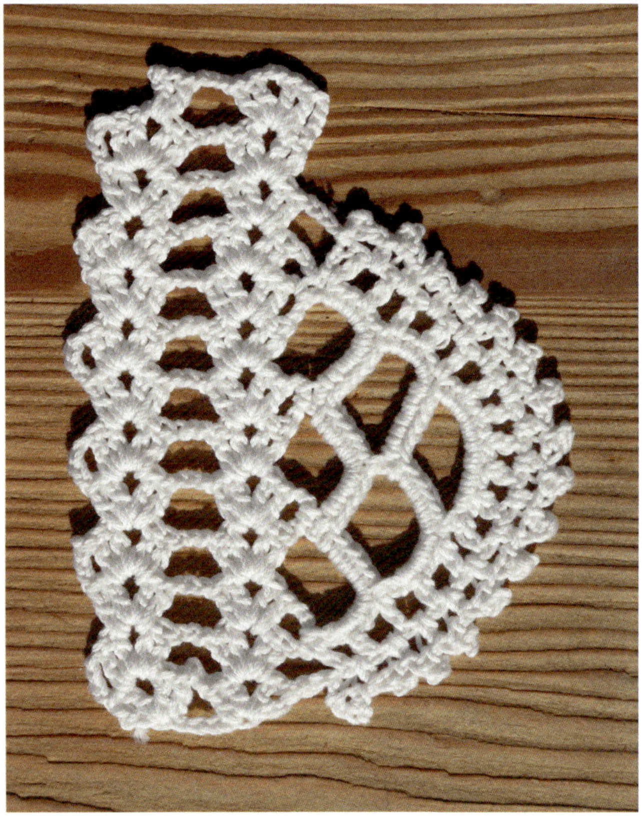

Dieses Muster wäre auch sehr schön als Mittelborte – dabei die Bogenkante auf der anderen Seite wiederholen – in oder auf ein großes Kissen aus z.B. kariertem Wollstoff. Als Randborte sieht sie natürlich auch super aus.

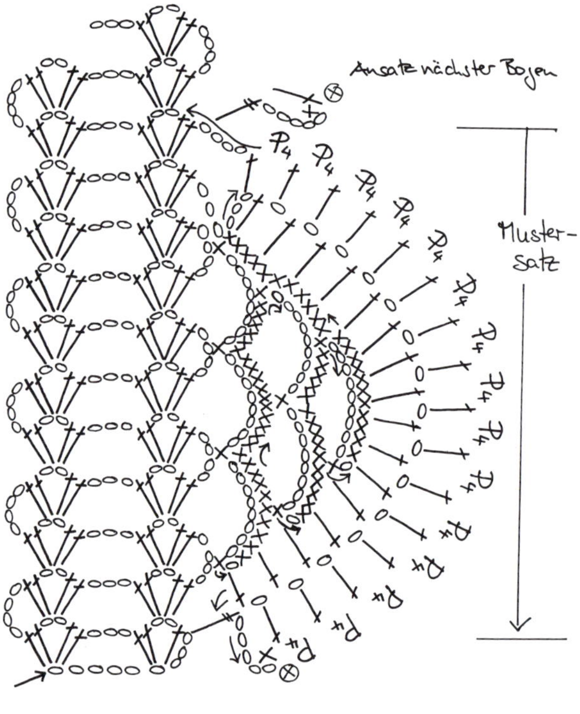

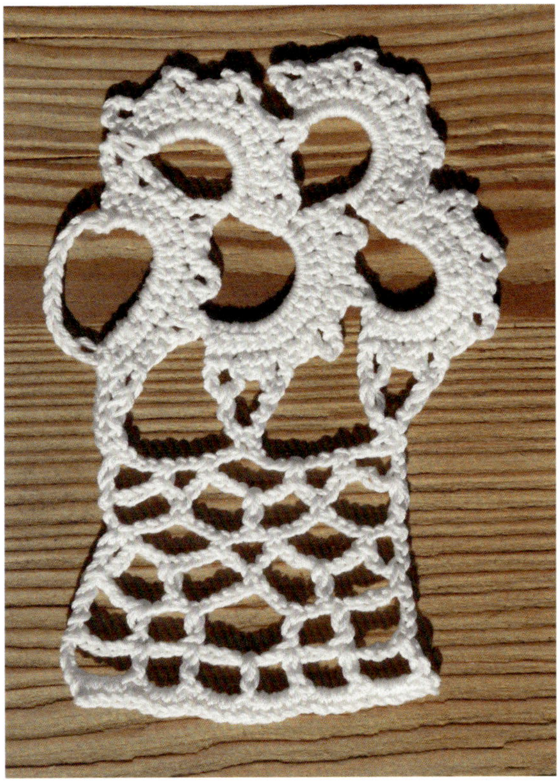

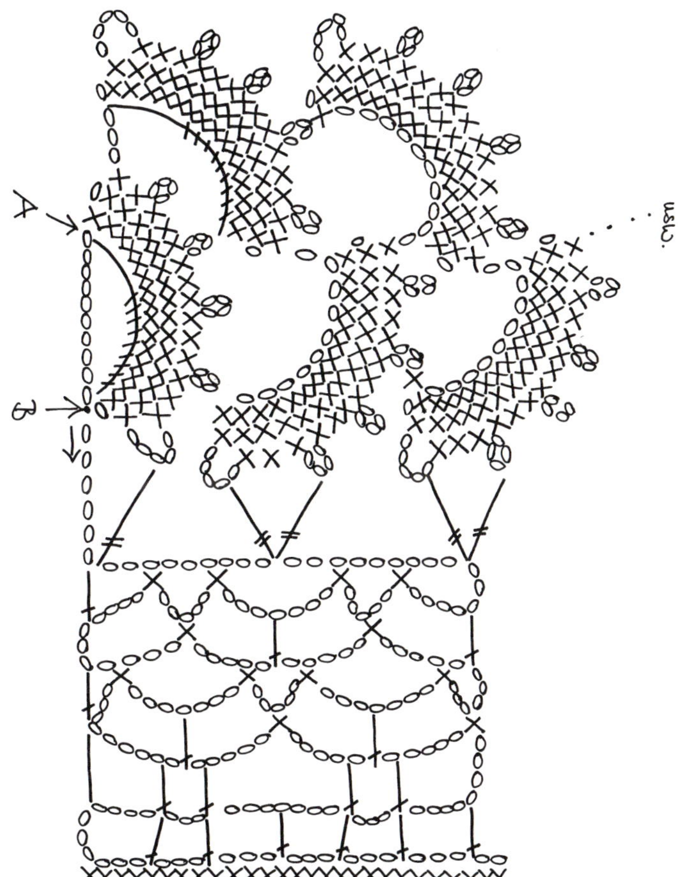
A
B
usw.

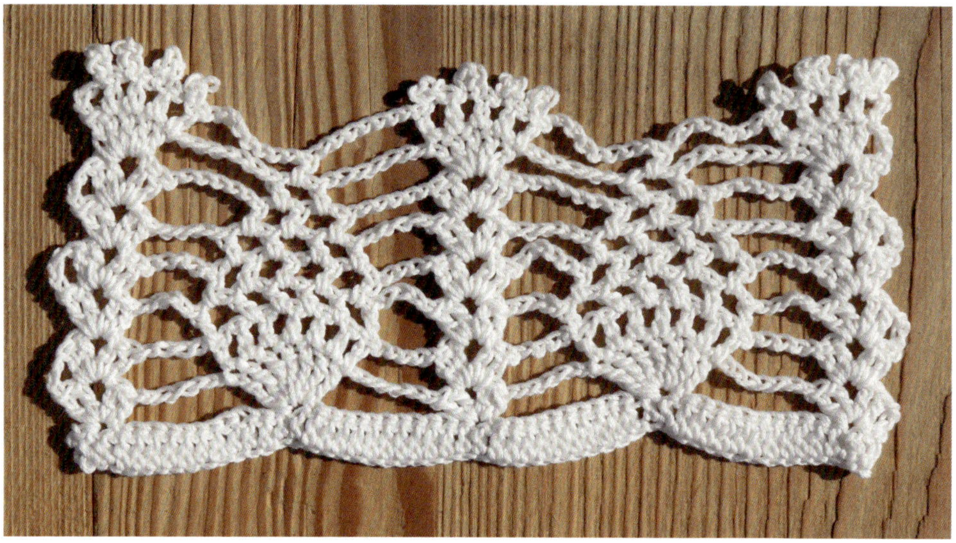

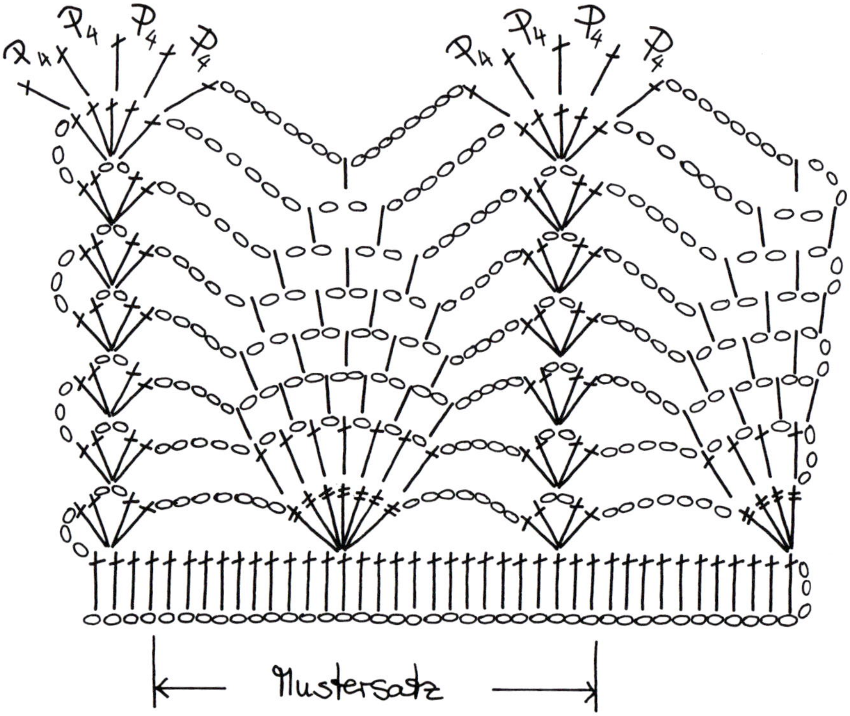
P4
P4
P4
P4
P4
P4
P4
P4
Mustersatz

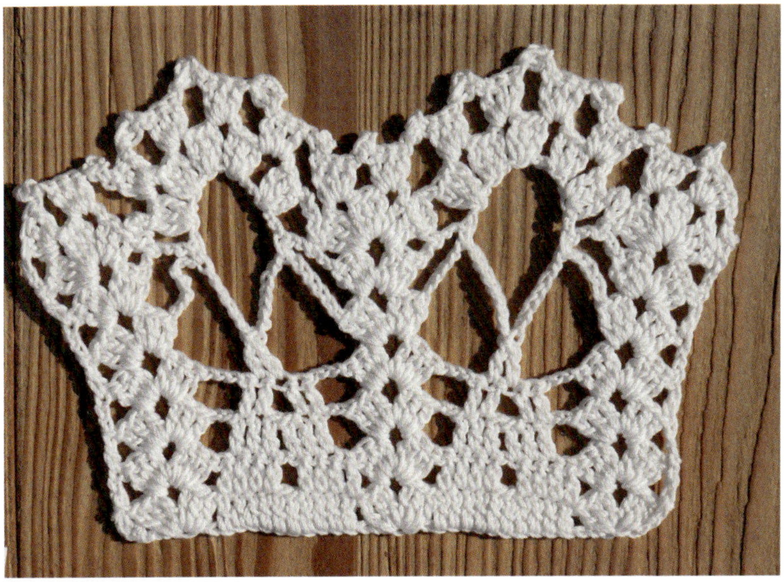

| = ½ Stb.
• = Kettma

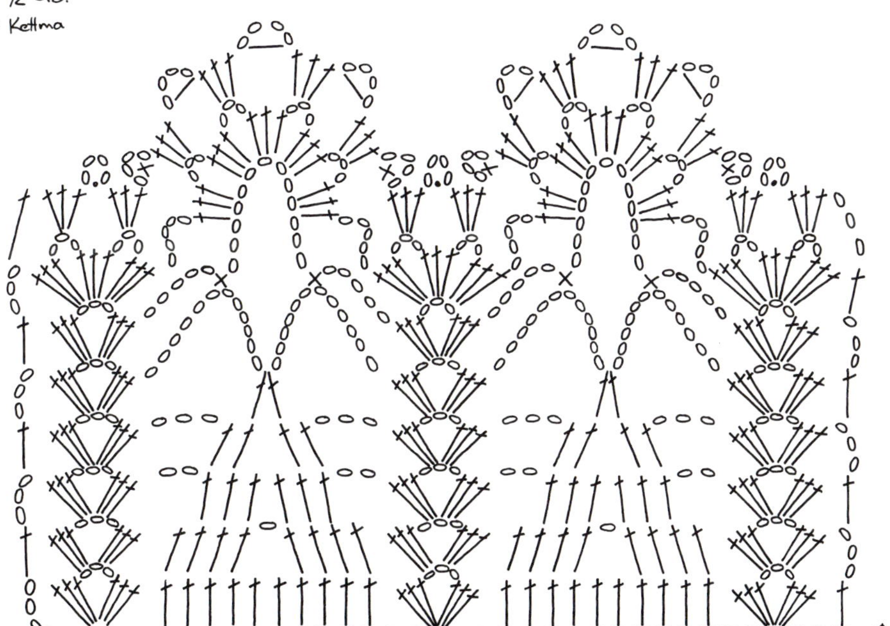

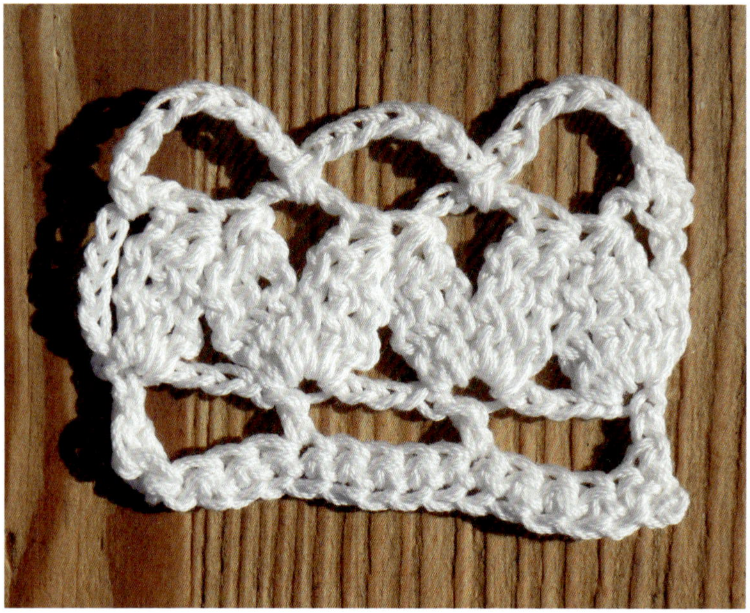

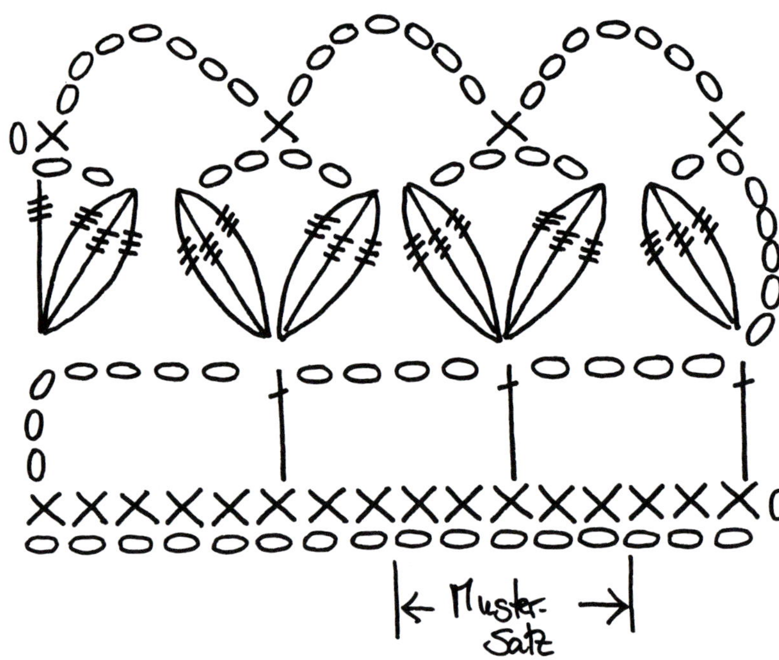
Muster-
Satz

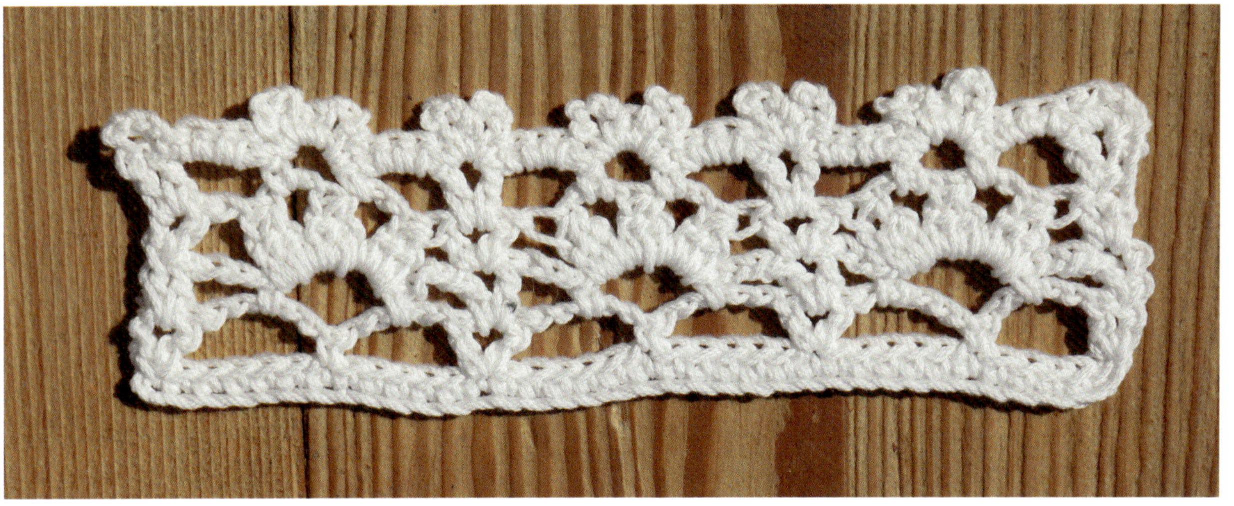

Dieses wunderschöne Muster lässt sich als schmale Bordüre über 5 Reihen arbeiten oder als Flächenmuster durch fortlaufendes Wiederholen der Reihen 1-4.

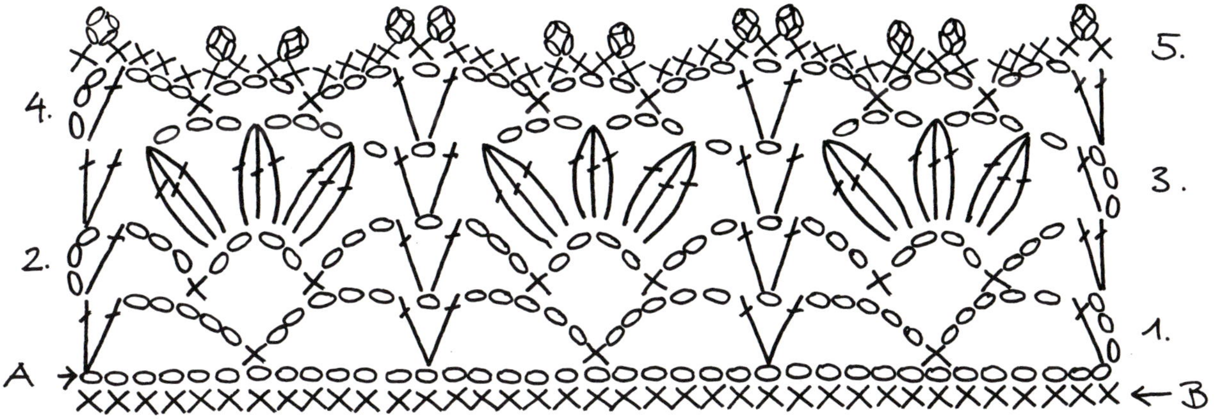

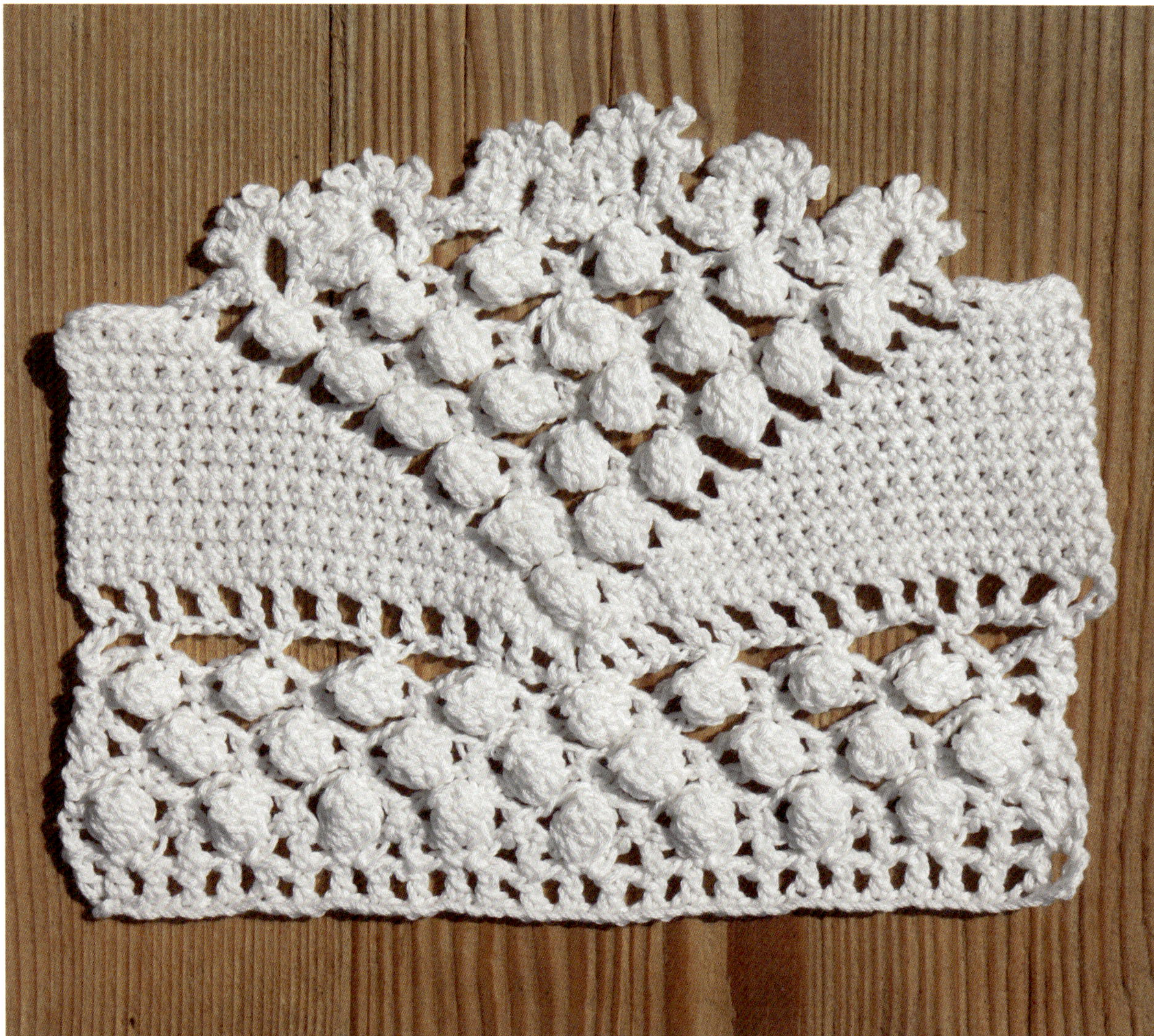

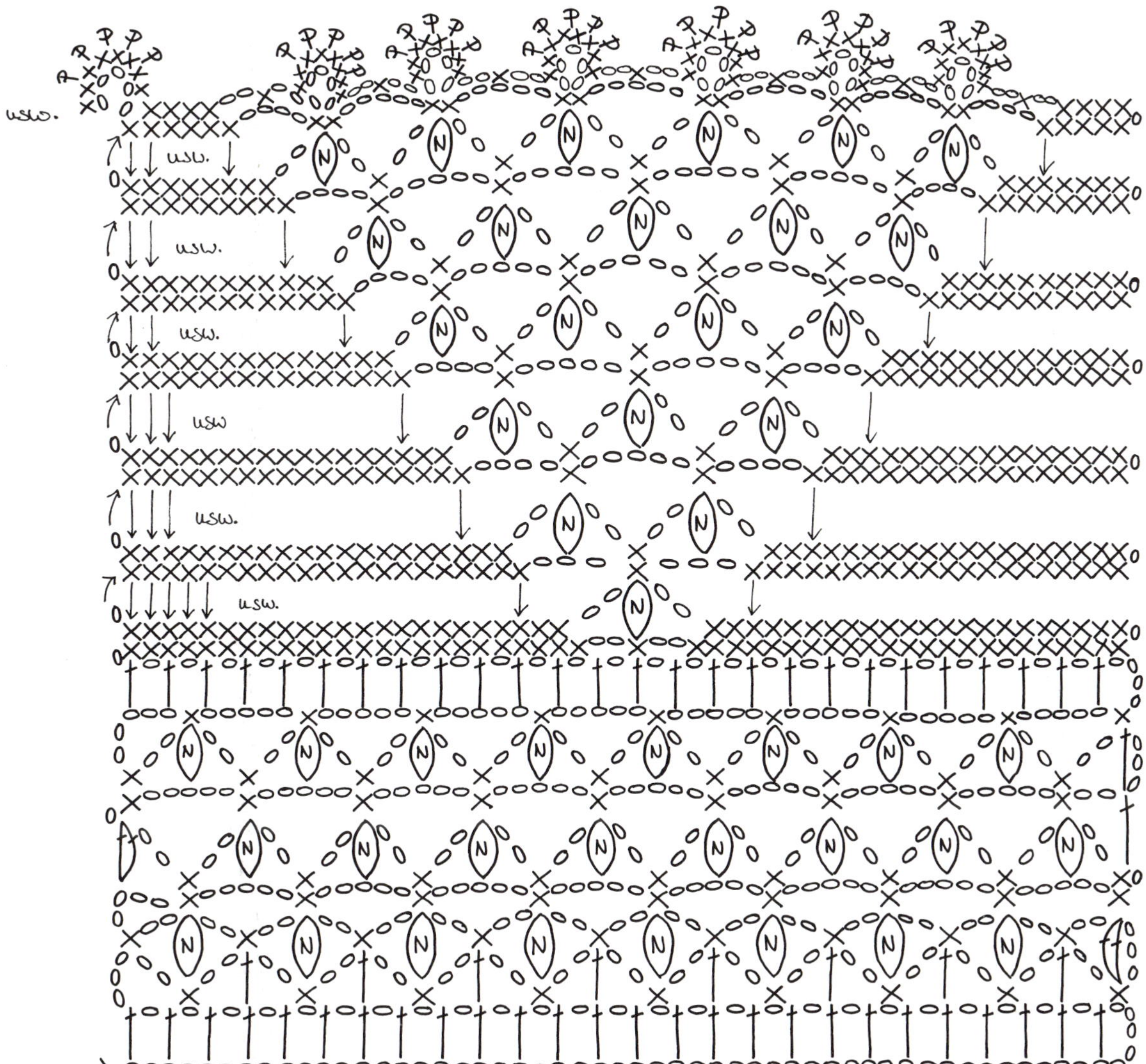

Arbeiten Sie dieses aufwendige Muster doch mal als Ärmelabschluss an einen Pullover oder an eine genähte Jacke.

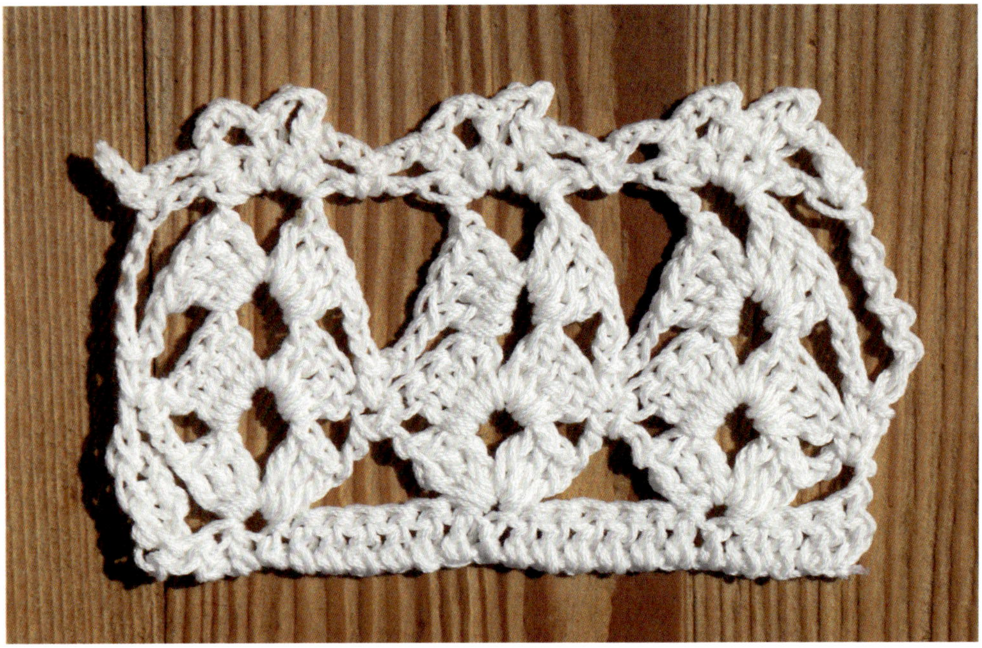

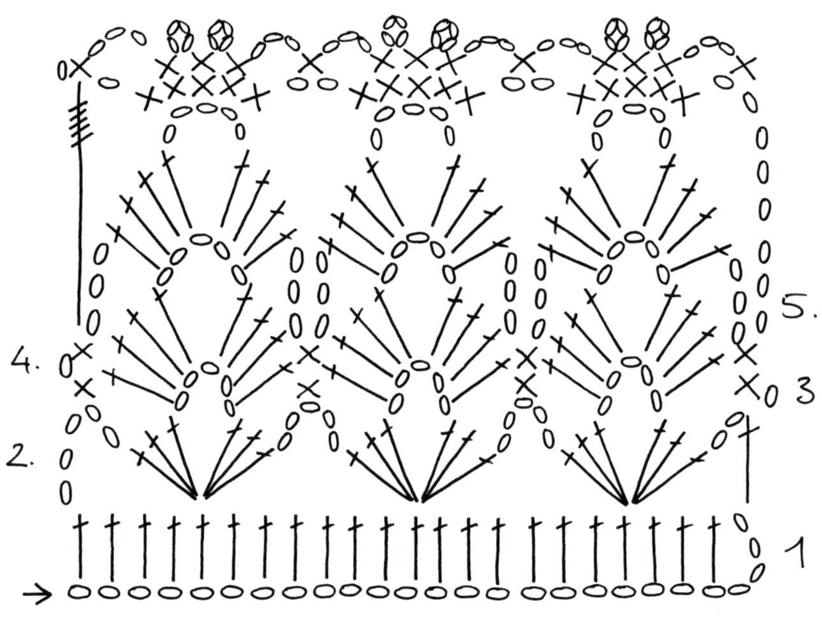
1
2.
3.
4.
5.

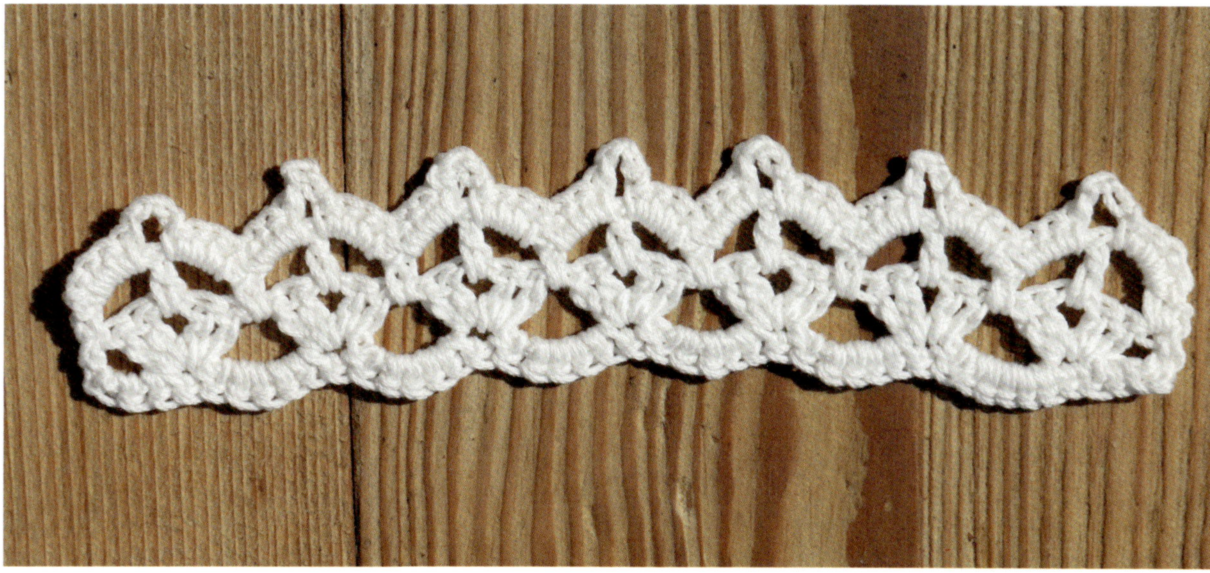

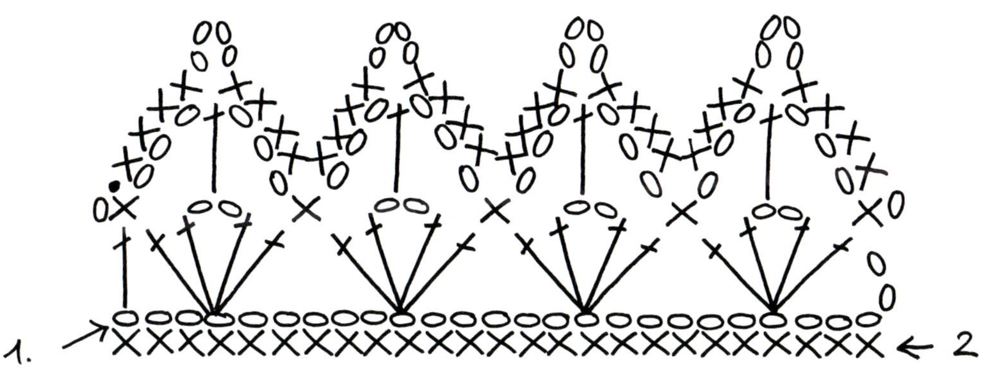

Einfache Borten wie diese lassen sich auf unterschiedliche Art und Weise erweitern: durch Spiegelung entlang der Anschlagsreihe oder Wiederholen des Mustersatzes, bis die gewünschte Höhe erreicht ist. Sie werden staunen, wie wandlungsfähig Borten sein können.

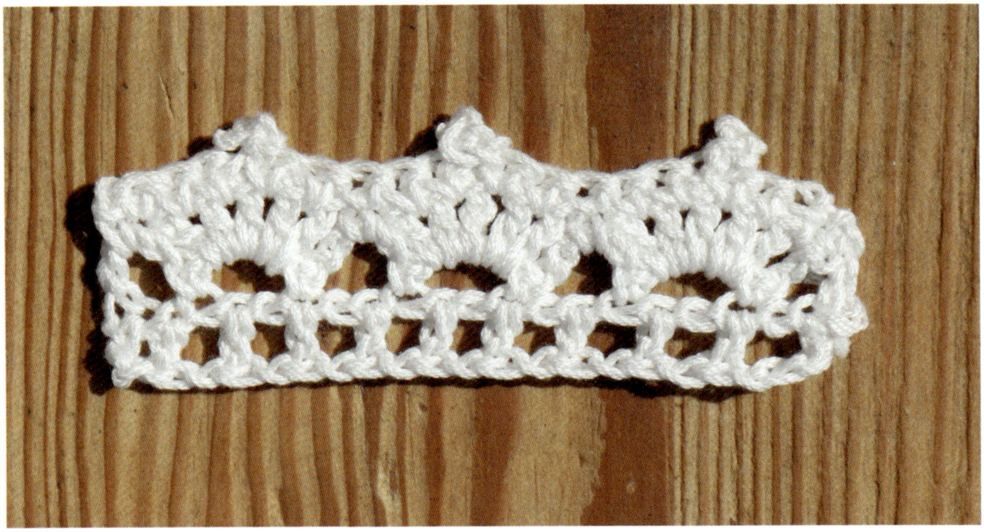

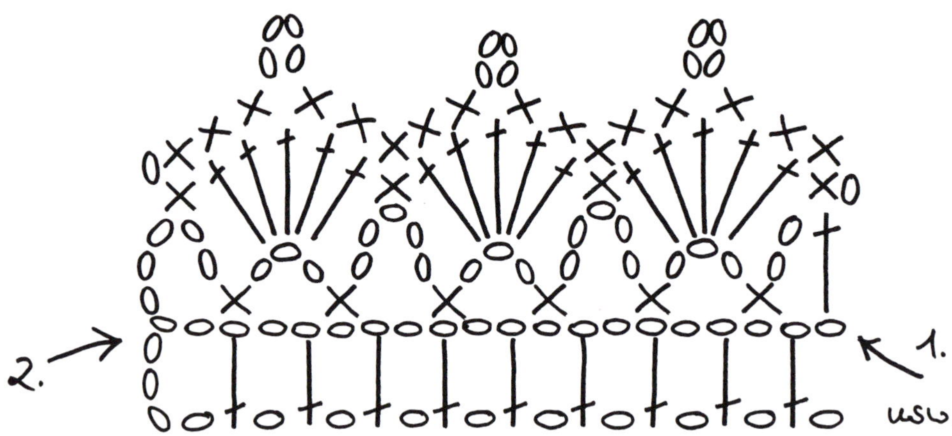
2.
1.
usw.

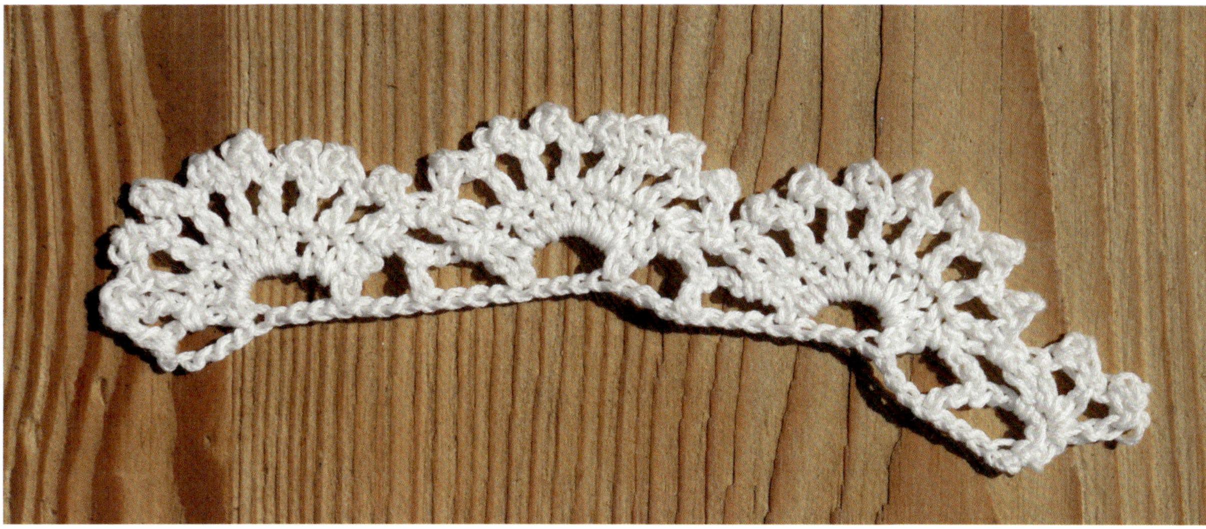

Auf dem Foto sehen Sie die Borte ohne die 4.Reihe. Die 4.R = 1.R wäre die Fortsetzung falls Sie das Muster als Flächenmuster arbeiten wollen.

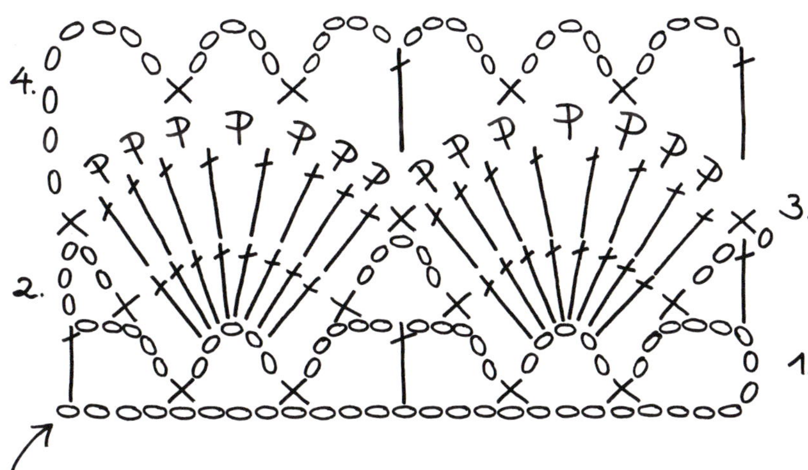

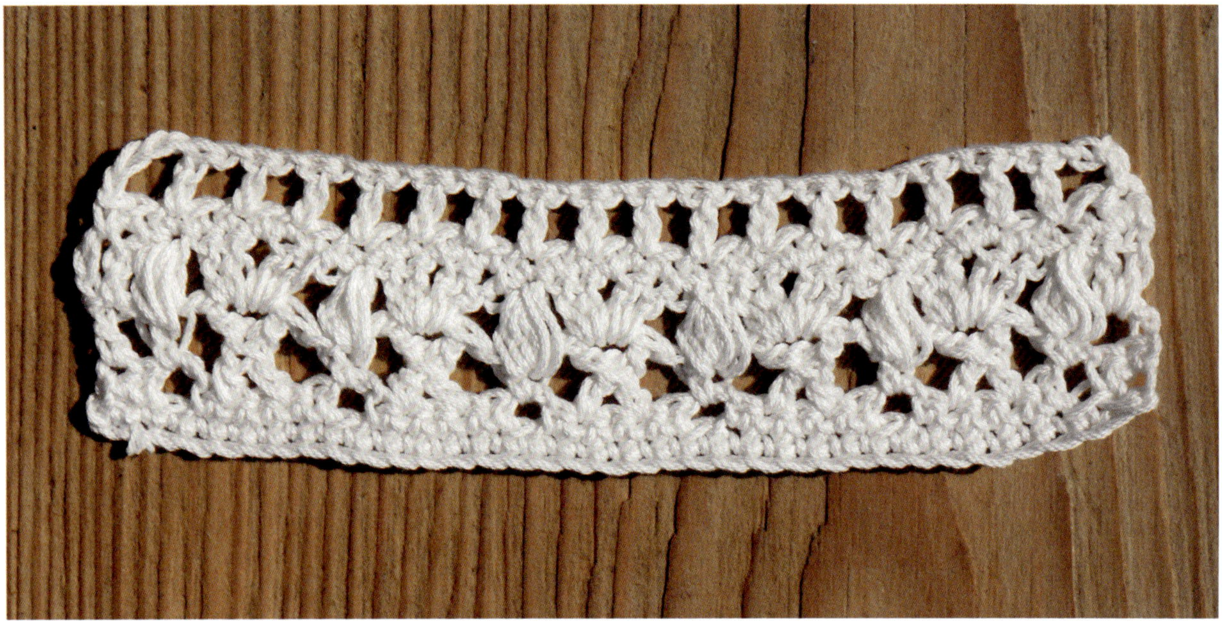

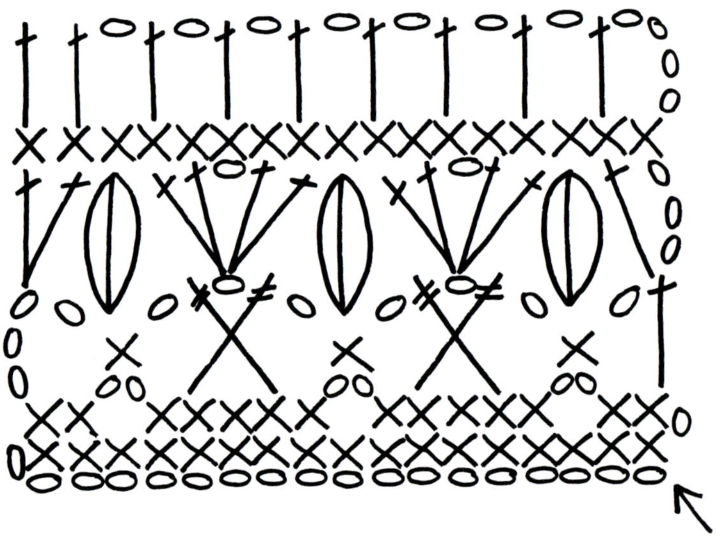

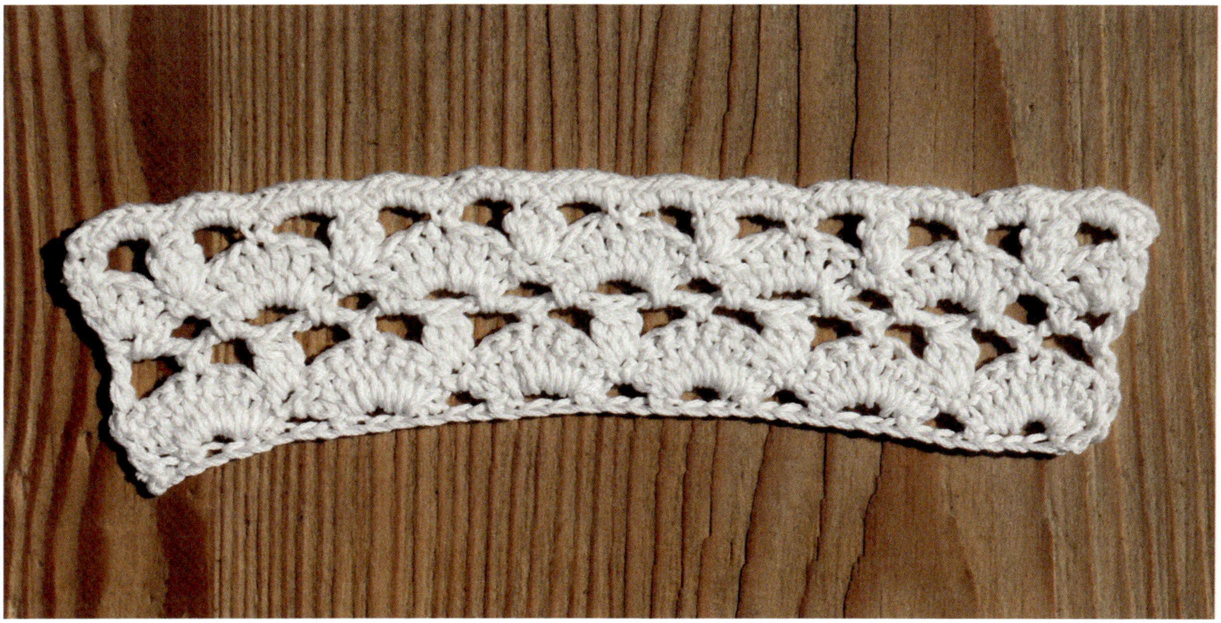

Wenn Sie Reihe 7 weglassen, können Sie die Reihen 1-6 fortlaufend als Flächenmuster arbeiten.

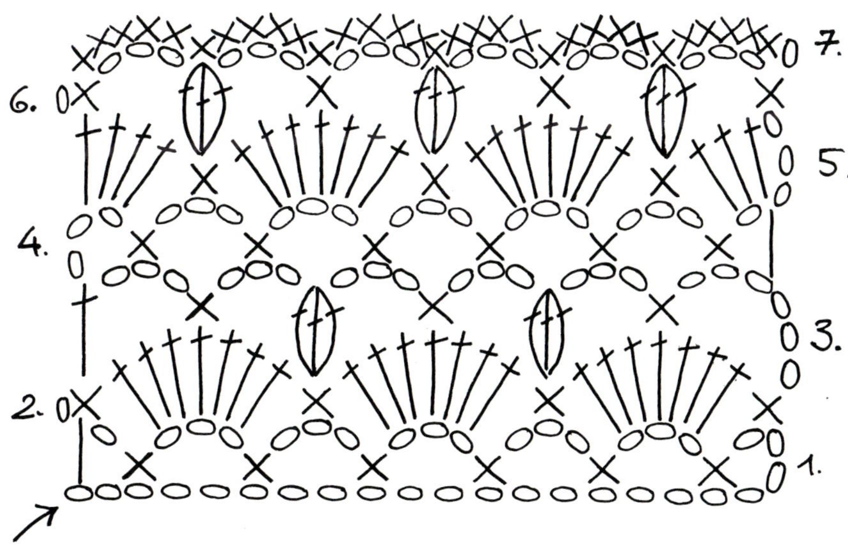

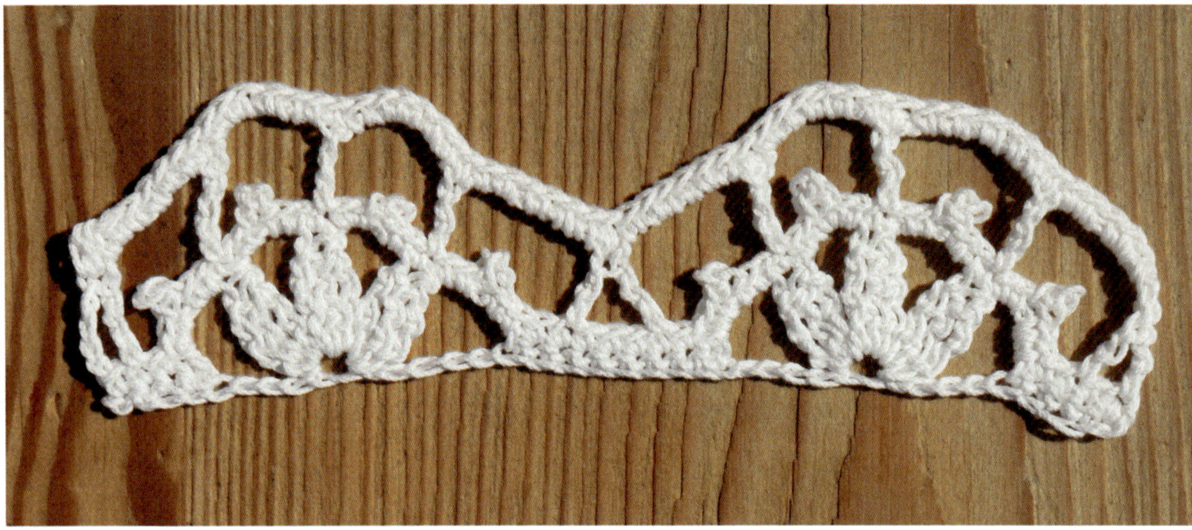

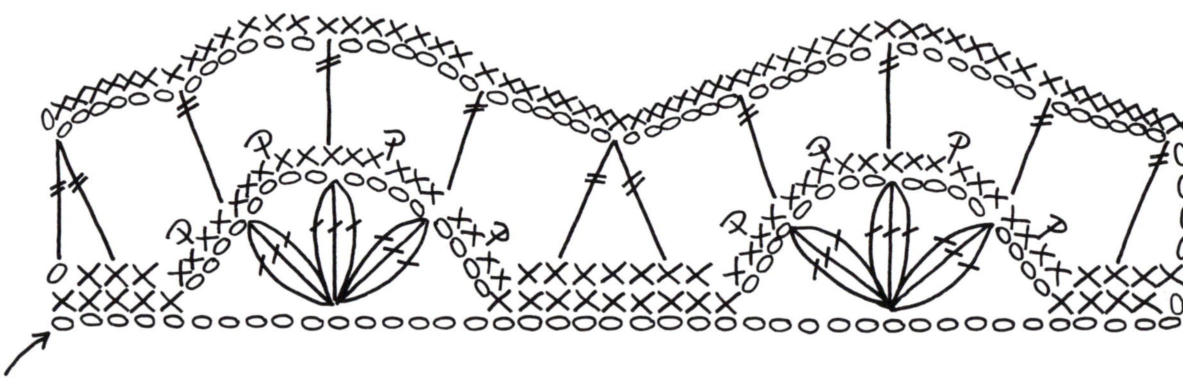

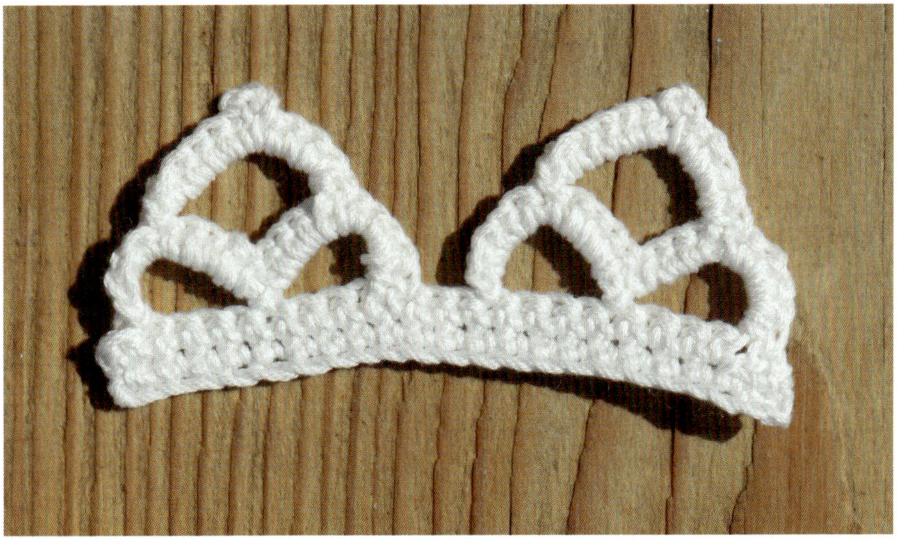

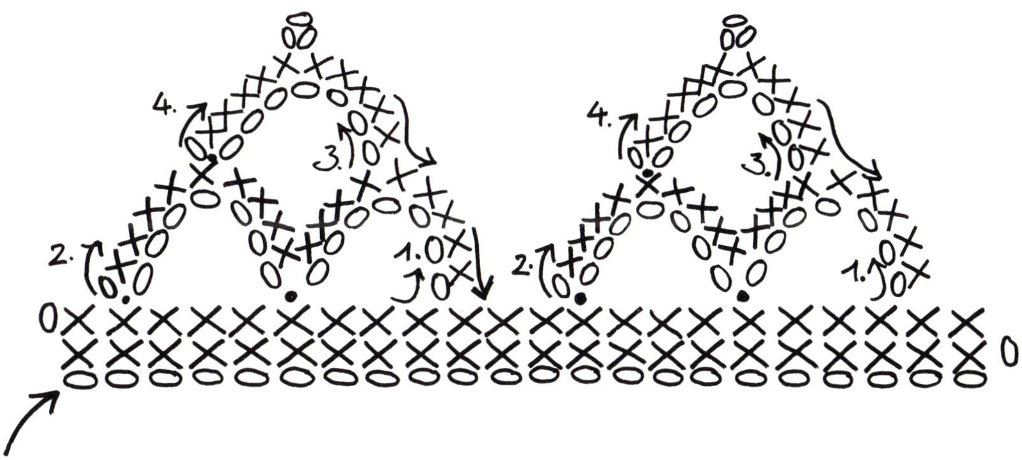

Hier häkeln Sie ganz einfach bis zu erstens, dann wenden, die Lm-Bögen häkeln, wenden bei zweitens geht es weiter bis zur Spitze des 2. LmBogens, bei drittens wenden, den oberen LmBogen inkl. der fM mit dem Pikot arbeiten und wieder runter über den 2. unteren LmBogen zur 2. Reihe des Musters, fM und wieder weiter wie oben beschrieben.

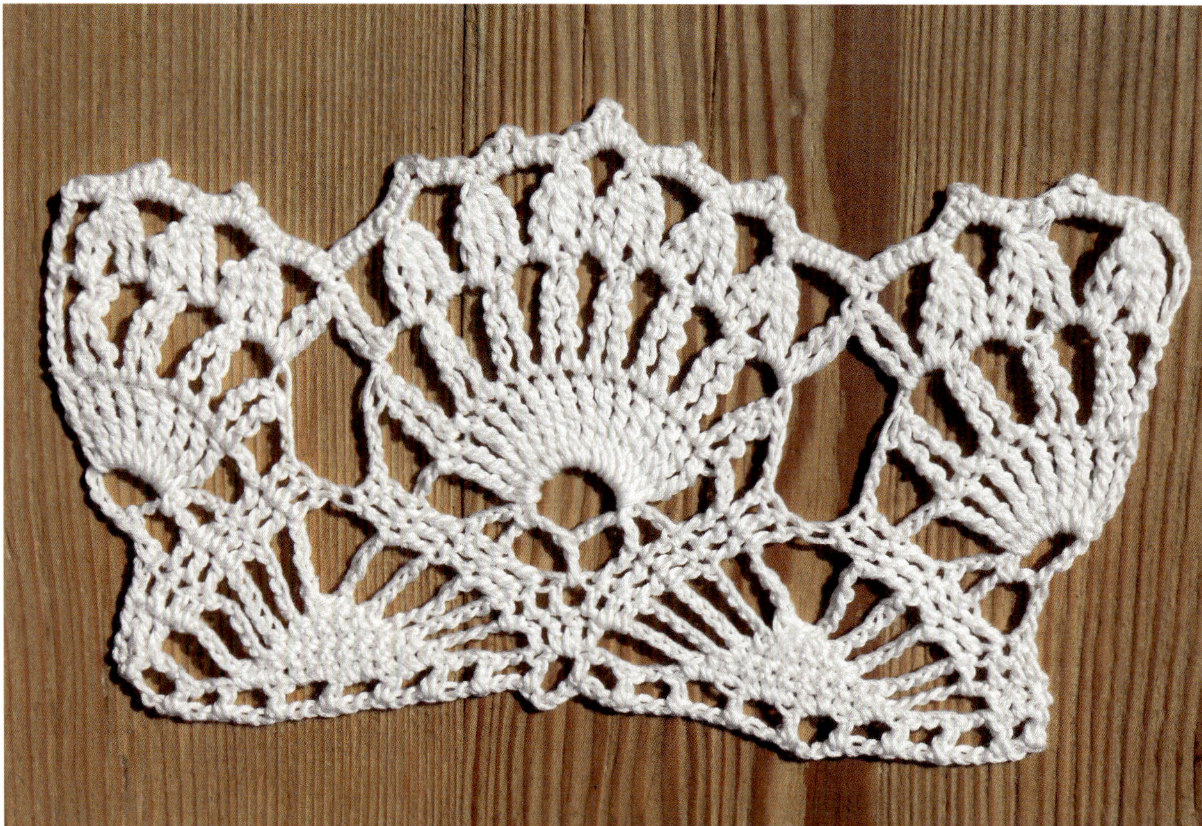

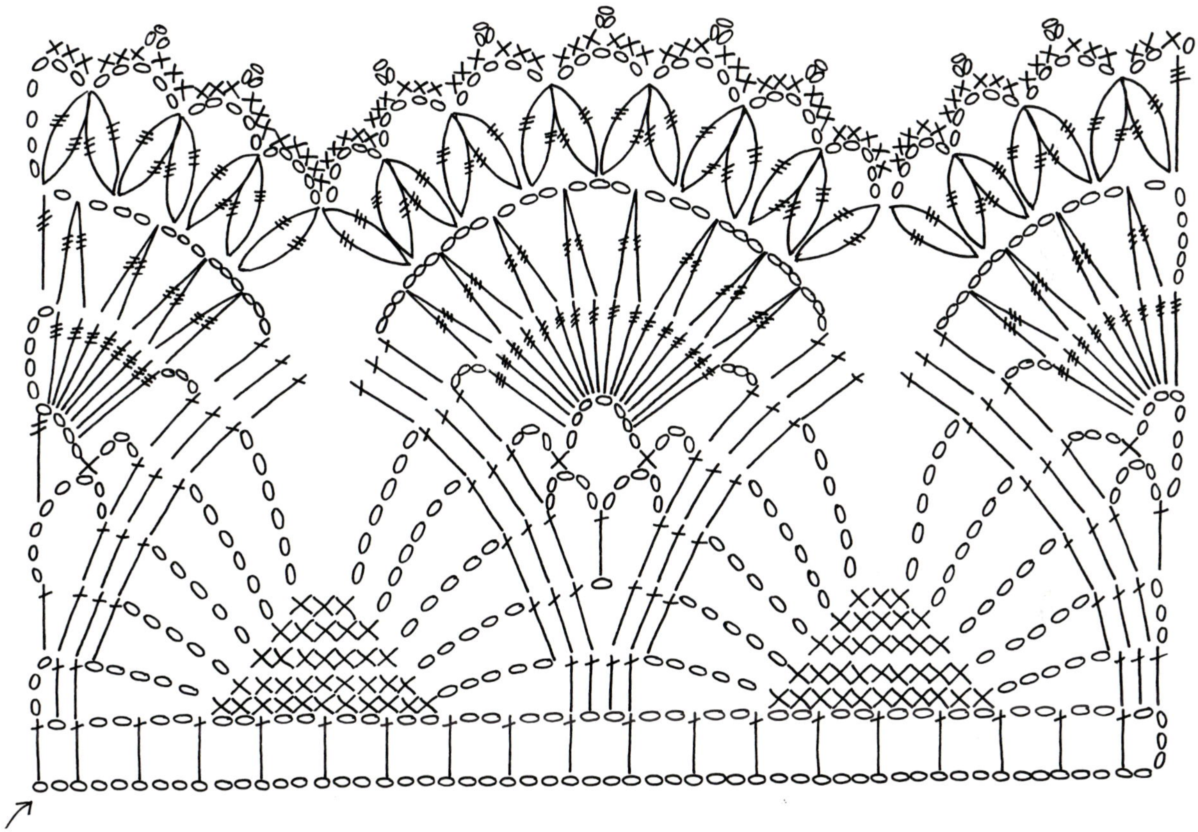

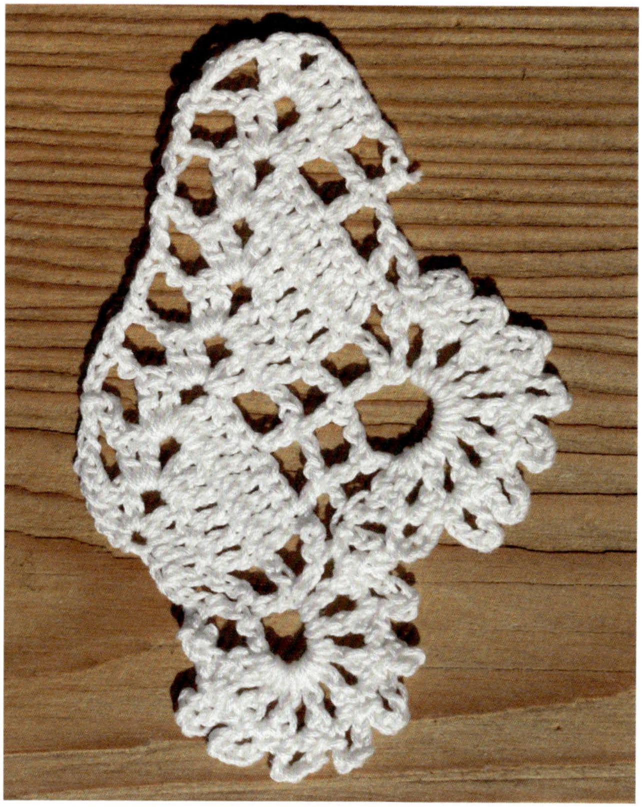

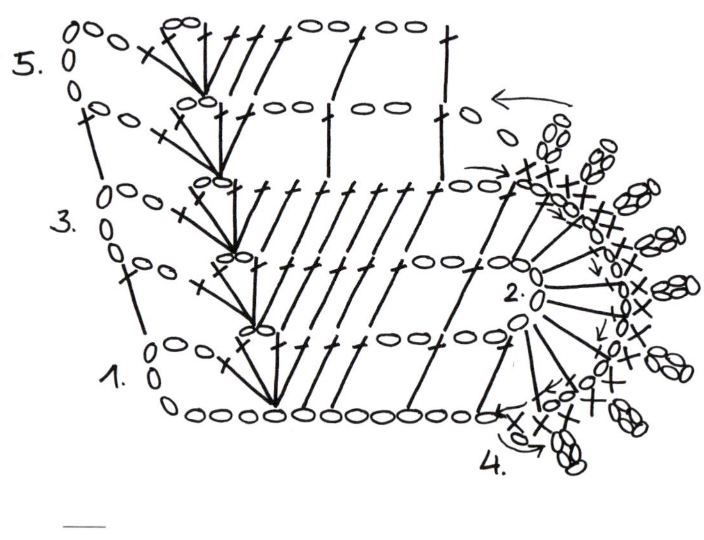
5.
3.
2.
1.
4.

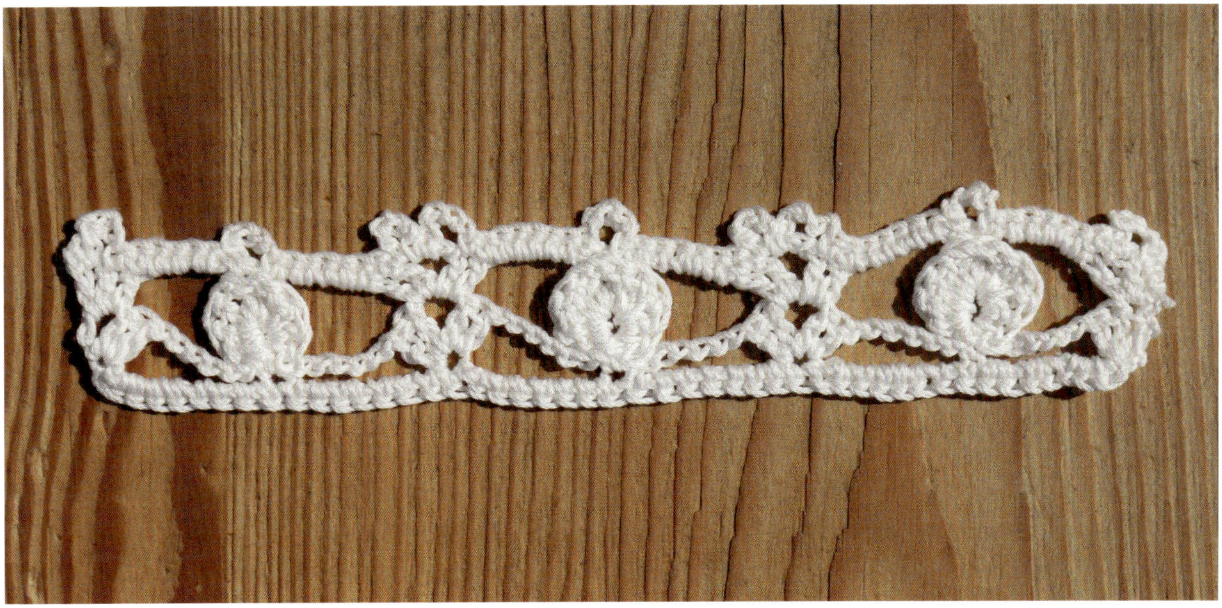

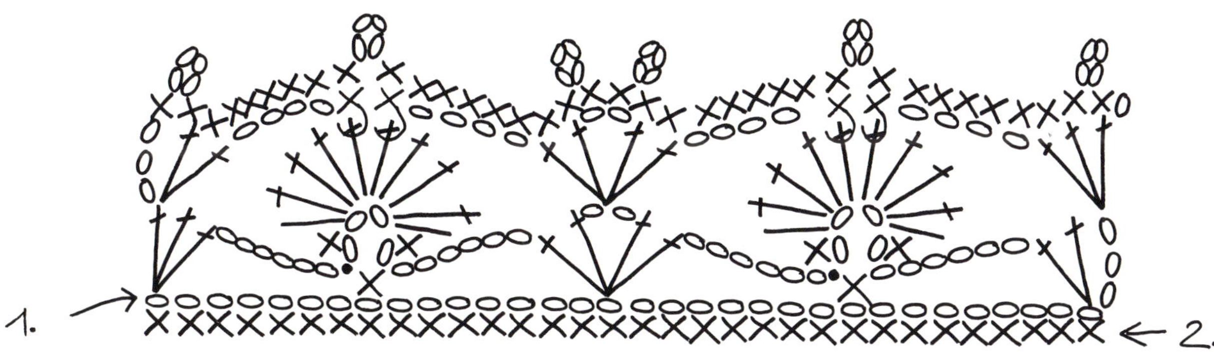

Dieses Muster ist auch ideal zum Spiegeln. Probieren sie es auch aus die Pikots in der letzten Reihe weg- zulassen und nur fM häkeln, dann fahren Sie mit der Reihe nach der Lm-Kette fort und haben so ein interessantes Flächenmuster.

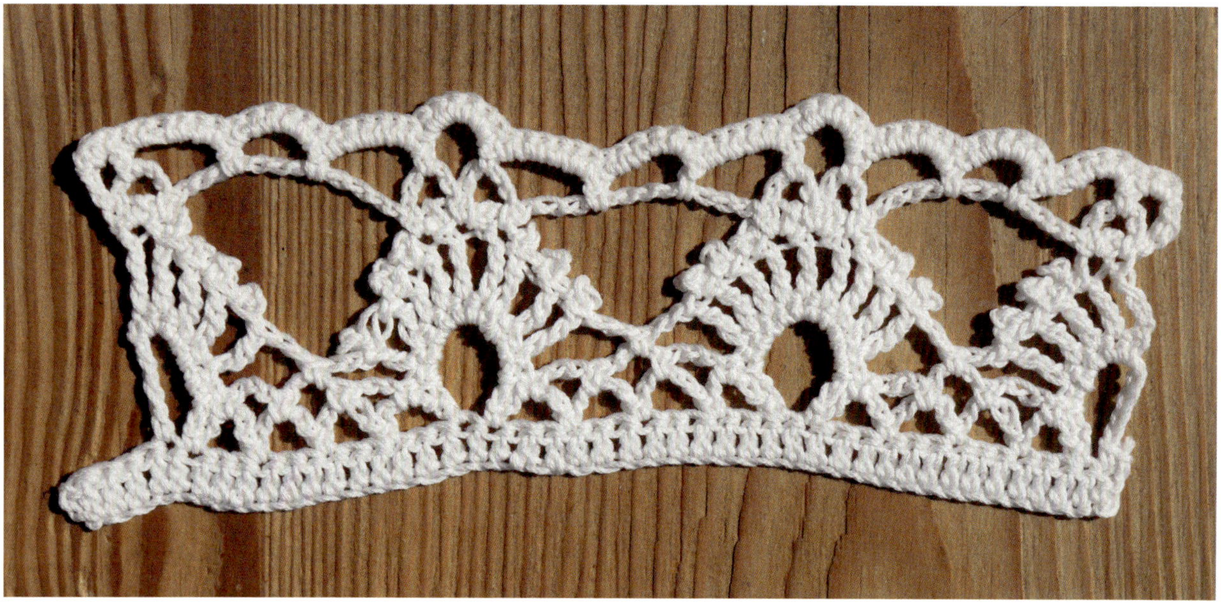

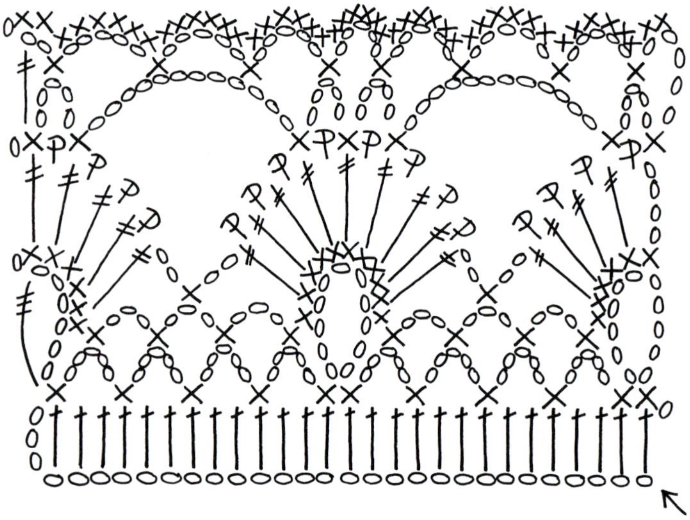

Das aparte »Ananas-Muster« auf Seite 143 lässt sich auch hervorragend als Flächenmuster einsetzen. Mit flauschiger Wolle können Sie daraus durch Wiederholen der Reihen 1-10 einen breiten Schal produzieren. Um es interessanter zu gestalten, ist es möglich, nach Abhäkeln eines Höhenmustersatzes das Muster diagonal einmal um einen Rapport zu versetzen.
Oder die gewünschte Länge eines Schals anschlagen und den Mustersatz einmal von Reihe 1-10 häkeln. Danach an die untere Kante das ganze Muster noch einmal spiegelverkehrt in die entgegengesetzte Richtung häkeln.

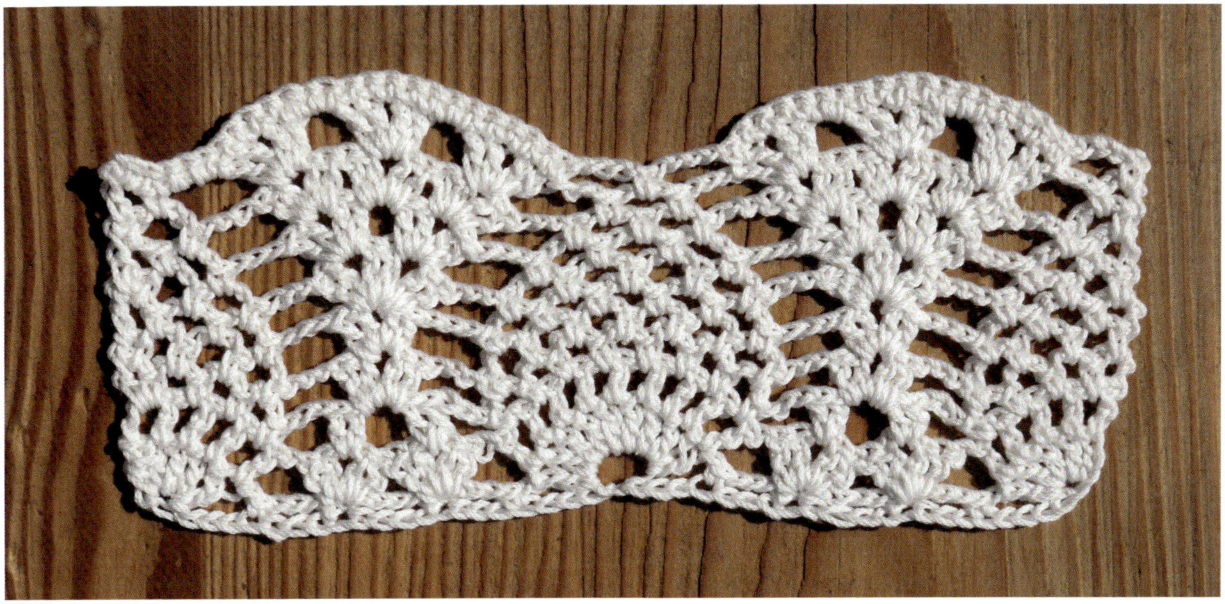

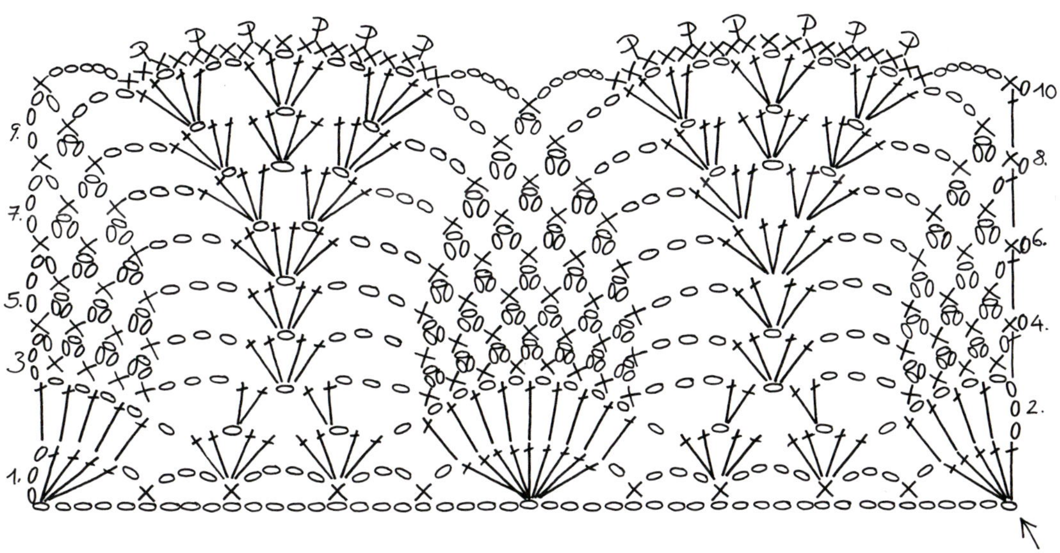
1.
2.
3
4.
5.
6.
7.
8.
9.
10

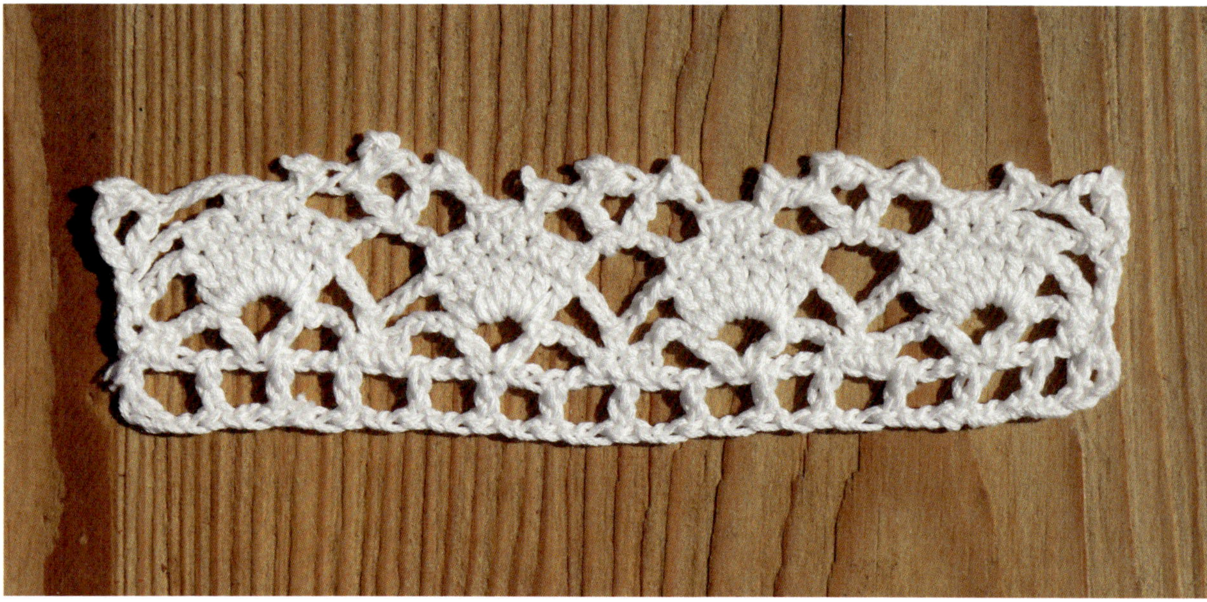

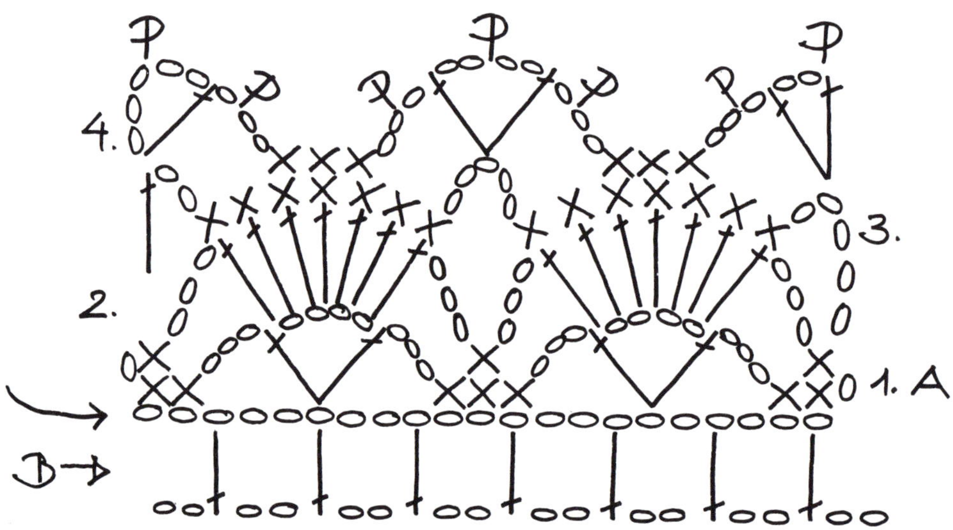
4.
3.
2.
1. A
B

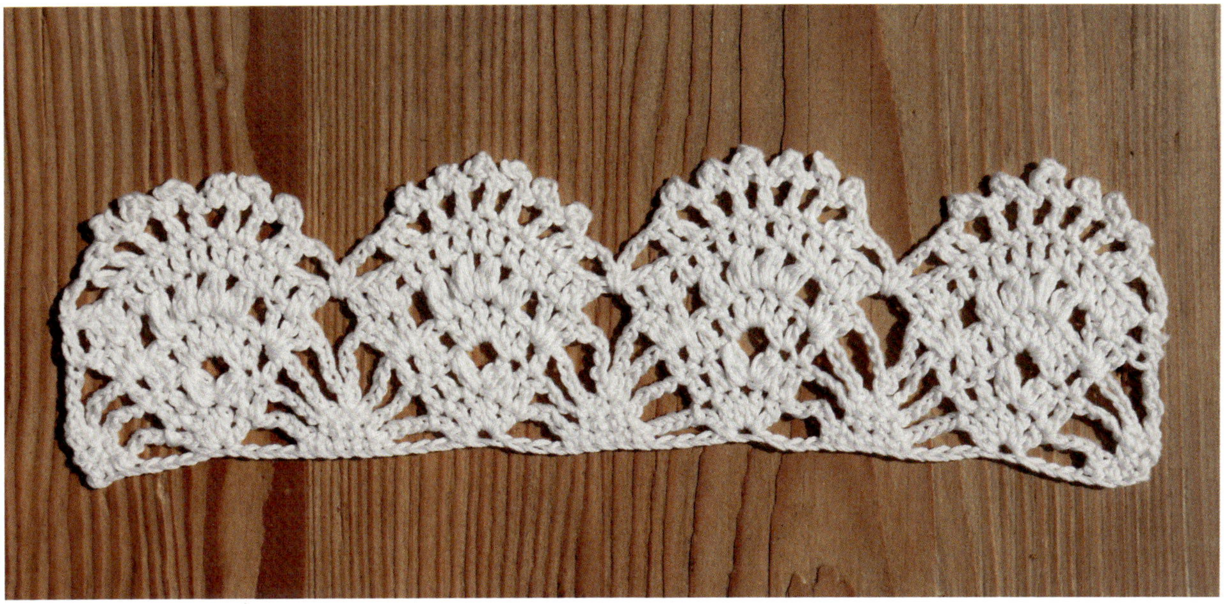

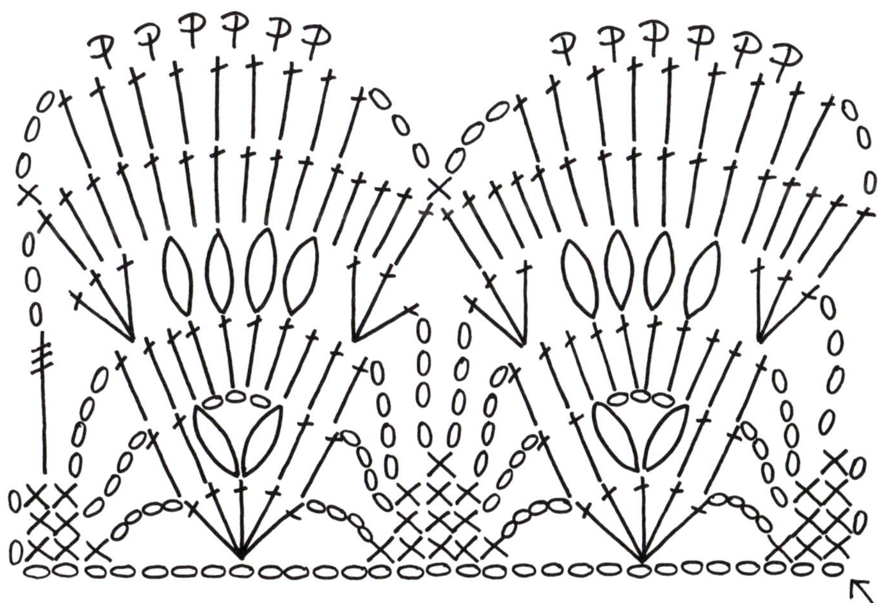

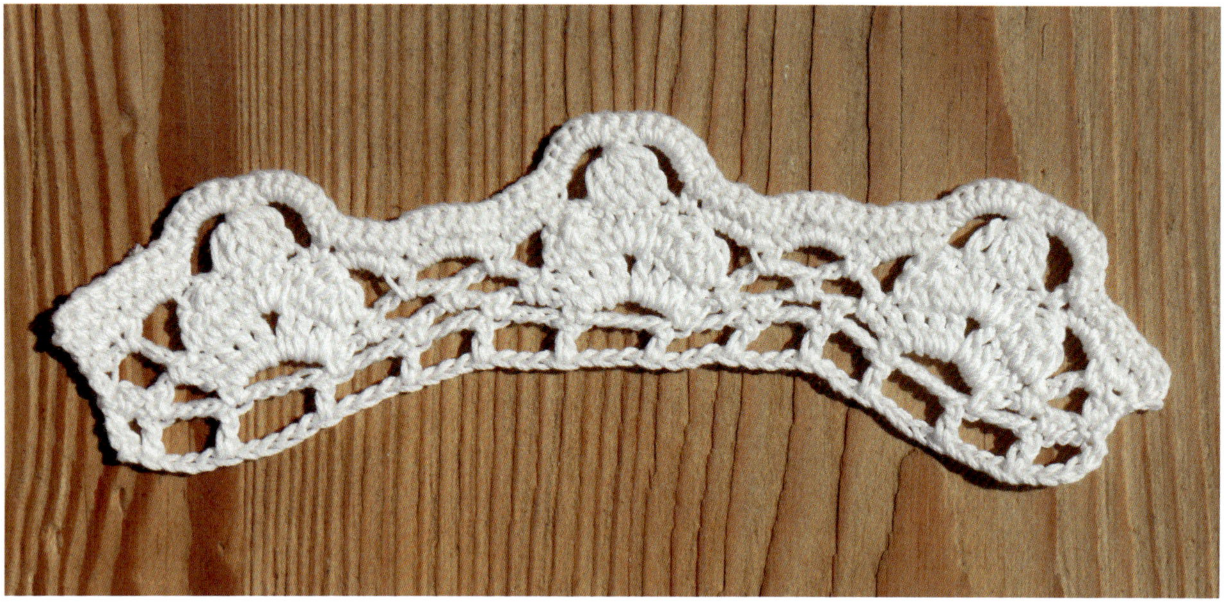

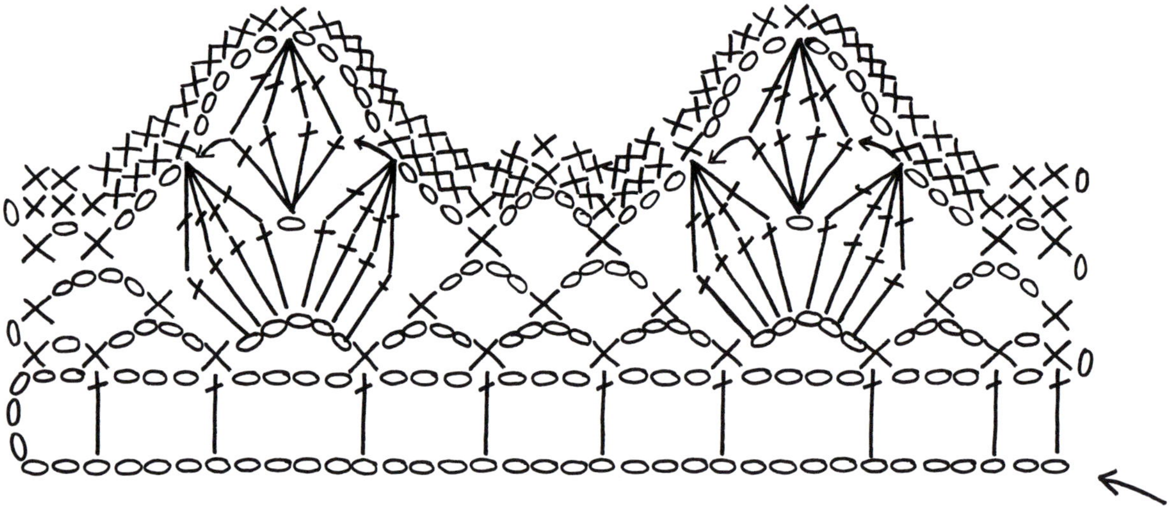

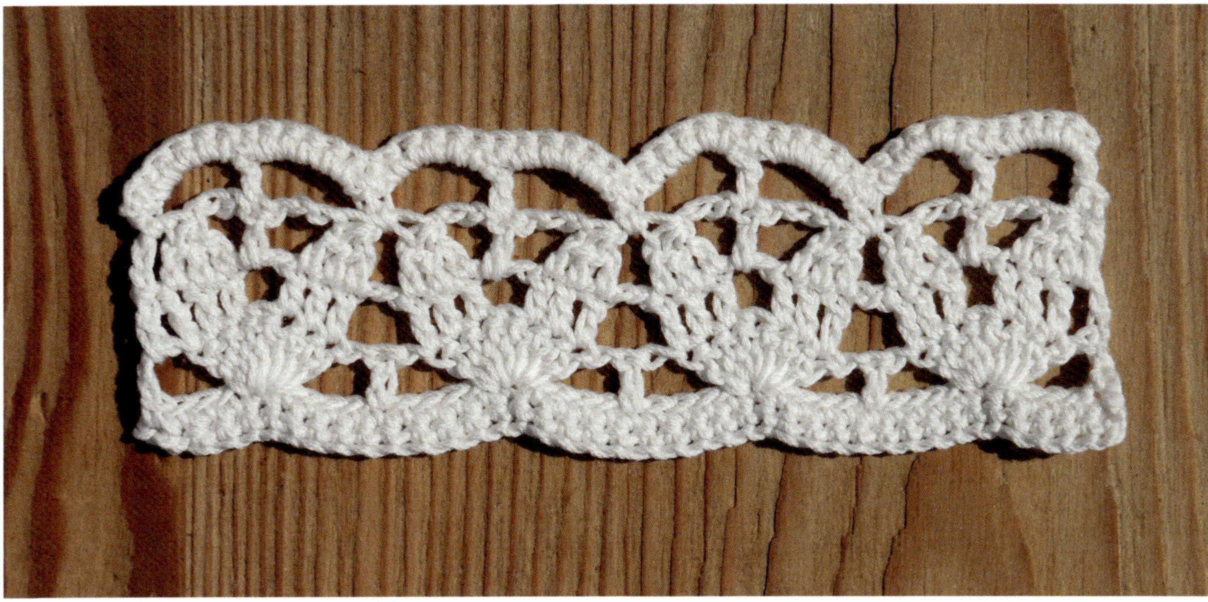

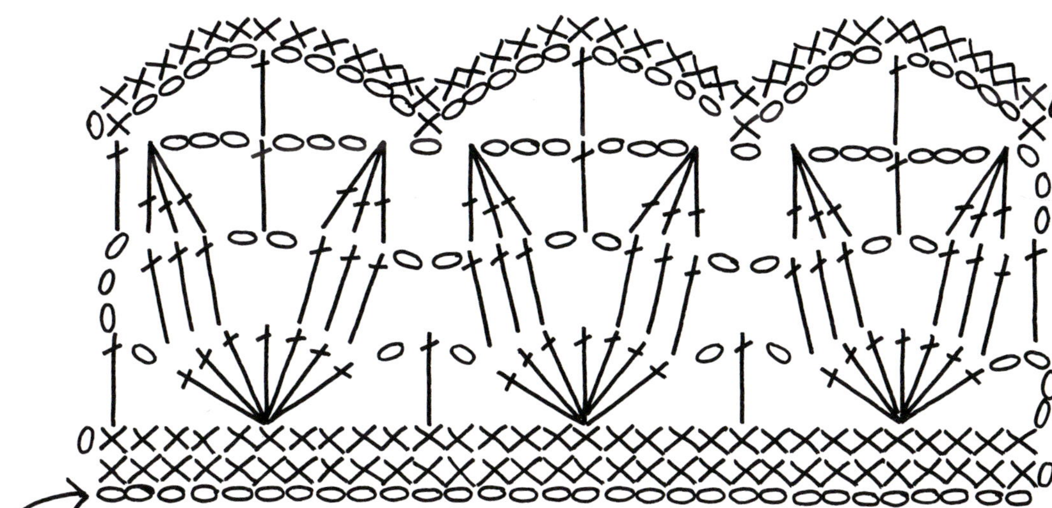

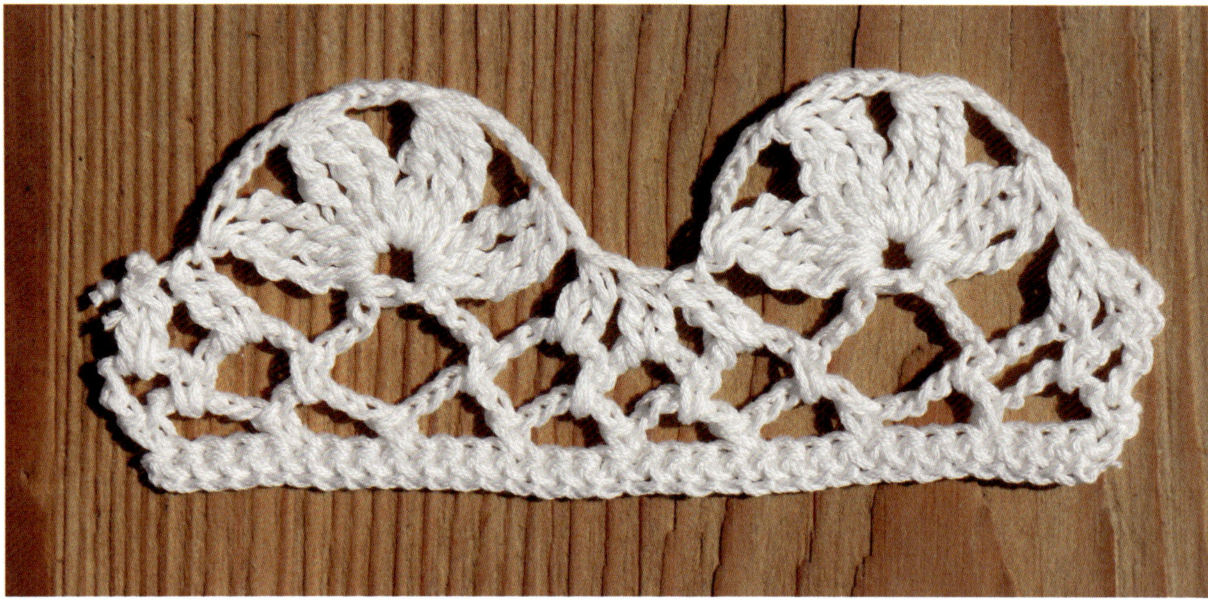

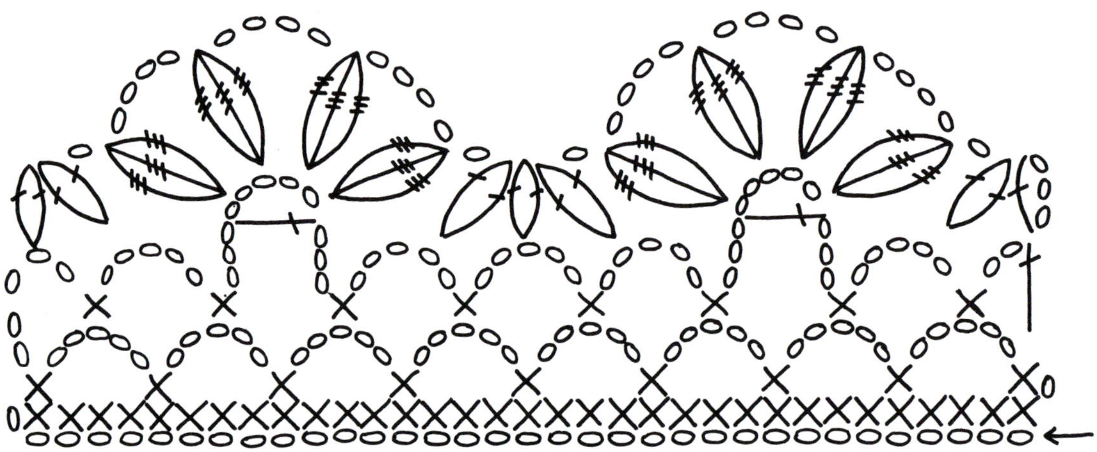

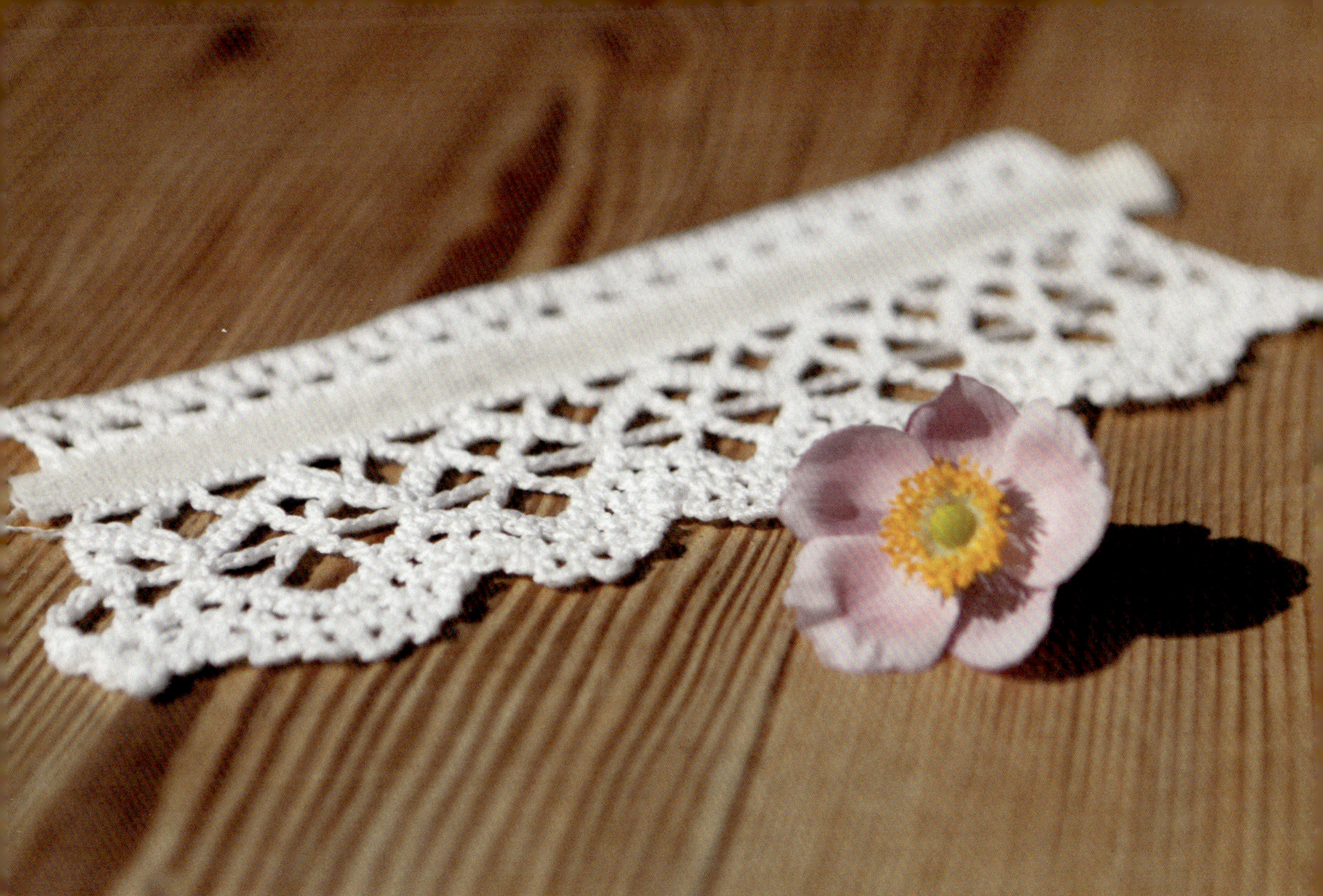

Muster mit Band

Für Muster mit Band wurden früher Bänder und Zackenlitzen verwendet, die heute in dieser Form nur sehr schwer zu bekommen sind. Einige sind gar nicht mehr im Handel erhältlich und müssen auf anderem Wege ersetzt werden.

Bei zwei Mustern haben wir ein fischgratgemustertes Baumwollband umhäkelt. Man kann aber ebenso, was wir sehr schön finden, eine Luftmaschenkette häkeln und diese Kette dann von oben und unten mit beliebig vielen Reihen fM behäkeln. Die Länge der Kette und die Menge der fM-Reihen richtet sich nach Ihrem Bedarf.

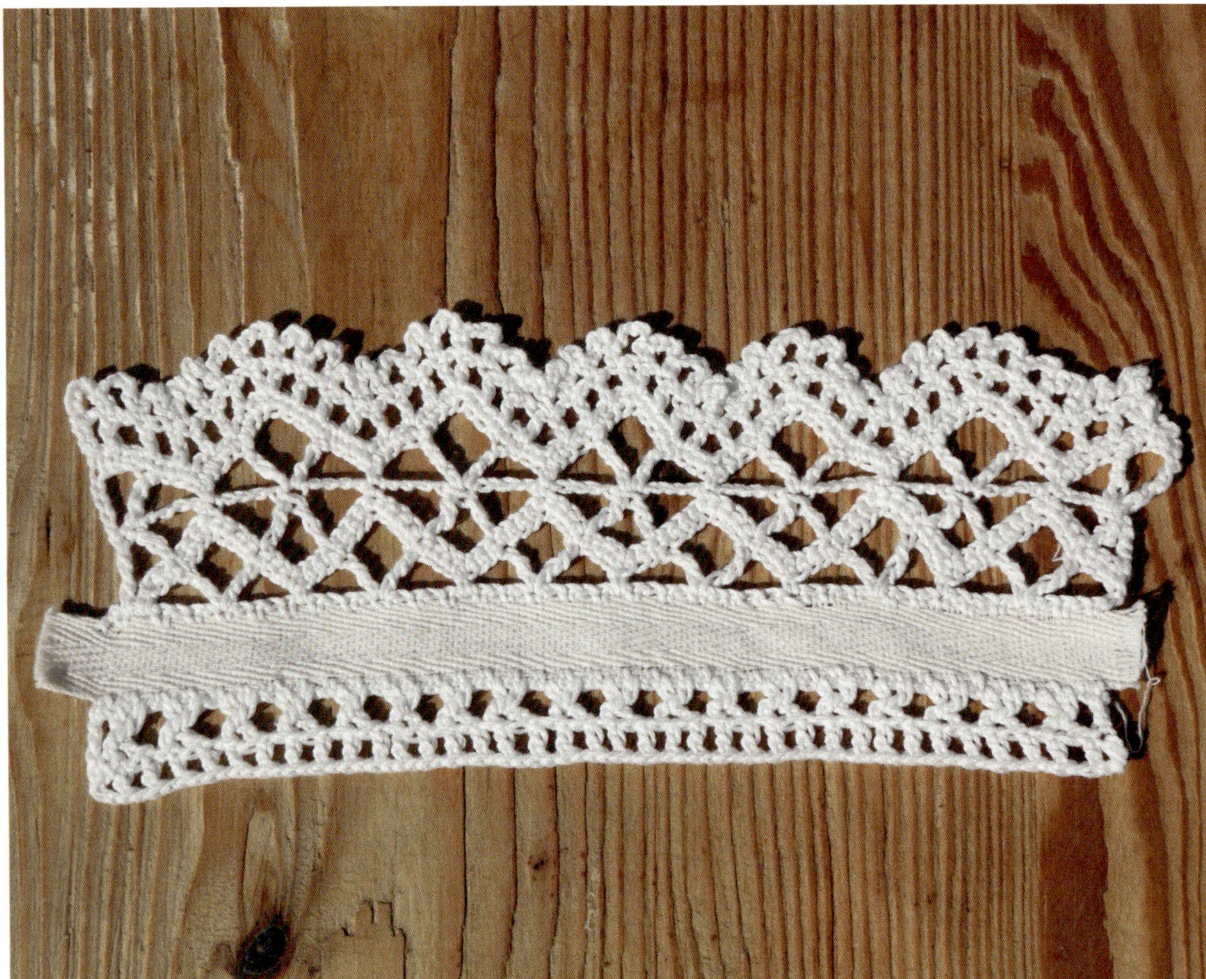

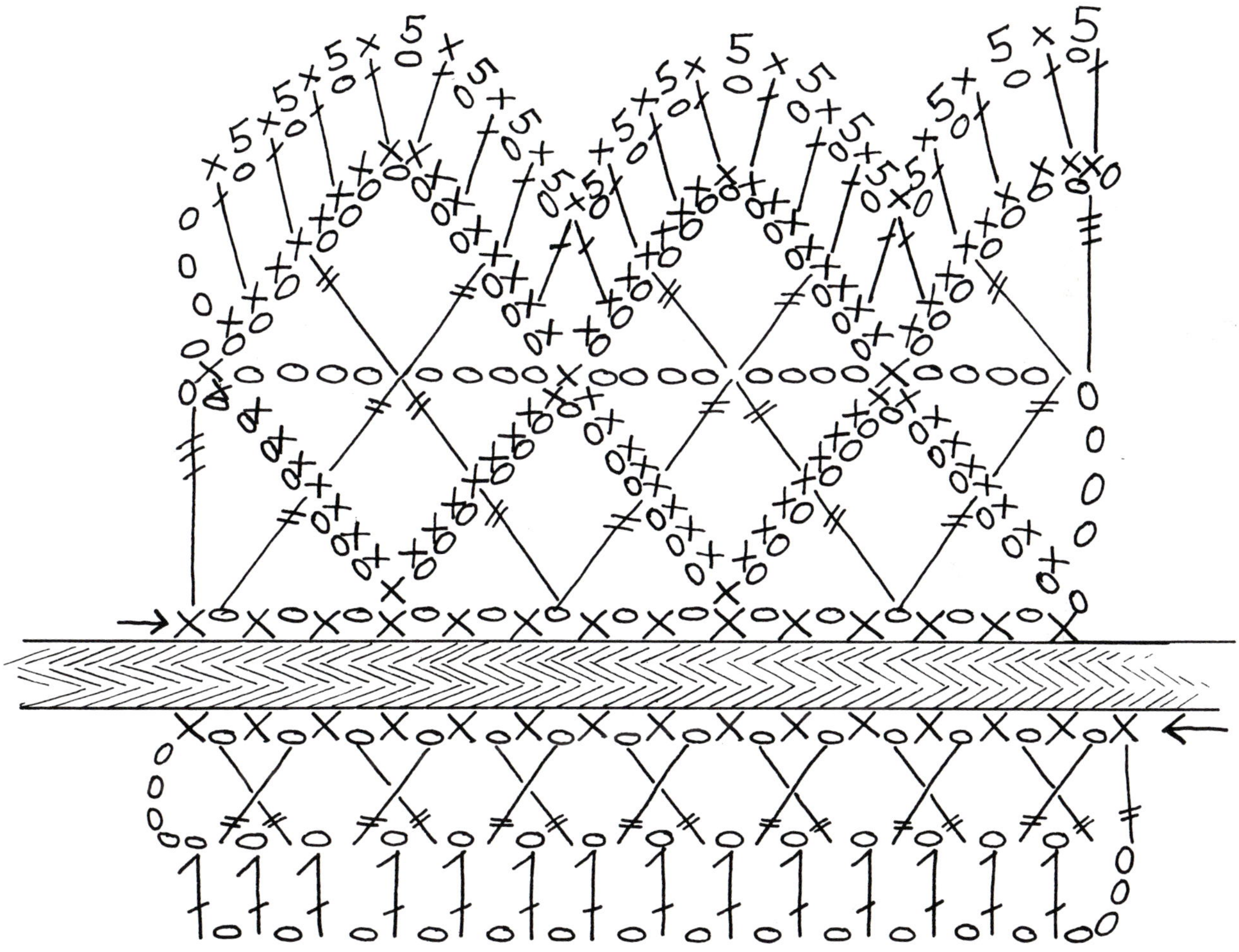

5 = 5 Lm zwischen den fM

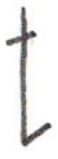 = Stb. nur in das hintere Maschenglied eingestochen

Muster mit Band

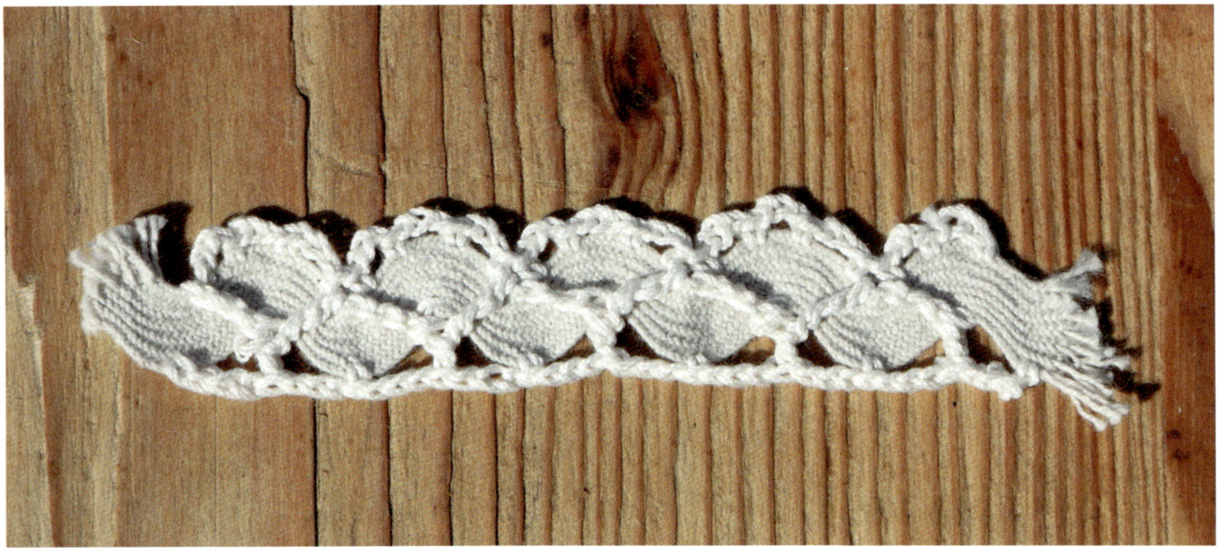

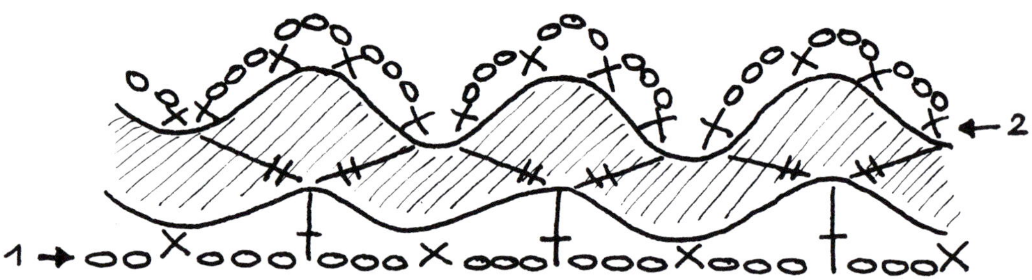

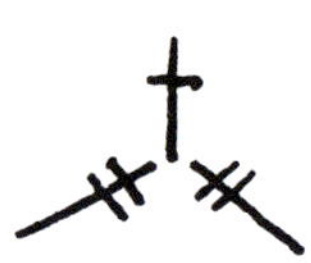

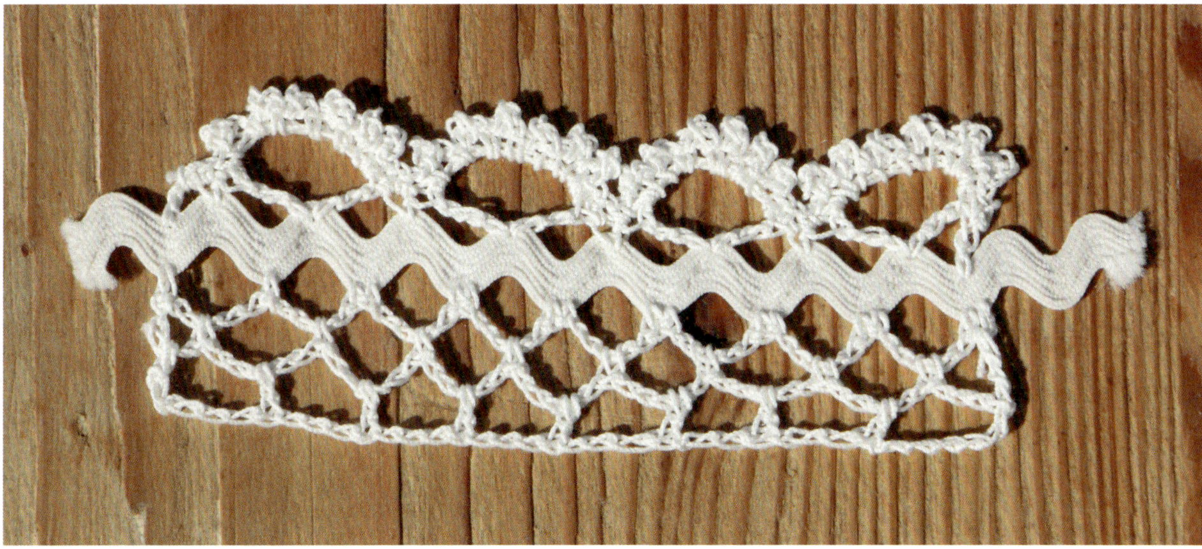

Zu Muster auf Seite 152:
Bei 1 beginnen, 2 Lm, 1 fM, 3 Lm, Faden holen, einstechen, Faden holen und durchziehen, Faden 2x um die Nadel schlingen, in die gegenüberliegende Kante (siehe Zeichnung) einstechen, Faden holen, durchziehen und 3x paarweise abmaschen, Faden wieder 2x um die Nadel legen, wieder in die gegenüberliegende Kante einstechen, Faden holen und dann paarweise so lange abmaschen, bis nur noch 1 Schlinge auf der Nadel ist, weiter wie auf der Zeichnung: 3 Lm, 1 fM.

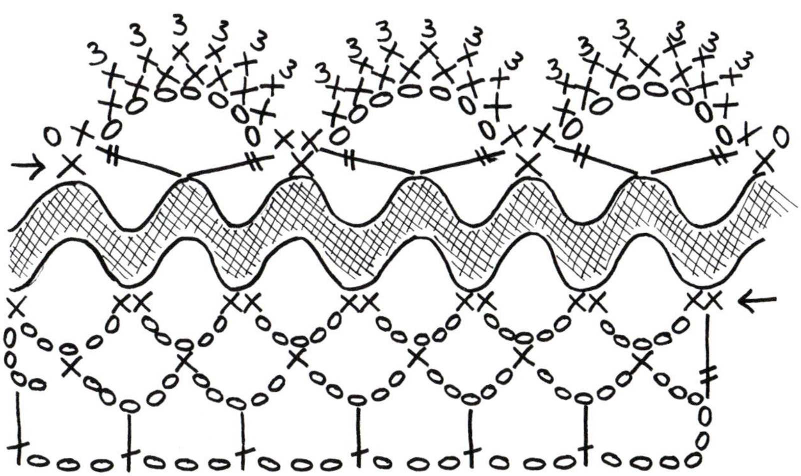

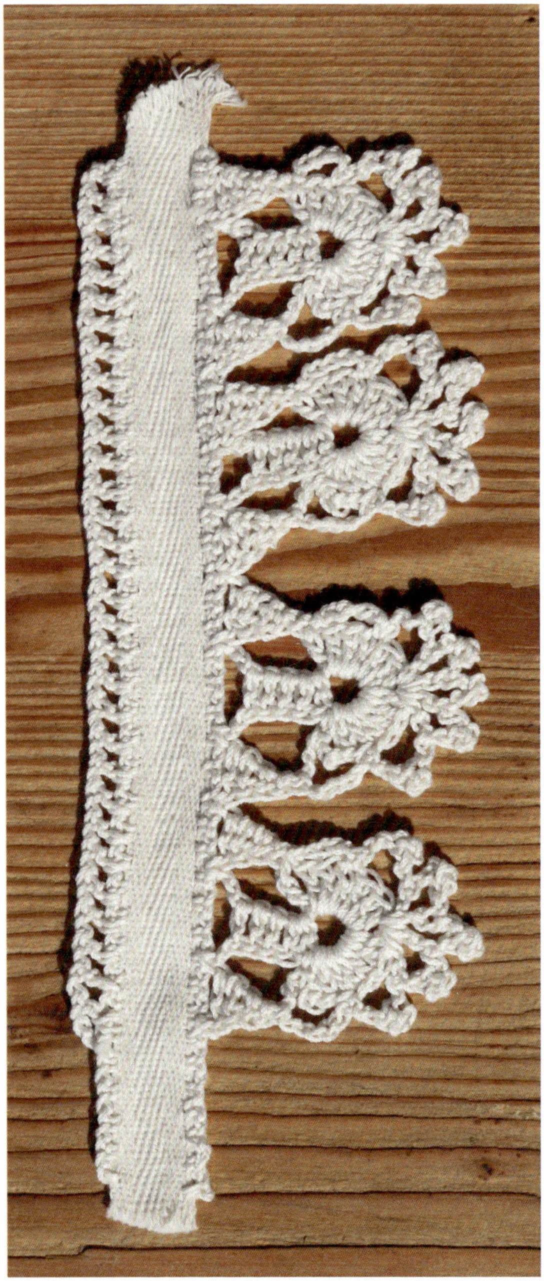

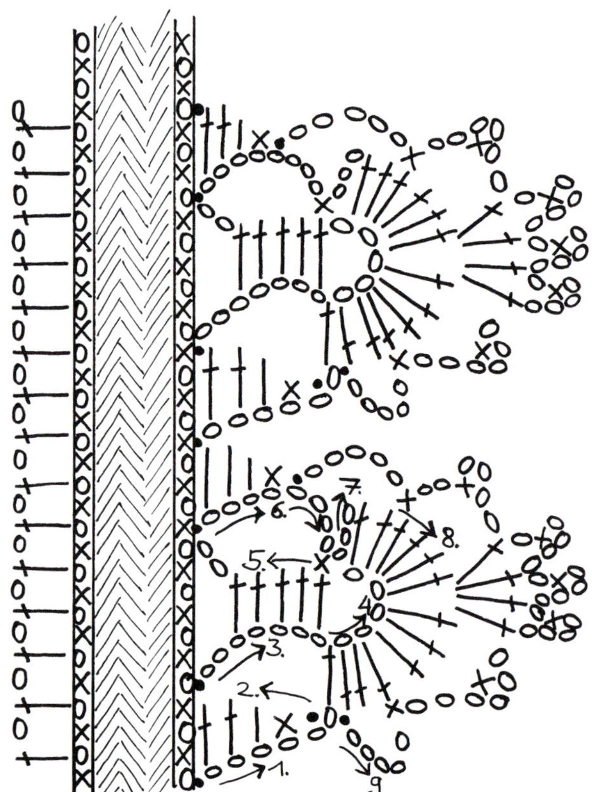
1.
2.
3.
4.
5.
6.
7.
8.
9.

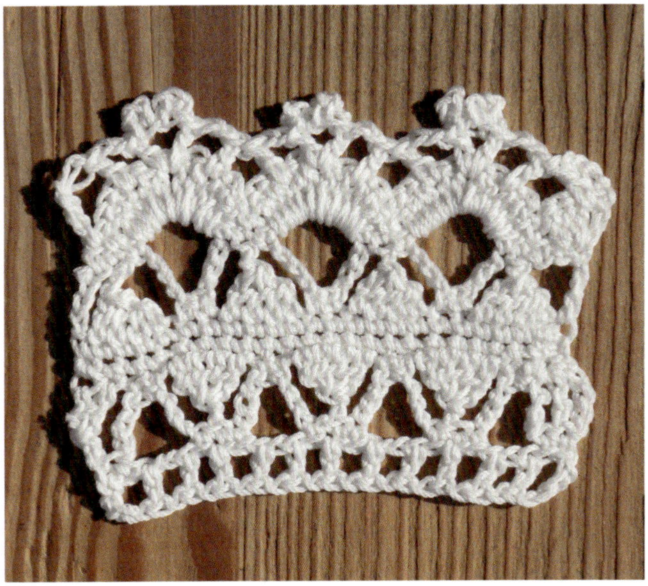

Auf diesem Foto sehen Sie, wie das gehäkelte Band von hinten aussieht.

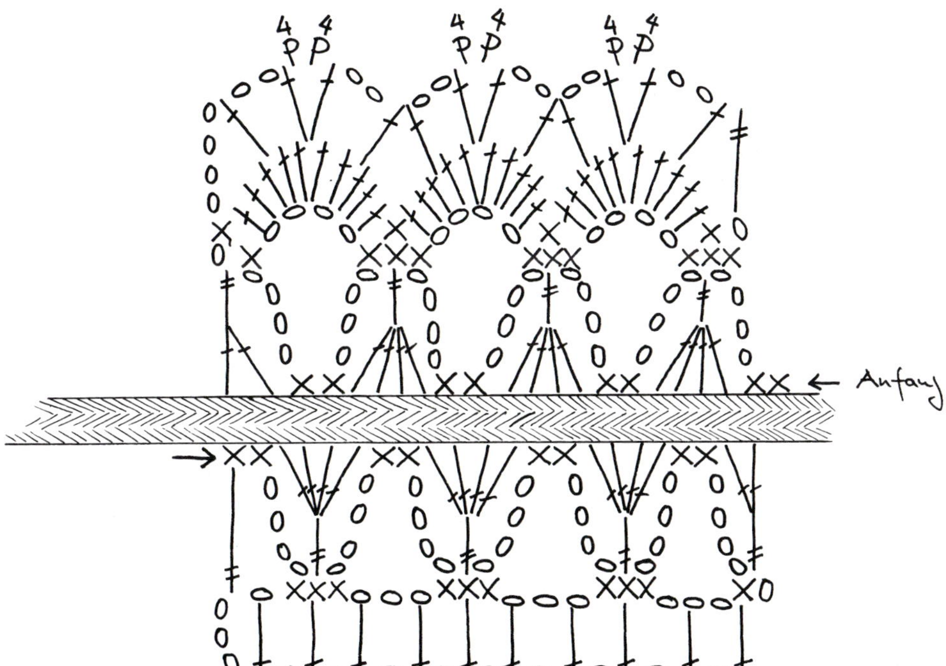

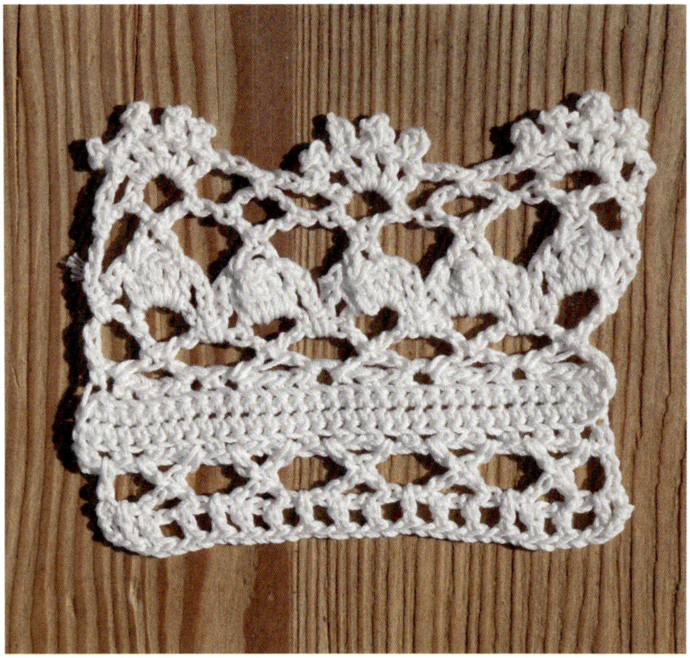

Wenn Sie mit dem eigentlichen Muster beginnen, stechen Sie in das hintere Maschenglied der letzten fM-Reihe ein. Für die gegenüberliegende Seite gilt die gleiche Vorgehensweise. So wird das »Band« zum Muster abgegrenzt.

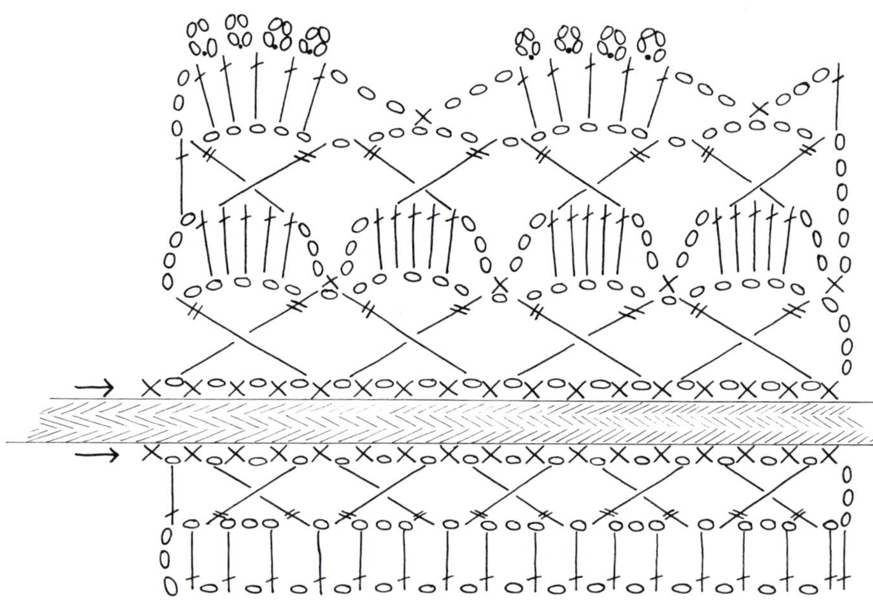

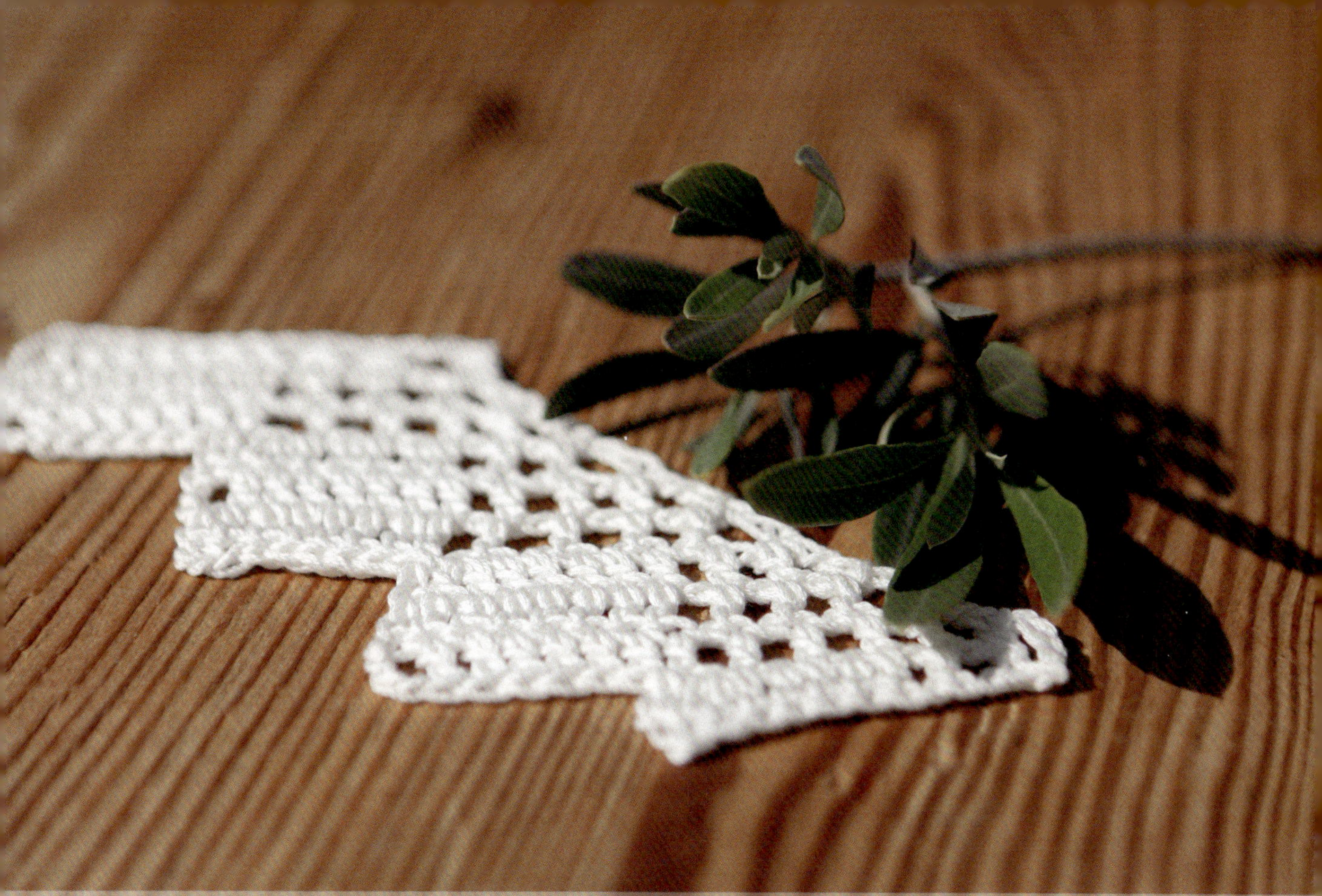

Grafische Muster

Grafische Muster bestechen besonders durch sehr klare Formen. Sie sind sehr vielseitig einsetzbar. Als Rand an Leinentischdecken oder Leinenhandtüchern. Gerade hier können Sie besonders schön mit anderen, ungewöhnlichen Materialien experimentieren und erhalten so eine komplett neue moderne Optik.

Der Kreativität sind keine Grenzen gesetzt. Probieren Sie die Muster aus! Es macht sehr viel Spaß, neue Ideen umzusetzen und dabei dem Alltagsstress zu entkommen.

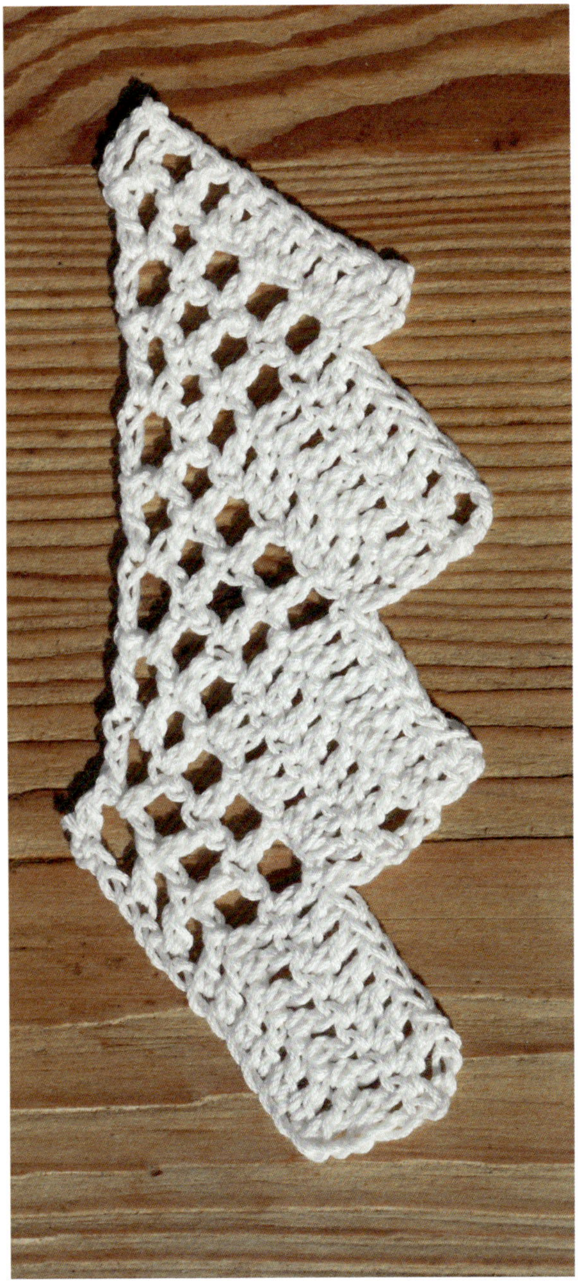

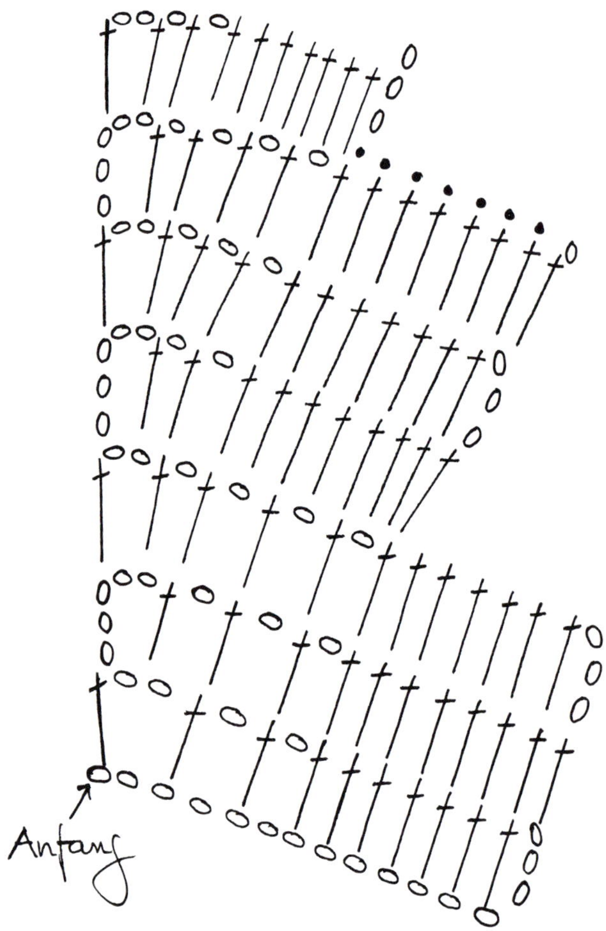
Anfang

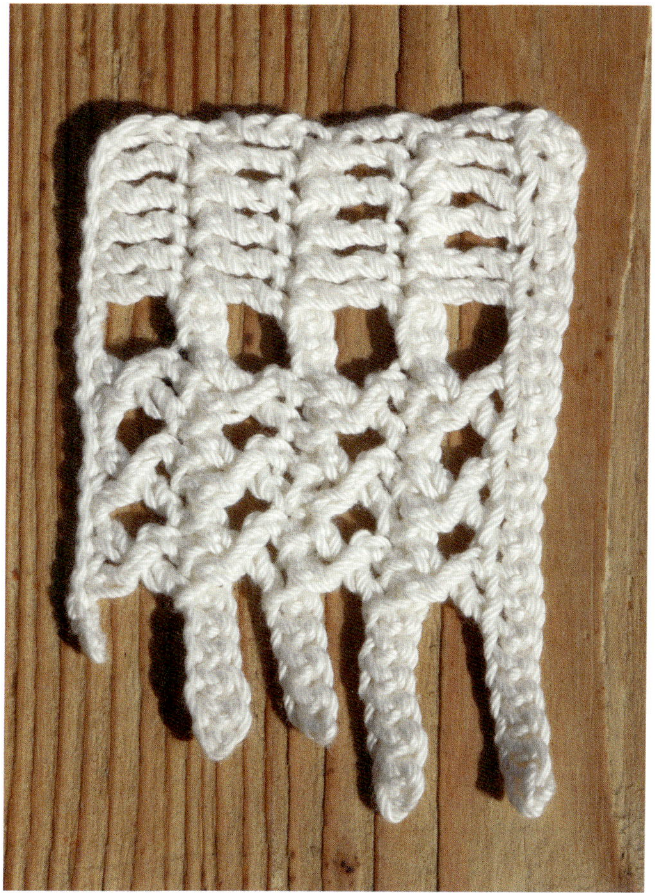

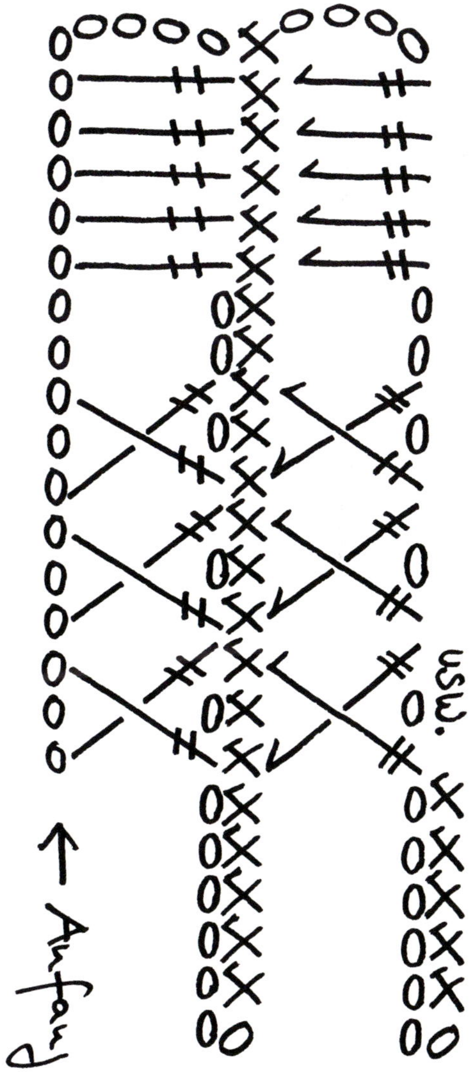

Verkreuzte Doppelstäbchen:
Faden zweimal um die Nadel legen, Schlinge durch die 1. Masche der Vorreihe holen, zwei Schlingen abmaschen, Faden wieder um die Nadel legen, Schlinge durch die 3. Masche der Vorreihe holen, zwei Schlingen abmaschen, 1 Luftmasche häkeln, Faden um die Nadel legen, Schlinge durch den Kreuzpunkt der bisher entstandenen Stäbchen holen, paarweise abmaschen.
Das Doppelstäbchen darf nur in das vordere Maschenglied – in der Vorreihe – einstechen.

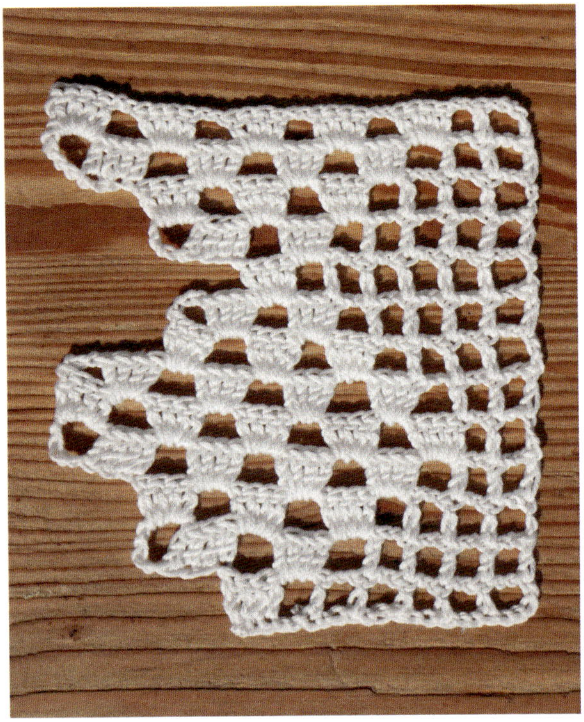

Bei diesem Muster werden die Stäbchengruppen immer um die Luftmaschenkette gearbeitet, nicht in die Stäbchen oder in die Luftmaschen.
Die einzelnen Stäbchen werden immer in die entsprechenden Stäbchen gehäkelt.

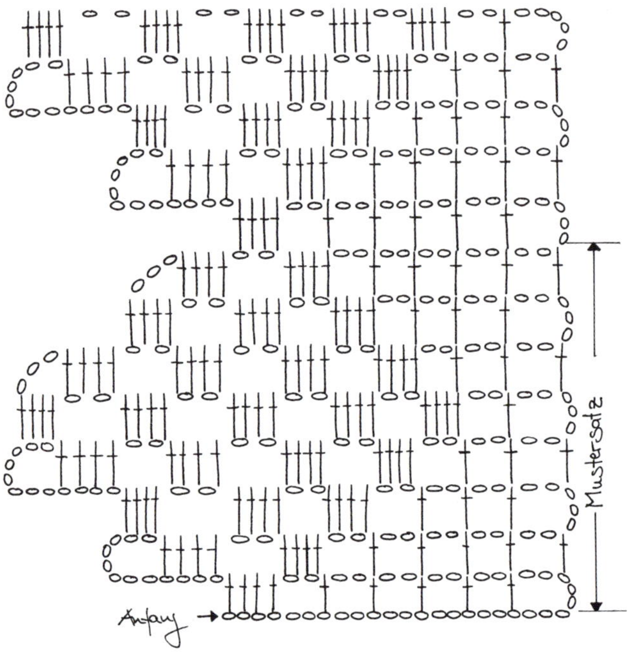

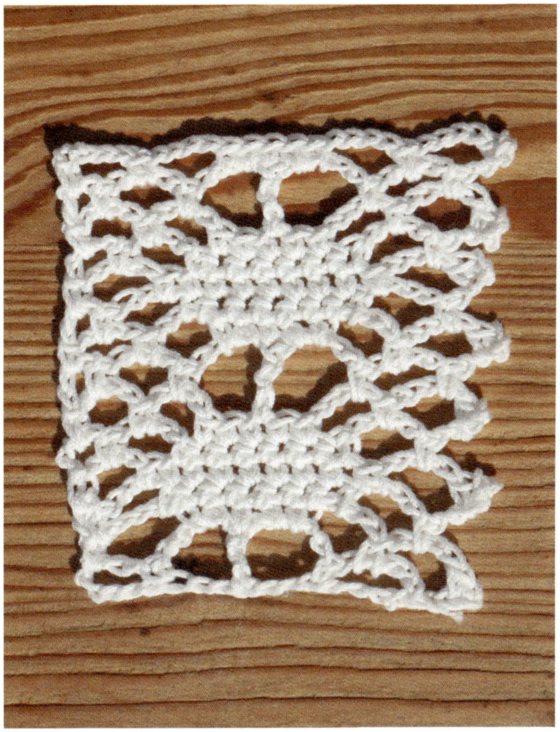

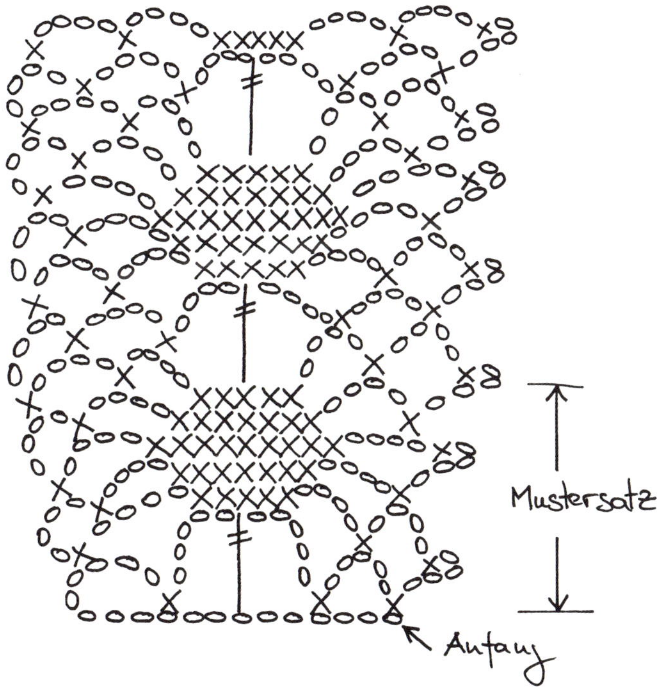
Mustersatz
Anfang

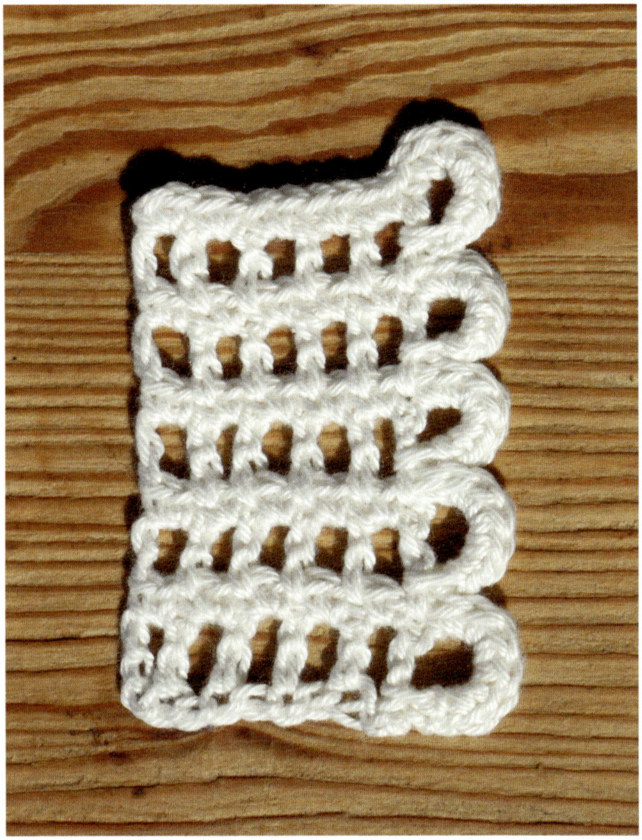

Variante: Die Rundbögen kann man auch nur mit 3 oder 4 Luftmaschen und 5 oder 6 festen Maschen arbeiten. Je weniger Luftmaschen Sie häkeln, umso einfacher wird der Rand. Bei mehreren Luftmaschen wird das Ergebnis »rüschiger«.

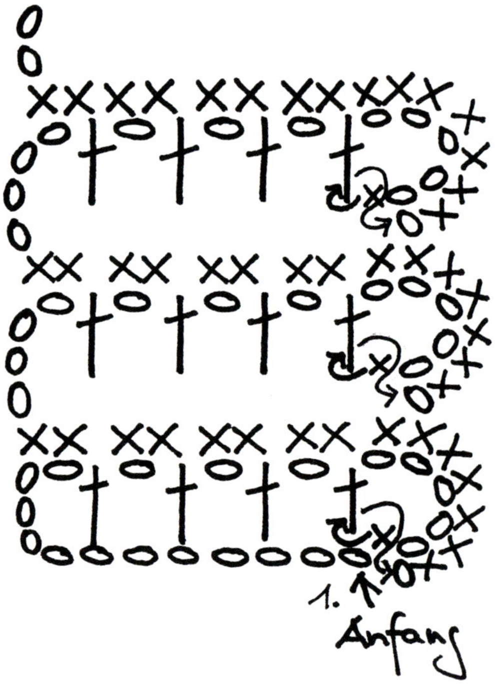

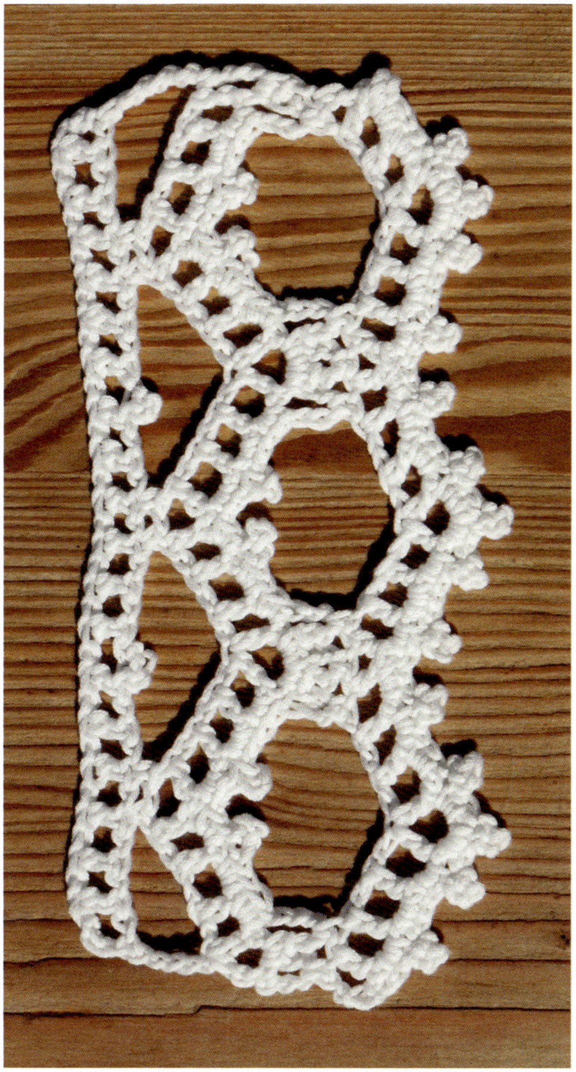

Bei diesem schönen Rautenmuster sind die Pikots über 4 Lm gehäkelt, 1 Kettmasche in die erste der 4 Lm häkeln.

Das Muster lässt sich als Bordüre über die gezeichnete Reihenzahl arbeiten oder auch als fortlaufendes Muster, indem man die Reihen 1-7 ständig wiederholt. Reihe 7 wird aber wie Reihe 4 gehäkelt: also 2 Pikots im »Tal« und die Schlingen aus 5 Lm statt der 3 Pikots oben auf der Zackenspitze.

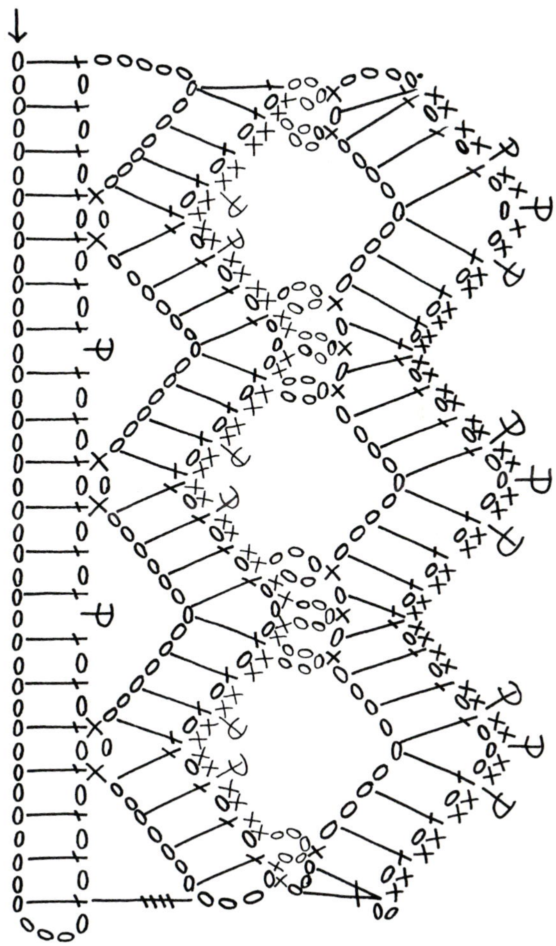

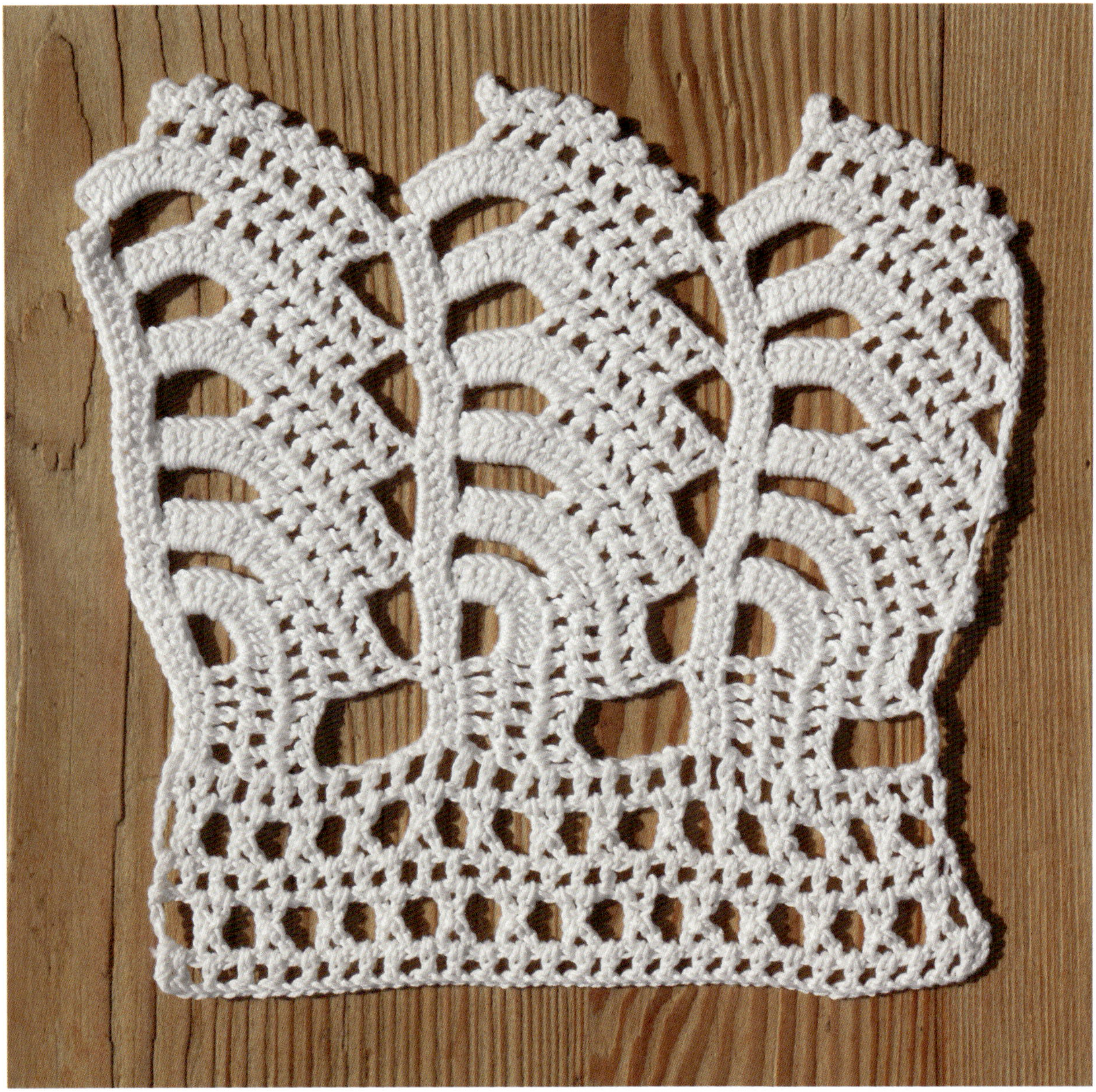

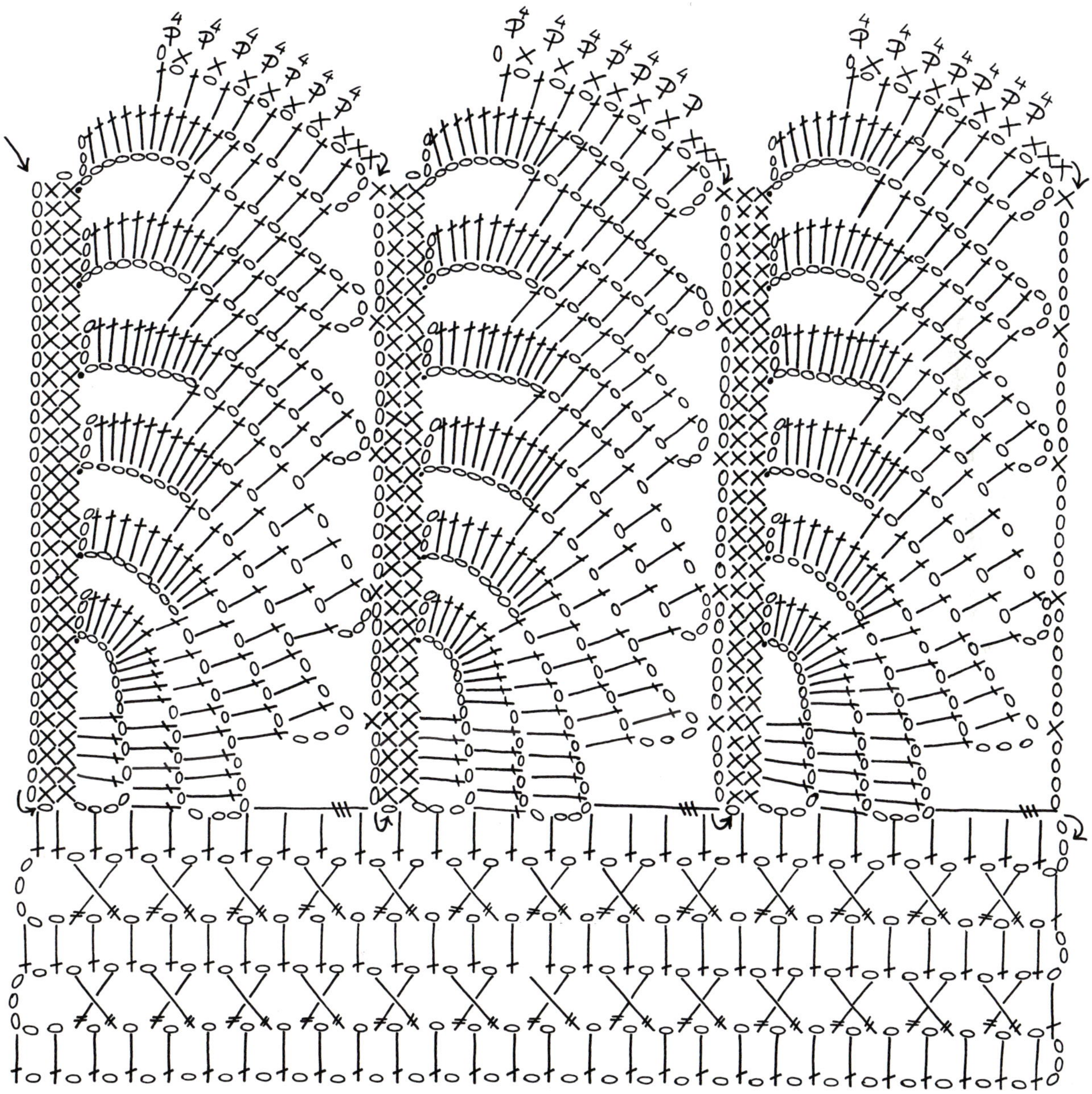

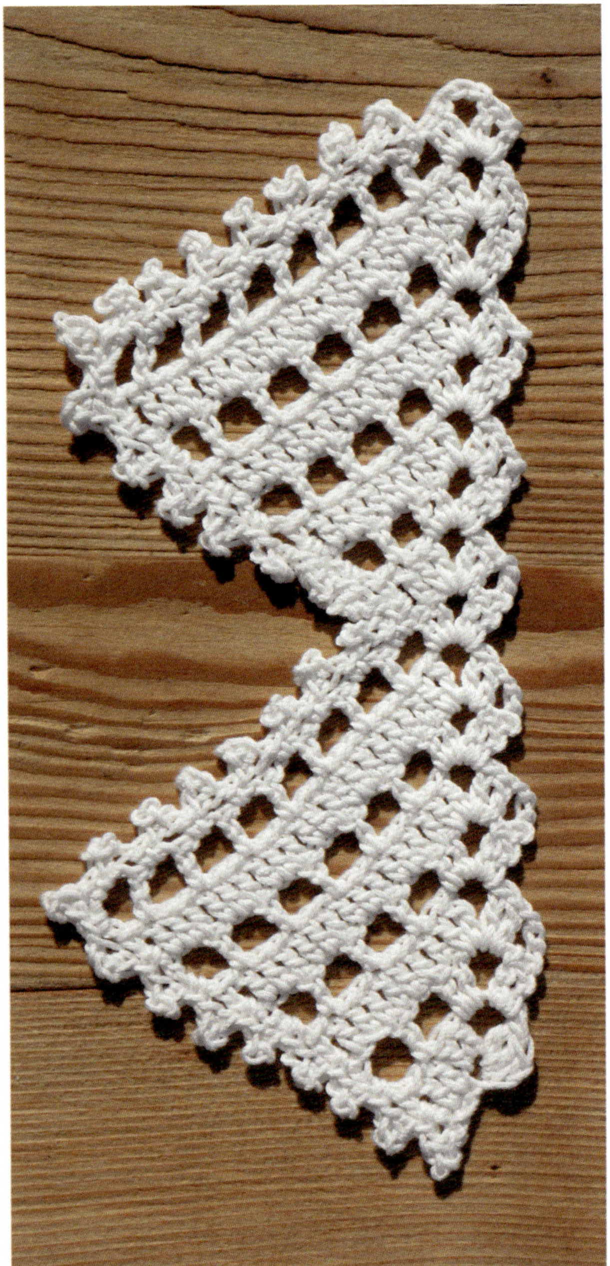

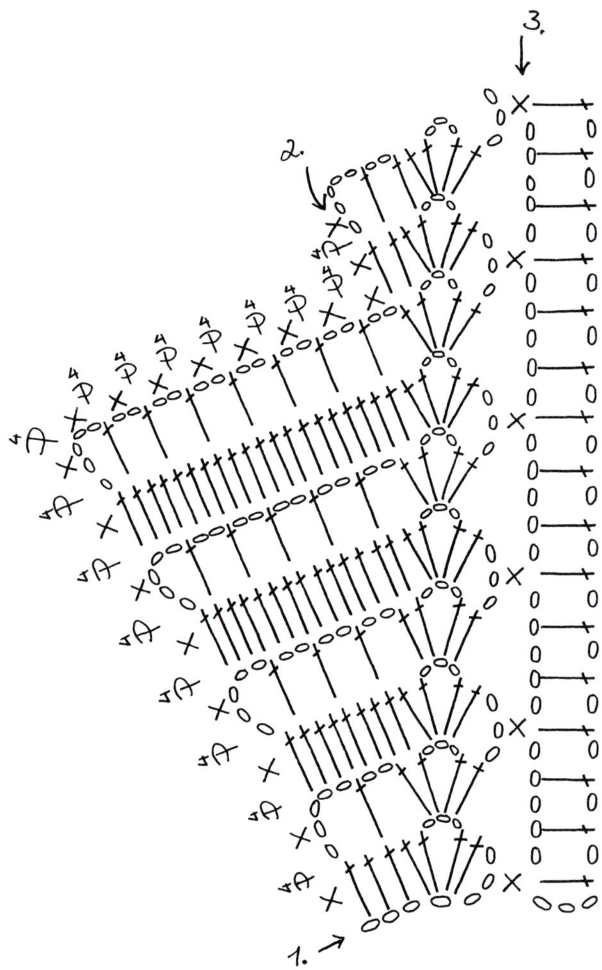
3.
2.
1.

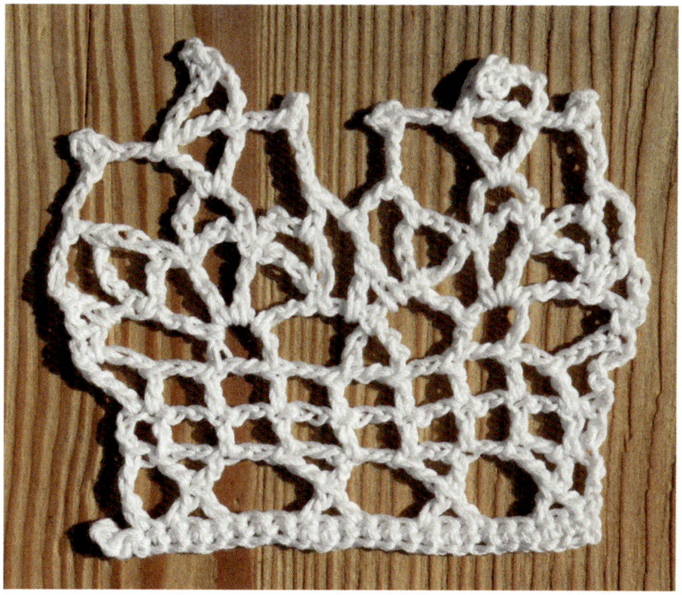

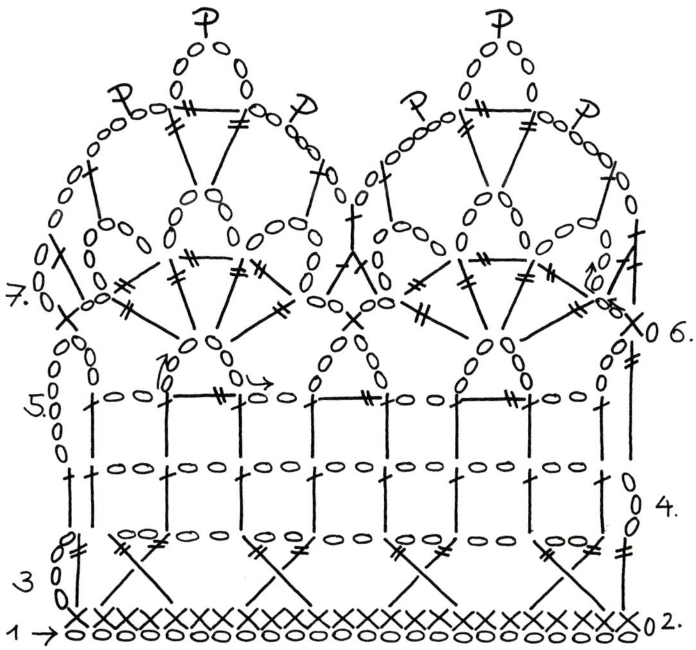
P
P
P
P
P
P
7.
6.
5.
4.
3
1
2.

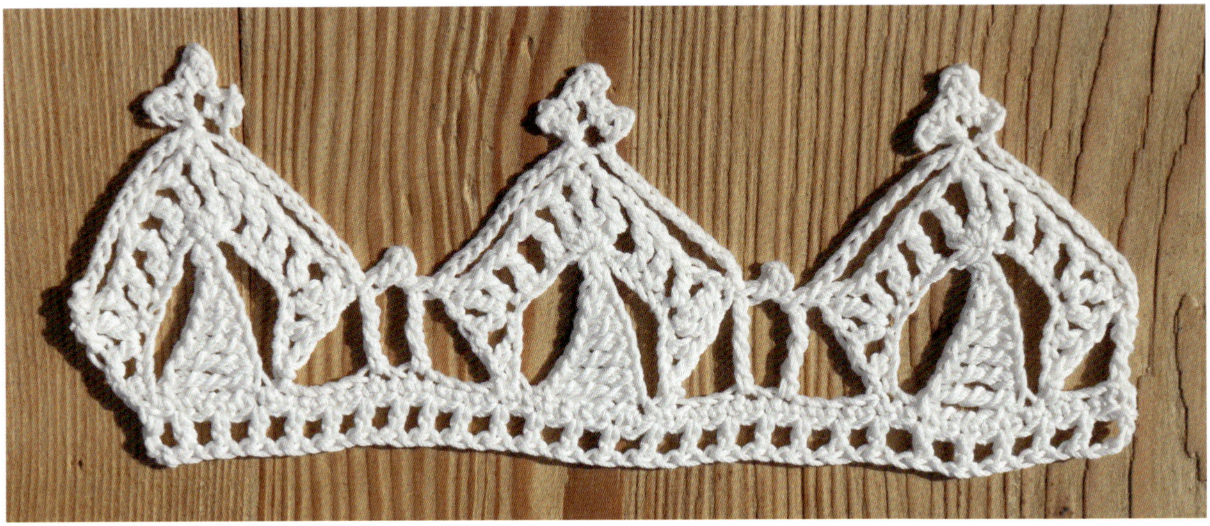

Hier sieht man zwei Beispiele grafischer Muster, die sehr schön zu einer Spitzenkante gearbeitet werden können. Besonders gut kann man diese an einem Unterrock, zum Beispiel für Ihr Dirndl oder an den Leinenvorhang anbringen.

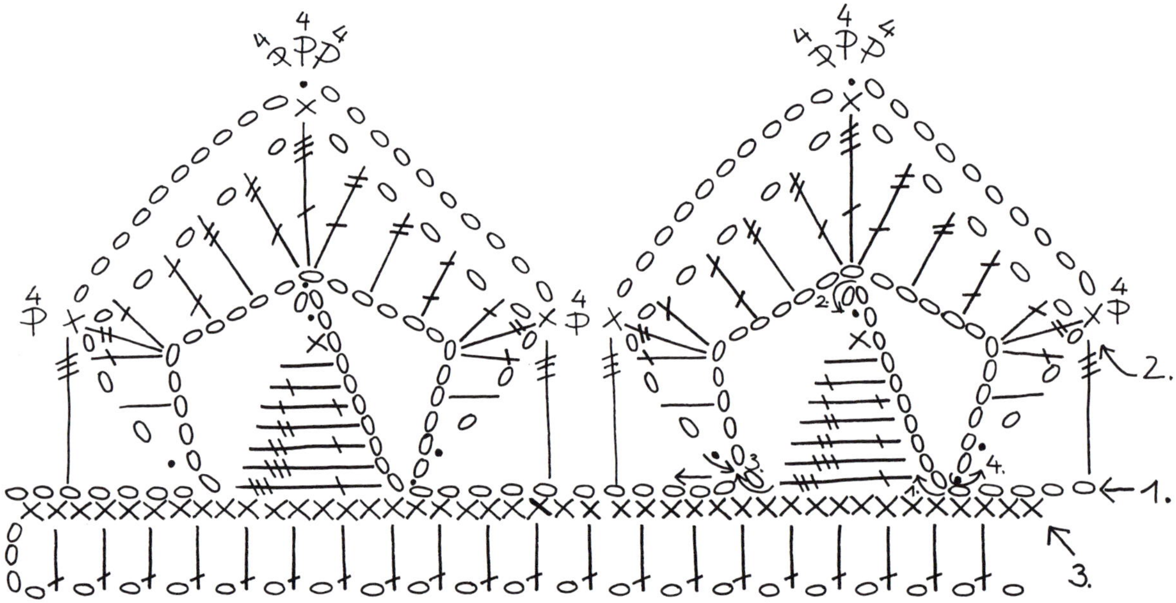

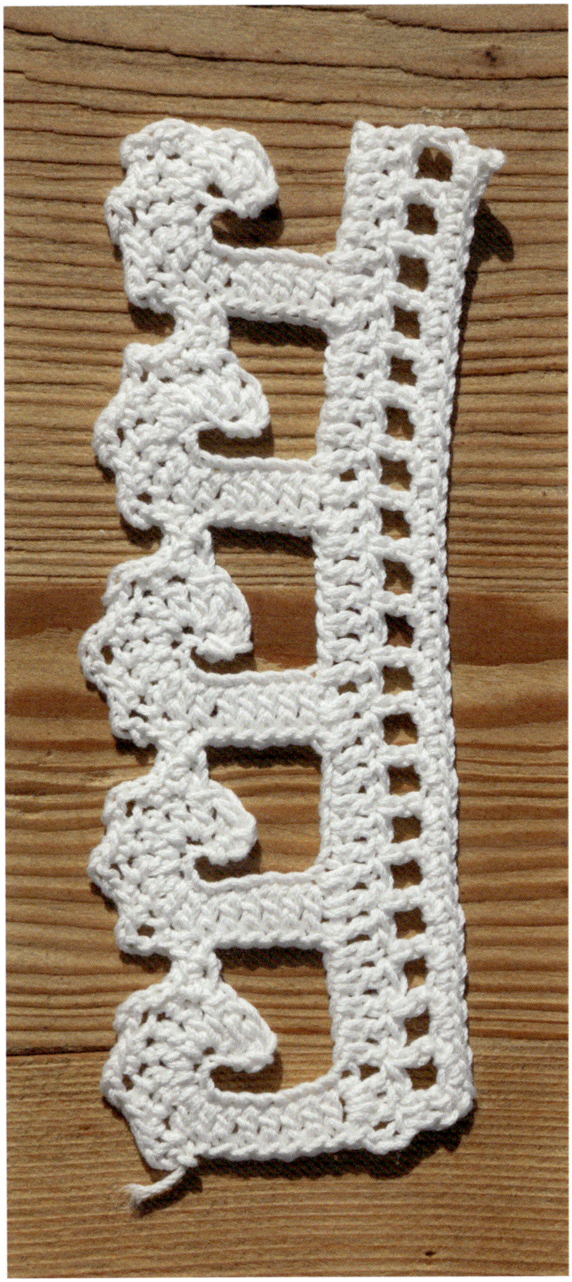

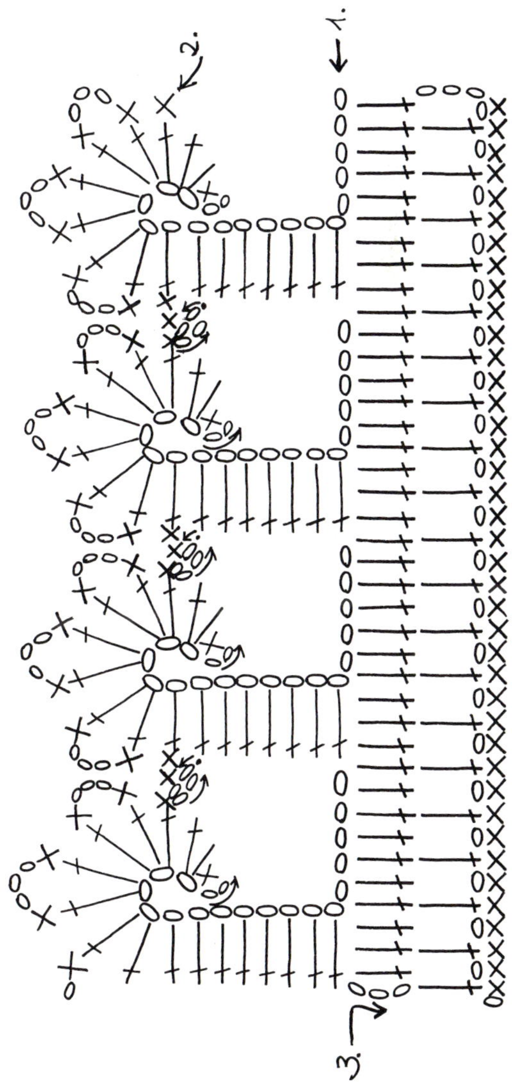

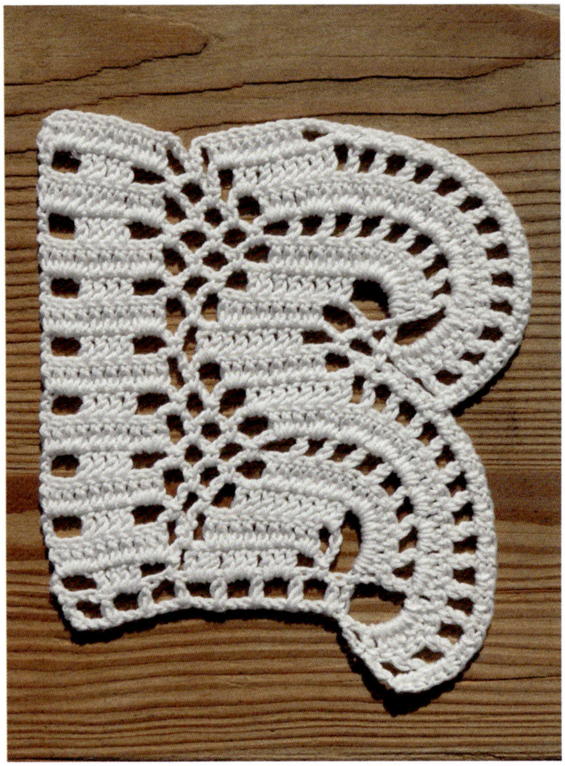

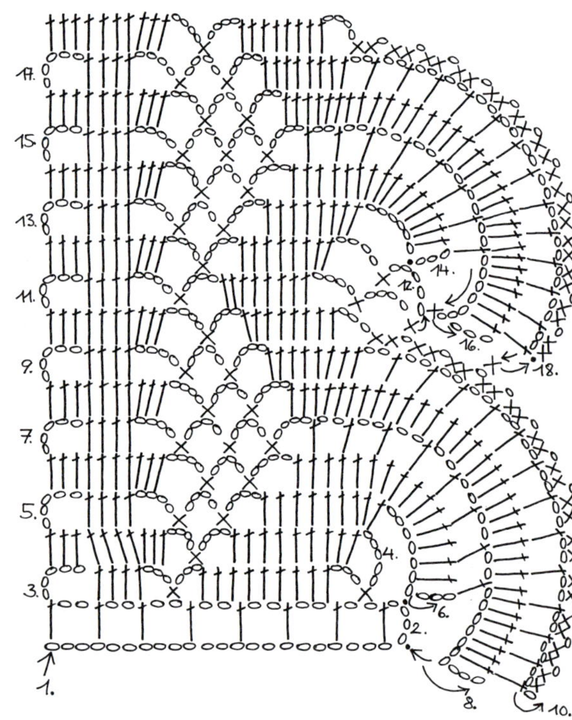
17.
15.
13.
11.
9.
7.
5.
3.
1.
2.
4.
6.
8.
10.
12.
14.
16.
18.

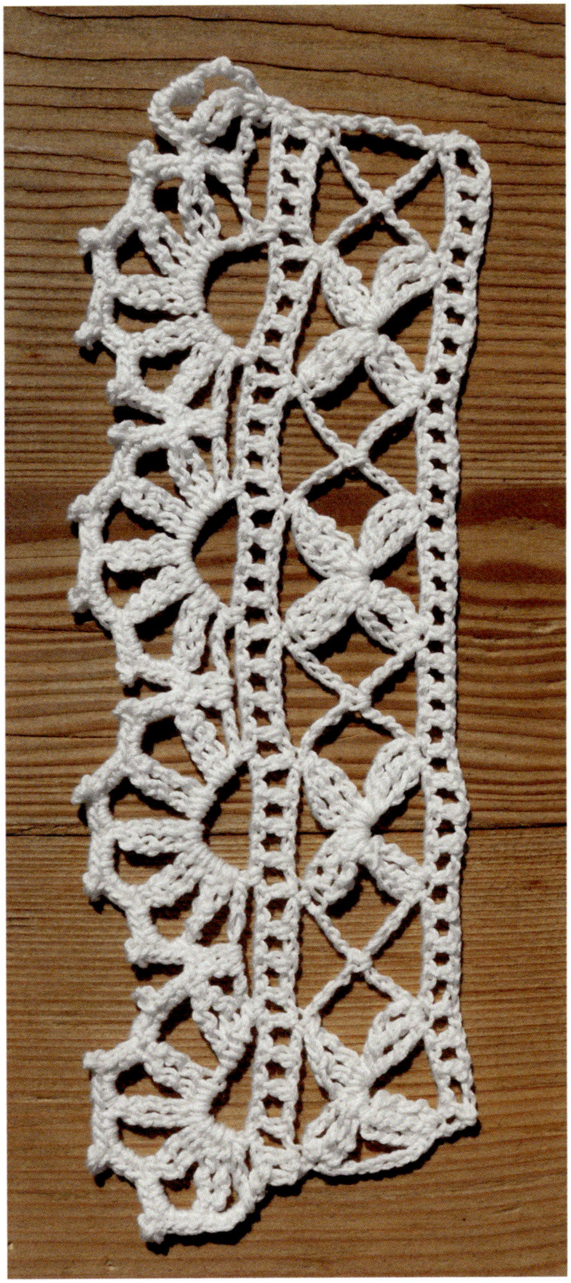

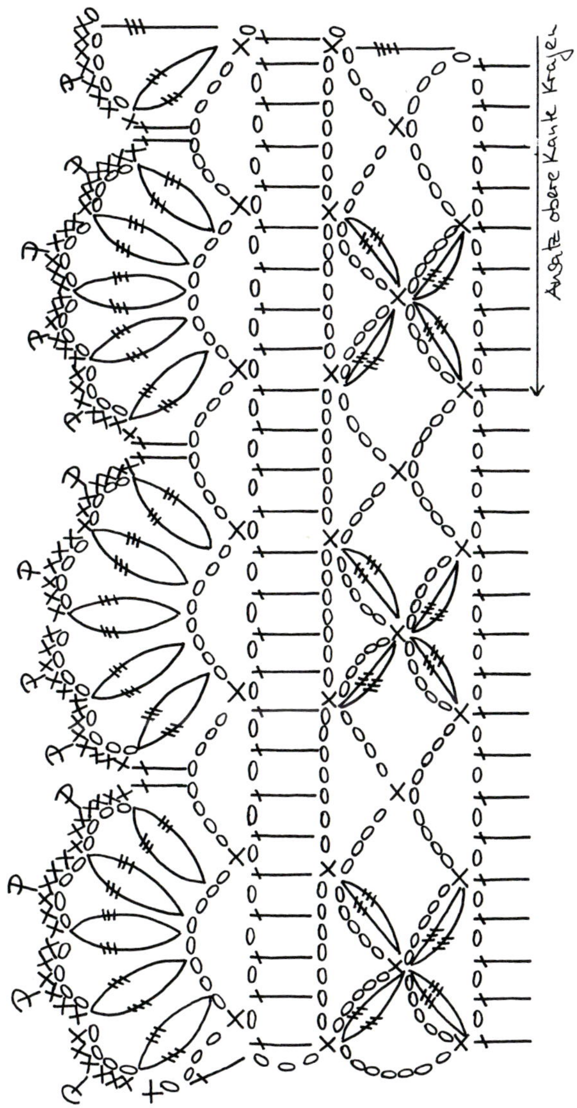
Ansatz obere Kante Kragen

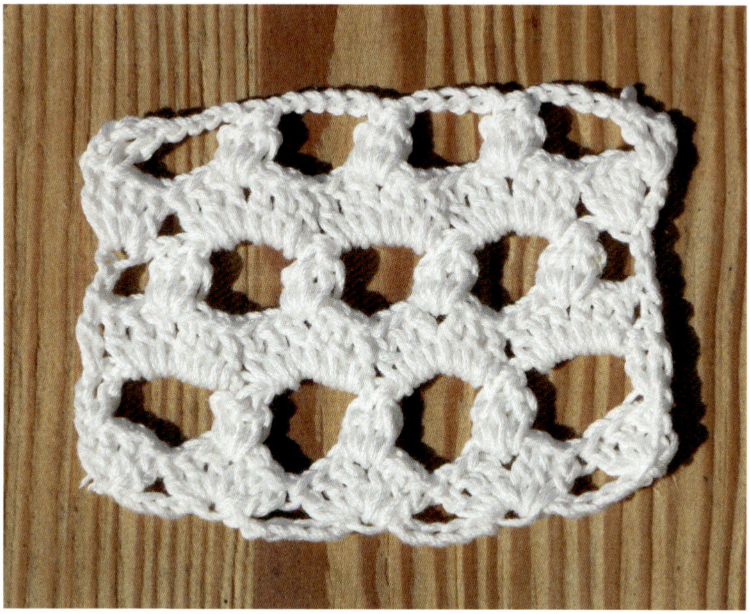

Ein praktischer Verwendungszweck von Mustern, wie Sie auf diesen beiden Seiten dargestellt werden, sind die schon erwähnten Einkaufsnetze oder -taschen. Sie werden staunen, wie hoch der praktische Nutzen des schönen Hobbys Häkeln ist.

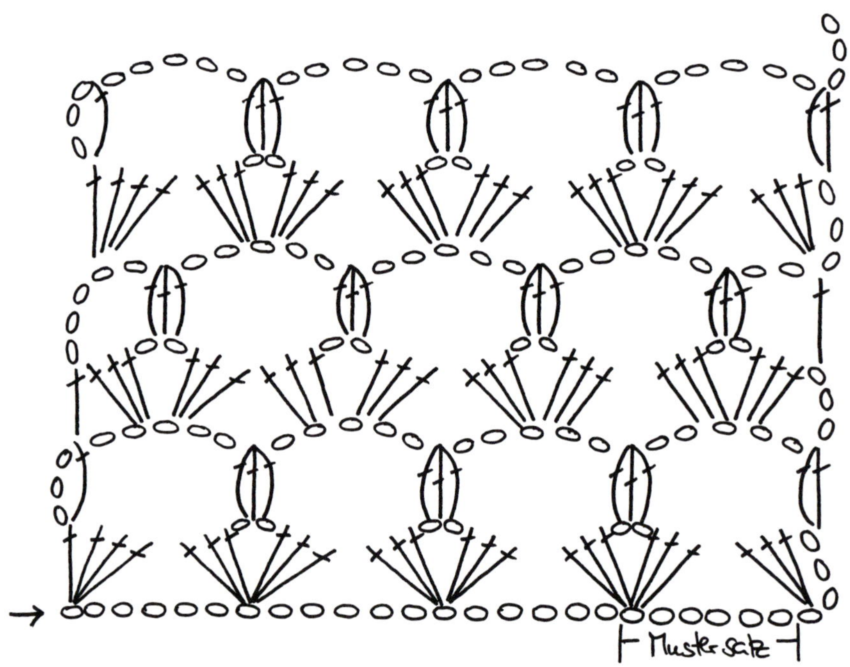

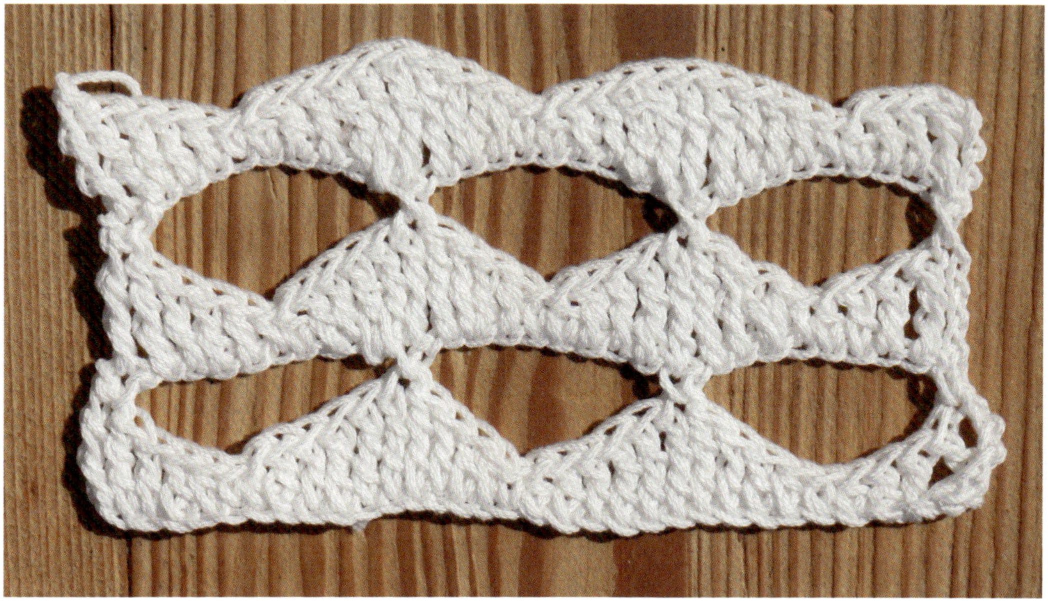

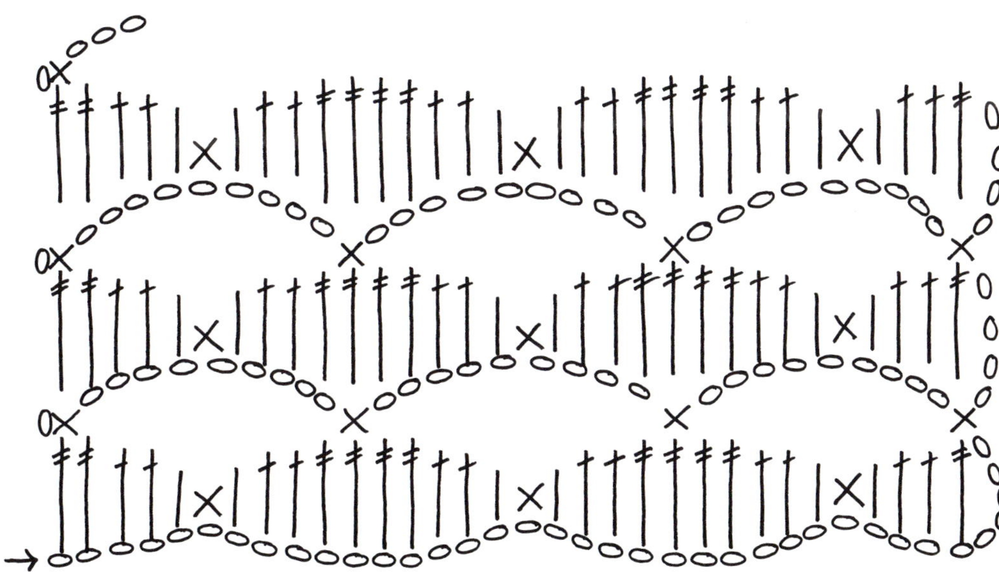

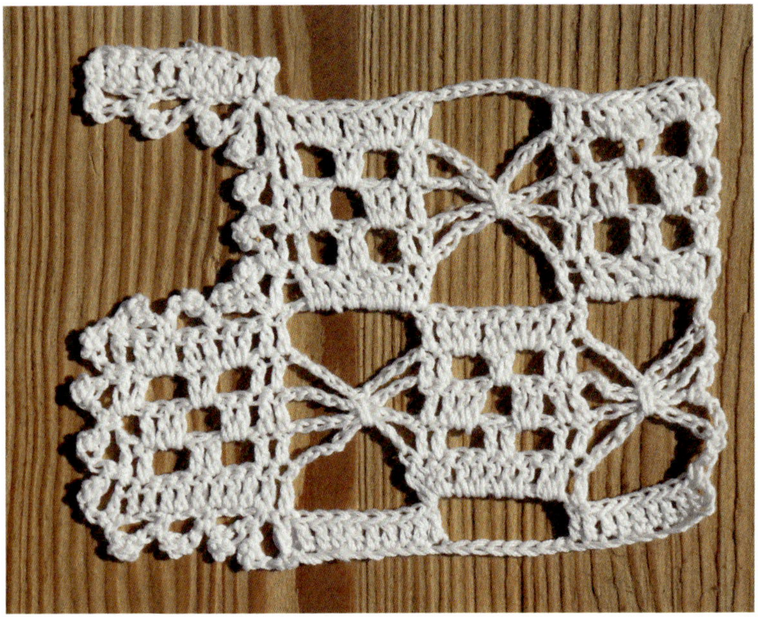

Ohne die linke Abschlusskante ergibt sich hier auch wieder ein wunderschönes klares Flächenmuster. Sehr schön aus einem flauschigen Material wie etwa Mohair für eine Jacke oder auch eine riesige Stola zum Einhüllen, da können Sie ja die Kanten wieder mithäkeln.
Oder häkeln Sie auch mal aus dickem Baumwollgarn eine riesige Decke und füttern Sie sie dann mit farbigem Stoff ab (Ton in Ton wäre sehr edel, z.B. zwei verschiedene Grautöne). Sie müssen dann aber die Häkelei an ein paar Stellen auf dem Futter feststeppen.

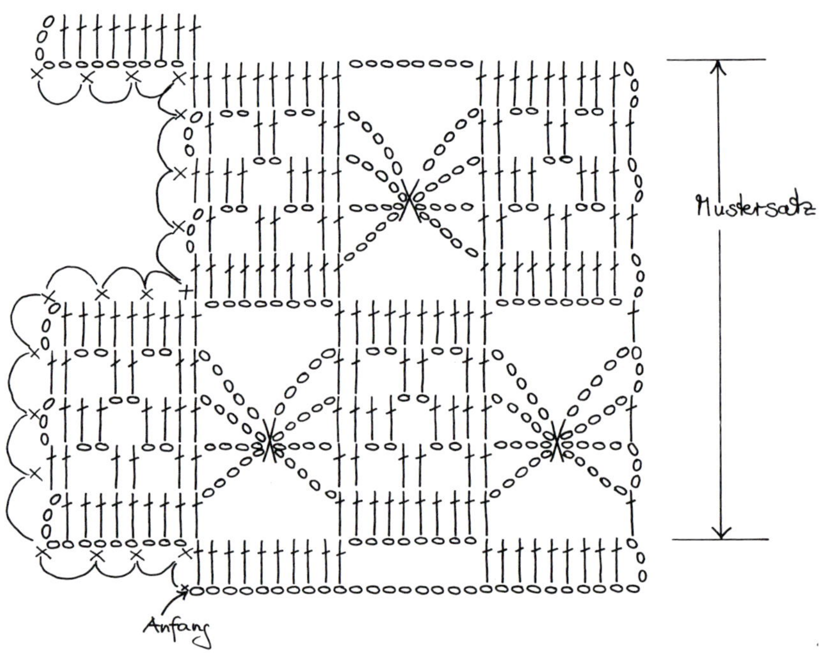

Danksagung

Es war eine wunderschöne Bestätigung, dass sich das Rosenheimer Verlagshaus für unser Projekt interessierte – vielen Dank, Herr Förg!

Im Besonderen gilt unser Dank der Firma Schoeller Süßen, für das Bereitstellen des Garnes »Algarve« der Marke Austermann. Für unsere Zwecke war dieses Material am besten geeignet – danke, Käte Stoedter!

An einem zu tiefen Lichttisch zu arbeiten ist kein Vergnügen, besonders, wenn man weiß, dass man die nächsten Wochen stehend daran verbringen wird, um Häkelmuster zu zeichnen. Hans Weber war der Erste der vielen hilfsbereiten Menschen, die uns bei der Arbeit an diesem Buch so großartig unterstützt haben. Innerhalb einer Viertelstunde war der Zeichentisch erhöht – danke, Hans!

Im malerischen Ort Tengling am Tachinger See waren uns so viele Menschen behilflich. Unser Dank gilt besonders den zwei Meisterhäklerinnen Geli Wiesenberger und ihrer Tochter Dani.

Ohne die Wirtschaft »Zum Bergei« wären wir bestimmt verhungert – da uns vor lauter Zeichnen die Zeit zum Kochen fehlte. Pamela, dein »Engal und Deifi«-Toast hat mich immer wieder aufgebaut.

Herzlichen Dank an Nicole Freund, die karibische Häkelfee aus München und Hermelinde Oberprieler aus Freising!

Unsere vier Häkelmeisterinnen haben Muster kontrolliert und in kürzester Zeit kleine Meisterwerke vollbracht.

Es war uns ein Vergnügen, mit euch allen zusammengearbeitet zu haben.

Eva Varpio und Annelie Pokorny

7. Auflage

Alle Fotos im Buch und auf dem Titel stammen von Klaus G. Förg, Rosenheim.

Scans: Raphael Lichius, Fotoweitblick, Bad Aibling
Satz und Layout: Stefan Felder, SF-Design GmbH, Raubling
Druck und Bindung: Neografia a.s., Martin-Priekopa
Printed in Slovakia

ISBN 978-3-475-54131-5